中等职业教育国家规划教材
全国中等职业教育教材审定委员会审定

证券投资实务

(第 4 版)

主　　编　李国强　田月秋
责任主审　钱　晟
审　　稿　岳朝龙　张昆仑

中国财政经济出版社

图书在版编目（CIP）数据

证券投资实务／李国强，田月秋主编．—4版．—北京：中国财政经济出版社，2016.2
中等职业教育国家规划教材
ISBN 978－7－5095－6506－3

Ⅰ.①证…　Ⅱ.①李…　②田…　Ⅲ.①证券投资－中等专业学校－教材　Ⅳ.①F830.91

中国版本图书馆CIP数据核字（2015）第292925号

责任编辑：李　媛　王晓敏　　　　责任校对：徐艳丽
封面设计：华乐功

中国财政经济出版社 出版

URL：http：//www.cfeph.cn
E－mail：jiaoyu@cfeph.cn

社址：北京市海淀区阜成路甲28号　邮政编码：100142
发行处电话：88191522　财经书店电话：64033436
北京富生印刷厂印刷　各地新华书店经销
787×1092毫米　16开　12.75印张　306 000字
2016年2月第4版　2021年7月北京第2次印刷
定价：23.00元
ISBN 978－7－5095－6506－3/F·5239
（图书出现印装问题，本社负责调换）
本社质量投诉电话：010－88190744
打击盗版举报热线：010－88191661　QQ：2242791300

中等职业教育国家规划教材

出版说明

为了贯彻《中共中央国务院关于深化教育改革全面推进素质教育的决定》精神，落实《面向21世纪教育振兴行动计划》中提出的职业教育课程改革和教材建设规划，根据教育部关于《中等职业教育国家规划教材申报、立项及管理意见》（教职成［2001］1号）的精神，我们组织力量对实现中等职业教育培养目标和保证基本教学规格起保障作用的德育课程、文化基础课程、专业技术基础课程和80个重点建设专业主干课程的教材进行了规划和编写，从2001年秋季开学起，国家规划教材将陆续提供给各类中等职业学校选用。

国家规划教材是根据教育部最新颁布的德育课程、文化基础课程、专业技术基础课程和80个重点建设专业主干课程的教学大纲（课程教学基本要求）编写，并经全国中等职业教育教材审定委员会审定。新教材全面贯彻素质教育思想，从社会发展对高素质劳动者和中初级专门人才需要的实际出发，注重对学生的创新精神和实践能力的培养。新教材在理论体系、组织结构和阐述方法等方面均作了一些新的尝试。新教材实行一纲多本，努力为教材选用提供比较和选择，满足不同学制、不同专业和不同办学条件的教学需要。

希望各地、各部门积极推广和选用国家规划教材，并在使用过程中，注意总结经验，及时提出修改意见和建议，使之不断完善和提高。

教育部职业教育与成人教育司

第4版前言

如果从上海和深圳证券交易所成立之日算起，我国的证券市场已经走过了25年的发展历程。25年中，证券市场的规模不断扩大，投资者人数迅速增加。截至2014年底，深沪股市上市公司已有2592家，股票市场总市值37.11万亿元，占当年GDP的58.3%，投资者开户数达2.43亿户。证券市场已成为我国社会经济生活的重要组成部分，占整个国民经济的比重也越来越大。

证券投资是高收益、高风险的经济行为，也是一项专业和复杂的智力活动。它可能使人一夜暴富，也可能使人一无所获，甚至亏损累累。从事这项高风险的经济活动，投资者需要有较强的风险意识，要学好证券投资的知识，要掌握正确的操作方法。投资者只有经过不断的学习和经验积累，才能提高自己的分析能力和判断力，才能在证券市场上取得投资的成功。

为满足证券投资实务课程教学的需要，我们编写了《证券投资实务》一书。本书是作为全国中等职业学校金融事务专业的专业课教材编写的，由于书中内容涉及了大量的投资分析方法和实战操作技术，故也可供证券从业人员和广大投资者学习和参考使用。

本书共分九章，可归纳为四部分内容。第一部分是证券投资实务基础知识，即第一、二章，主要介绍了证券投资过程、投资理念及交易程序。第二部分是证券投资基本分析，即第三章，主要讲述了宏观经济分析、行业分析以及公司分析的方法与内容。第三部分是证券投资的技术分析，包括第四章到第八章，主要阐述了趋势分析、形态分析和指标分析的原理和方法，并对这些方法的实际运用进行了描述。第四部分是证券投资决策，即第九章内容，主要介绍了投资决策的过程、投资策略与操作技巧。

书中最后增加了附录内容，简要介绍了通达信证券投资分析系统V6版的操作说明，希望能对投资者使用通达信软件进行交易有所帮助。

本书主要有以下特点：(1) 系统性和独特性。在本文系统介绍了证券投资实务的基本原理和方法基础上，努力构建自己的结构体系，避免了与证券投资学教材重复。(2) 强调技术分析。在阐述基本分析的基础上，重点探讨了如何使用技术指标和图形研判股价的走势。(3) 突出可操作性。在对理论方法介绍之后，一般都要举例说明其应用过程，便于读者借鉴和学习使用。(4) 强调时代感。书中内容紧贴股市现状，尽量采用最新的图表和案例，力争对读者的投资实践有所助益。

本书的作者长期从事证券投资实务的教学工作，也具有多年的证券投资实战经验，理论与实践的双重背景为写好本书提供了可能和条件。作者分工如下：李国强（第一、三、四、六章）；田月秋（第五、七、八章）；熊华强（第二、九章）。

由于时间仓促，加之笔者水平所限，书中疏漏之处肯定存在，还望读者能不吝赐教。

李国强

2015 年 6 月

目　录

第一章 证券投资概述

学习目标

证券投资是投资者通过买卖有价证券获取投资收益的过程。在这一过程中，投资者首先面临的是树立投资理念、选择投资对象、确定投资方法等问题。本章作为全书之首，阐述了证券投资的概念与过程、投资与投机、收益与风险、投资分析方法等内容，目的是使学生掌握这些基本原理和知识，为以后各章的学习打好基础。

【导读案例】

长期投资的价值

万科（000002）最大的个人股东刘元生1988年12月认购了360万股（400万元）万科股票，后万科公司1991年上市。刘元生持股19年，到2007年4月30日市值已达16.73亿元，增长了410多倍。刘元生的案例说明在中国的资本市场中，通过长期投资和价值投资，也能产生惊人的投资业绩（见图1-1）。

从投资企业的角度看，刘元生很好地诠释了长期投资和价值投资的理念，即选择价格明显低于其价值的股票买入并长期持有，甚至不考虑卖出的时间和价位，只要相信这家公司有令人满意的成长前景，就一直持有下去。

刘元生投资成功的原因主要有：了解万科公司的团队和产品，选择低估值股票进行价值投资，选择发展迅速型的企业长期投资。刘元生坚持持有万科股票，而万科公司上市后也一直高速发展，年年派现送股，总股本从上市时的4125万股扩张到了2014年的110亿股，增长了270倍，成为了中国房地产行业的领军企业。

当然，证券投资主要分为价值投资和趋势投资，也即长期投资和短期投机，两种投资模式都有自己的代表人物，都有许多成功的案例。投资者无论选择哪种投资模式，都需要树立正确的投资理念，掌握正确的投资方法。

问题：

请分析刘元生的投资模式可以复制吗？投资者应如何树立正确的投资理念？

万科（000002）股票月线走势图

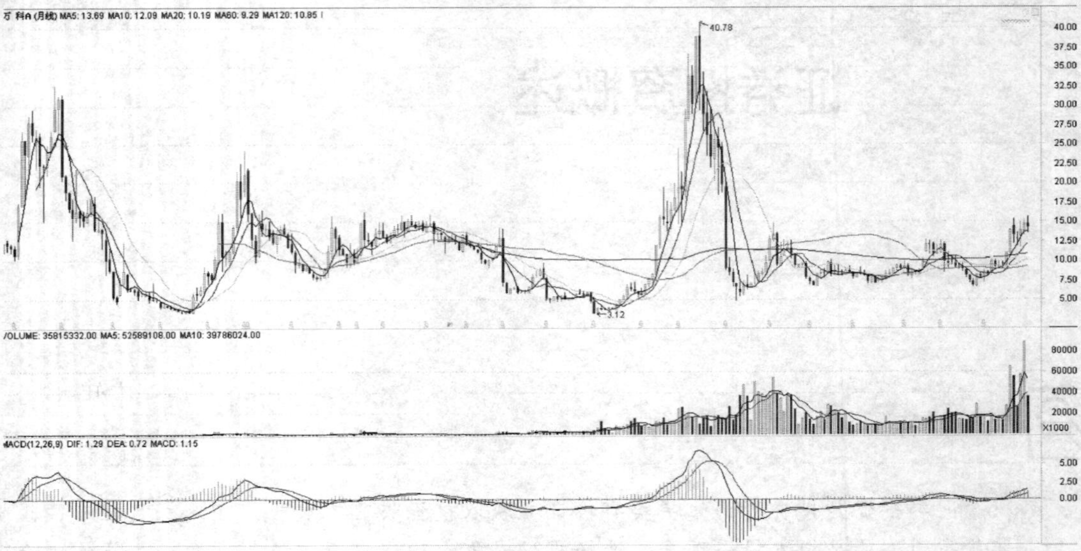

图1-1　万科（000002）股票月线走势图（未复权）

第一节　证券投资的概念与过程

一、证券投资的概念

投资经济学将投资分为两类：一类是直接投资，即将资金投放到生产经营性资产上，以获取利润；一类是间接投资，即将资金投入到有价证券上，以获得预期收益。显然，证券投资属于间接投资。

证券投资是投资主体用货币资金买卖股票、债券、投资基金等有价证券以及这些有价证券的衍生品，以获取一定收益的投资行为和过程。它包含以下四个要素。

（一）投资主体

投资主体即证券投资者，主要指机构投资者和个人（自然人）投资者。机构投资者包括政府部门、企事业单位、金融机构、社会公益基金等，其中金融机构又包括银行、保险公司、证券经营机构和基金管理公司。个人投资者有长线投资者、短线投机者和炒股大户。证券投资就是这些人或人格化的组织进行的以盈利为目的的风险投资活动。

（二）投资对象

投资对象即投资客体，包括股票、债券、投资基金，也包括认股权证、指数期货、期权等金融衍生品。其中每一品种都可以再细分，如股票按股东的权益可分为普通股和优先股；按持股主体可分为国家股、法人股、社会公众股；按上市地点可分为A股和B股、H股、N股和S股。投资者在选择具体投资对象时，既需要考虑该种证券的收益性、风险性，又要考虑流通性和投资时间的长短。

（三）投资目的

证券投资的目的是为了获取预期的收益。收益即投资所得的报酬，是对投资者承担风险的补偿，它具有不确定性。在证券市场上，收益总是和风险相伴的，它们有四种组合形式：高收益高风险、低收益低风险、高收益低风险、低收益高风险，其中前两种是最常见的。但高收益通常伴随着高风险，而高风险不一定会带来高收益，投资者通常是根据自身的条件和主观偏好选择与风险收益组合相匹配的投资。

（四）投资行为

证券投资的收益性与风险性并存，要求投资者不仅要对不同的证券类型进行选择，还要对具体的证券品种进行分析，对上市公司的经营管理、财务状况、投资收益与安全性等进行了解和判断，并采取灵活的投资策略。因此，证券投资既是一种具有一定风险的投资行为，又是一种复杂的智力活动。投资者要取得投资的成功，必须学习和了解投资的基本知识，熟悉和遵守投资的程序，并掌握投资决策的各种方法。

二、投资者的素质要求

证券投资是高风险的行为，也是一种复杂的智力活动，投资者要在证券市场上取得成功，需要具备以下几方面素质。

（一）学习能力

优秀的投资者都是学习能力很强的人，他们不仅要学习各种投资的理论与方法、操作策略与技巧，而且还要学习和理解市场上各种竞争法则、游戏规则，并在实战中加以灵活运用。这是投资者投身市场、获得成功的基础。

（二）经验

中国有句古话，“读万卷书不如行万里路”。华尔街也有种说法，“你如果能在股市熬十年，你应能不断赚到钱；你如果熬二十年，你的经验将极有价值；如果熬三十年，那么你必定是极其富有的人”。这些都说明了经验的重要性。证券市场上经常存在着“博傻”现象，即先入市的人赚后入市的人的钱，前面的人赚后面人的钱。投资者要想在市场上生存下来，就要不断总结经验，这是投资成功的前提。

（三）独立思考

成熟的投资者通常具有独立的思维，不人云亦云，不跟风炒作。他们不会因为股市快速上涨而兴奋地追高买入，也不会因为股市突然暴跌而选择恐慌性抛出。他们能通过理性的思考发现多数投资者所想不到的，把握投资者经常忽视的机会。因此，独立思考、特立独行，有时也是成功投资者必备的素质。

（四）果断力

如果能用一个词概括成功投资者的特点，那就是果断力。在证券投资中，市场行情瞬息万变，投资机会稍纵即逝，投资者无论是选择买进还是卖出股票，都应当机立断，果断采取行动。当市场整体趋势向好时，要大胆跟进，耐心持有。当市场趋势趋弱时，即使有所亏损，也要坚决卖出。果断力是一种决策能力，它通常是由人的个性和心理特征决定的。

（五）冷静

证券市场的走势经常是波浪起伏、循环往复，有高潮也有低潮，有高峰也有低谷，投资者需要沉着镇静，处变不惊，耐心等待。当出现突发事件时，成功的投资者往往能临危不乱，能在别人贪婪时恐惧，在别人恐惧时贪婪。在股市的突变时刻，保持良好的心态至关重要，这是决定投资成败的关键素质。

（六）忍耐力

市场中永远都不缺少机会，即使在熊市中也有股价翻番的黑马，有很多投资者都曾经选中过黑马，但很少看见投资者能骑稳黑马的，大部分投资者在稍有获利时就早早卖出，即赚钱的股票卖得太早，而赔钱的股票拿的时间太长。忍耐力可以使投资者抵御诱惑和恐惧，战胜贪婪和犹豫，成为一名成功的投资者。

三、证券投资的过程

证券投资的过程是一系列经济活动的综合，是投资者进行证券投资的主要步骤和程序。它包括以下内容。

（一）筹集投资所需要的资金

筹集资金是投资过程的起始阶段，是把资金从供给方和闲置者的手中吸收过来，聚集在一起，以供投资者使用的过程。对于不同的投资者，筹集资金的方式是不同的。就个人投资者而言，用于证券投资的资金通常来自于收入超出支出的盈余部分，即储蓄。故储蓄的积累是个人投资者筹集资金的主要方式。

储蓄同时也是投资，是一种间接的金融投资。投资者将闲置资金存至银行，银行通过信贷的方式贷给企业，投资者可获得固定的利息回报。它虽然与证券投资在性质、存续时间、转让条件、风险和收益等方面不同，但目的都是为了获取预期的收益。当然，储蓄的时间长短和种类不同，收益也不同，投资者在储蓄时也常常需要进行投资决策。

很多人把筹资和投资截然分开，认为先有筹资后有投资。实际上筹资和投资是一个动态循环的过程，是紧密联系的一个整体。筹资是为投资服务的，投资是为下次筹资做准备。通常筹资的多少决定了投资的种类和方式，也决定了投资收益的大小。

（二）评估风险和收益

证券投资是一种高风险的经济活动，投资者要获取收益就要承担相应的风险。根据投资者对风险的不同态度，可以把投资者分为风险回避型、风险中立型、风险偏好型三类。三种风险类型的投资者所选择的投资对象和投资策略是不一样的。投资者应根据自己的资金实力、工作性质、年龄大小、性格特征等来衡量自己能够承担多大的风险，确定自己的风险偏好，然后再决定投入多少资金，以及选择何种证券作为投资对象。

（三）进行证券分析

证券分析是指投资者在众多的投资对象中，筛选自己所要投资的证券种类。一般来说，购买债券尤其是政府债券风险小，而购买股票风险大，但股票收益常常高于债券。投资基金由于是专家运作管理，因而风险相对来说也较小。所以缺乏投资知识和经验的投资者可以选择基金进行投资。投资者在进行证券分析时应广泛收集资料，利用各种杂志、报刊、广播、电视等媒体获取市场信息，同时参考有经验的投资管理专家的建议，进行分析判断。

（四）选择具体的投资品种

在证券分析的基础上，投资者要确定投资哪种证券，并对该种证券进行基本面分析。一般来说，投资者应先对宏观经济形势进行预测，然后对该种证券所处行业的发展变化作出判断，最后对上市公司的情况进行全面了解和分析。投资者要重点分析上市公司的财务状况、公司治理和经营管理水平、产品和市场情况，同时还要评估公司证券的内在价值和投资风险，在此基础上作出自己的选择。

（五）掌握证券交易的操作过程

证券投资的过程是以买卖证券行为体现的，所以投资者要熟悉证券发行和交易的过程，掌握证券买卖的方式和程序。投资者要了解一级市场和二级市场的交易机制、交易过程、交易规则及券商经纪业务，要严格遵守交易中的委托买卖、电脑撮合、清算和交割、费用收取、过户等一系列程序和要求，以确保证券买卖过程的顺利完成。

（六）制定和调整投资策略

在进行了基本分析和掌握了操作程序以后，投资者还要进行技术分析，选择恰当的买卖时机，并制定合理的投资组合和投资策略。首先，投资者在投资过程中要区分自己是做短线、中线还是长线，选择相应的技术分析方法；其次，要根据手中的资源，选择做集中投资还是分散投资；再次，要根据自己的风险偏好，确定投资组合结构；最后，还要根据环境变化，及时调整投资策略。

在投资实践中，投资者也可按以下方法进行投资决策：一是自上而下法，即从资产分配开始，先决定投资组合的比例，然后再选择具体的证券；二是自下而上法，即先从购买有价值的股票开始，在此基础上再分配自己的资产，构建有效的投资组合。

第二节　证券投资的理念

一、证券投资的作用

证券投资作为一项有大量投资者参与的经济活动，在资本市场中具有以下作用。

（一）筹集资金

证券投资通常能获得高于储蓄存款利息的收益，所以吸引了众多的投资者。而证券发行公司通过证券市场筹集到大量的长期资金，可以弥补自有资金不足，用于开发新产品或投资新项目，有利于迅速增强公司实力。

（二）传递信息

通过证券市场价格和交易量的变化，可以获得宏观经济运行中资金供求变化的信息。当市场上银根紧张，资金需求大于供给时，投资者会抛出证券，回笼资金和紧缩投资，证券价格呈现下跌的走势。当资金供给大于需求时，会出现大量游资投向证券市场，买入证券并不断追加投资，证券价格将呈现上涨的趋势。

（三）合理配置资源

投资者通常愿意购买那些业绩良好、公司治理完善、回报率高的证券。而大量的社会资金流向效益好、有发展前途的行业和企业，能实现资源的优化配置，对产业结构和产品结构的调整起到促进作用，同时，也能提高整个社会资金的使用效率。

（四）使资本增值

通过证券投资，投资者可获得股息、红利收入；也可以通过买卖证券，获得一定的差价收益；还可以通过持有证券，享受上市公司由于资本增值引起的股票增值，这些都能够增加证券投资者的财产收入。

二、证券投机的内涵

所谓投机是指为了再出售（或再购买）而不是为了使用和消费而暂时买进（或售出）商品，以期从价格变化中获利的经济行为。因为从价格变化中获利必须把握好买卖时机，故称之为投机。显然，投机实质上是一种投入资金获取非生产性财产收入的经济行为。

证券投机是指在证券市场上短期内买进或者卖出一种或多种证券，以赚取差价的经济行为。在证券市场上，由于有价证券具有较高的流动性，价格涨跌的幅度很大，所以证券投机成为了一种常见的证券买卖行为。

投资者最初投资证券主要是为了获得股息红利，但随着证券交易市场的活跃，越来越多的投资者被股票价格的波动所吸引，纷纷放弃获取股息而转向博取差价利润，即资本利得，投机遂成为股市的主要操作行为。这在新兴的股市中尤为明显。

当投资者预期证券价格将要上涨，以较低的价格买进证券，待价格上涨后卖出；或在市场中存在卖空机制的情况下，预计证券价格将要下跌，从券商处借券先行卖空，等价格下跌后再买回归还给券商，这时的证券投资已成为赚取价差的手段和工具，买卖证券实际变成了炒股，投资者也等同于了投机者。

三、证券投机的作用

证券投机与证券投资是密不可分的，它也是证券市场中不可缺少的重要组成部分。证券投机主要有以下作用。

（一）有助于平衡证券市场价格

投机者通常根据自己对未来价格的预期进行买卖。当他们认为证券价格被低估的时候会趁机买进证券，从而增加对证券的需求，抑制了价格的下跌。当他们认为证券价格被高估的时候，会趁机卖空证券，从而增加对证券的供给，减缓了价格上涨的压力。由此可见，投机完全是证券交易中的一种市场行为，对缓和市场价格波动会起到一定的积极作用。

（二）能够增强证券市场的流动性

投机者只要认为有利可图，就会频繁进行买卖，从而使市场交易量增加，增强市场的流动性。如果证券投资者都选择长期投资，会使证券市场的流通量很少，证券交易活动就会变成死水一潭。投资者一旦需要变现时却无法卖出，则会挫伤入市的积极性，不利于证券市场的活跃和发展。

（三）有利于分散价格变动的风险

投机者是证券市场的风险承担者。他们在寻找市场机会的同时，也不断地创造着盈利机会，从而吸收更多的人投身到证券市场中来。如果市场中都是投资者，都不愿承担风险，则会使证券价格朝着一个方向运动，证券买卖无法成交，风险会更加集中。而正是由于有大量投机者的存在，才使证券价格的波动成为可能，也使证券投资的风险分散化。

当然，投机也有消极作用。证券市场中过度的投机会造成价格的暴涨暴跌，会损害广大中小投资者的利益，会影响到证券市场和整个社会的稳定。对此，证券监管部门应加大监管力度，加强市场信息披露和交易行为的管理，并通过各种法律法规来规范市场中的各种投机现象。

四、证券投资与证券投机的区别

证券市场中的投资与投机可以从以下几方面区分。

（一）从行为动机上区分

投资者购买证券是为了获得证券本身今后所能给予的回报，如利息、股息、红利或长期资本利得。投机者购买证券是为了再出售，从中赚取差价。

（二）从持股时间上区分

投资者是买进证券后长期持有，以享受其增值与收益回报。投机者则是短线进出，在频繁的买卖中赚取价差。

（三）从分析方法上区分

投资者注重基本分析，从公司的内在价值、宏观经济形势和行业发展前景等方面选择证券。投机者注重技术分析，从证券价格的上下波动中选择买卖时机。当然，投机者也作基本分析，但这主要是为了预测证券价格变动的方向，而不是为了长期持有。

（四）从风险倾向上区分

投资者一般是风险回避者，喜欢购买预期收入稳定、风险较小的公司股票。投机者是风险偏好者，喜欢购买预期收入不稳定、风险较大的公司的股票。当然，投机者主动承担风险也是为了获得更多的投资者主动回避的风险投资收益。

在实践中投资与投机并没有严格的界限，两者常常互相转化。例如，原本准备长期投资，如果短期内股价上涨过快，也会卖掉股票而转为投机；本来准备短期投机，如果股价下跌过快被套，也会被迫转为中长期投资。再例如，投资者选择了内在价值高的股票准备长期持有，但看到股价暴涨时，也会卖掉股票而获取差价利润，从而转化为短线投机者。

因此，可以概括地说，投资是一门科学，投机是一种艺术；投机是一次性榨取，投资是长久性获益，两者没有好坏之分。无论是投资者还是投机者，要获得赢利，都需要发现市场预期，找准市场热点；都需要领先众人一步，果断进行决策。

第三节　证券投资的收益与风险

收益和风险是证券投资的核心问题。投资者进行证券投资实务的学习，首先应了解收益和风险的具体内容及它们之间的相互关系。

一、证券投资的收益

收益即投资所得的报酬，是投资者承担风险的回报。证券投资的收益可分为两部分：一是当期收入，即在投资存续期获得的股票的股利收入和债券的利息收入；二是资本利得，即由于证券市场的价格波动而获得的买卖证券的差价收入。

（一）债券投资的收益

债券投资的收益并不直接等同于利息，只有在特殊的情况下两者才会相同。债券投资的收益包括三部分：利息收入、买卖差价以及利息再投资收益。所谓利息收入，是指按照债券的票面利率计算而来的收益，这部分收益是事先确定的。买卖差价也被称作“资本损益”，是指债券投资者购买债券时所投入资金与卖出时（或偿还时）所获资金的差额。利息再投资收益是指在附息票债券（分期付息）情况下，投资者将每年定期收到的利息收入再进行投资所获得的收益。后两部分收益是不确定的，因为各期的市场利率不同，债券的价格和期限也不一样。

投资者在选择债券投资对象时，应将各种债券的收益情况加以比较。能够准确衡量债券收益情况的指标是债券收益率，即一定时期内债券投资收益与投资额的比率。由于债券的种类、计息方式、投资时机均不同，债券收益率的计算也会使用不同的指标和公式，投资者在进行投资收益比较时应注意这一点。

（二）股票投资的收益

股票投资的收益是指投资者从购入股票开始到卖出股票为止，整个持有期间的总收入。它包括股利收入、资本损益和资本增值三部分。

1. 股利收入

股利收入包括股息和红利两部分，股息是指股票持有者从股份有限公司分取的每股盈利。红利则是上市公司在分派股息之后按持股比例向股东分配的剩余利润。但在实践中，人们对股息和红利并不严格加以区分，通常统称为股利。

股利的来源是公司的税后净利润。公司从营业收入中扣除各项成本和费用支出、应偿还的债务、应缴纳的税金后剩余的部分即为税后净利润。股利分配通常是在公司净利润弥补了上年度的亏损、提取了公积金和公益金之后进行的。

2. 资本损益

资本损益是指投资者利用股票价格的波动，在股票市场上低买高卖而赚取的差价收入。股票卖出价与买入价之间的差额即为资本损益，或称资本利得。当卖出价大于买入价时为资本收益，当卖出价小于买入价时为资本损失。资本损益的取得主要取决于上市公司的经营业绩和股市的价格变化。

3. 资本增值收益

资本增值收益的形式是送股，资金则来源于公积金而非公司当年盈利，故也可称为公积金转增股本。公积金有法定公积金和任意盈余公积金。法定公积金的来源有：一是股票溢价发行时超出面值的溢价部分；二是依公司法从公司税后利润中按一定比例提取的部分；三是公司经过若干年经营后资产重估增值的部分；四是公司从外部取得的赠予资产。送股或公积金转增股本的方法与股票派息的做法相似，区别在于前者的资金来自于公积金，后者为当年的盈利。

衡量股票收益的指标主要有综合收益率、市盈率和净资产收益率等，这些指标都从不同角度反映了股票投资者的收益水平。一般来说，综合收益率高，市盈率低，净资产收益率大，说明公司股票是绩优股票，上涨潜力大，值得投资者进行长期投资。

（三）证券投资收益率

证券投资收益率是指投资者持有证券期间的当期收入与买卖差价占证券买入价格的比率。它反映了投资者在一定持有期间内的全部股利（利息）收入和资本利得占投入资本金的比率。计算公式为：

$$R = \frac{D + (P_1 - P_0)}{P_0} \times 100\%$$

式中：R 为投资收益率，D 为现金股利（或利息），P_0 为证券买入价格，P_1 为证券卖出价格。

如果投资者不是买入一种股票或债券，而是买入多种证券，形成一个证券组合，则需要计算证券投资组合收益率。即求组成证券组合的所有证券收益率的加权平均数，其权数是各种证券的投资额占总投资额的比例。公式如下：

$$R = \sum_{i=1}^{n} X_i R_i$$

式中：R 为证券投资组合收益率，n 为证券的种类，X_i 为各种证券的投资比例，R_i 为各种证券的收益率。

二、证券投资的风险

（一）证券投资风险的含义

风险一般是指由于未来的不确定而发生损失的可能性。证券投资的风险是指由于不确定性因素的影响，使投资者不能获得预期的收益，甚至发生亏损的可能性。它反映了证券投资的预期收益与实际收益的差距，差距的大小，也就是风险的大小。

证券投资的目标是使投资收益最大化和投资风险最小化。但这两者在现实中常常是矛盾的，这就需要投资者认真进行风险分析，在识别风险的同时降低风险，争取在风险和收益这一矛盾统一体中找到某种均衡，实现最优化决策。

（二）证券投资风险的种类

证券投资风险可分为系统风险和非系统风险两大类。

1. 系统风险

系统风险是指与整个市场波动相关联的风险。它来源于宏观因素变化对市场整体的影响，因而也称为宏观风险。它主要包括利率风险、购买力风险和政治风险。利率风险，是指由于市场利率的变动而引起的证券价格波动的风险；购买力风险，又称为通货膨胀风险，是指由于物价水平持续上升、货币贬值、购买力下降而使投资者承担的风险；政治风险，是指由于某些政治上的变化，如领导人的变动、政府政策的改变、法律法规的修改等给投资者造成的损失。

2. 非系统风险

非系统风险是指只对某个行业或某个企业产生影响的风险。它通常是由某一特殊的因素引起，与整个证券市场的价格不存在系统性的联系，而只对个别或少数证券的收益产生影响的风险，故又称为微观风险。它主要包括企业风险、流通风险和违约风险。企业风险又称经营风险，是指由于企业经营变化而引起盈利水平下降，从而产生投资者收益降低的可能性。流通风险又称偶然事件风险，是指由于突发事件导致公司股票、债券价格的暴跌，投资者无法卖出证券的风险。违约风险又称信用风险，是指证券发行人在证券到期时无法还本付息而使投资者遭受损失的风险，主要是针对债券而言。

（三）证券投资风险的防范

证券市场上的风险是不可避免的，是客观存在的，但投资者可以采取一些措施将风险控制在有限的范围内。实践中普遍采用的方法是进行分散投资，即“不要把所有鸡蛋放在一个篮子里”。

对于非系统风险，投资者可采取的分散投资的方法有：一是分散投资资金单位，即把资金平均投入到数家公司的股票上；二是行业选择分散，即对不同行业、不相关联的公司股票进行投资；三是时间分散，即根据公司分红派息的时间分阶段进行投资；四是季节分散，即依据股市的淡旺季进行投资。股市中常说的冬至阳生、冬播夏收即指按季节投资。

但上述分散投资的方法不适用于系统风险。当股市进行重大调整甚至面临崩盘时，大多数股票都会随大盘同向运动，只有极少数股票会幸免于难。投资者降低系统风险的方法主要有两种：一是将风险证券与无风险证券进行投资组合，当增加无风险证券的投资比例时，系统风险将会降低。但是绝对的无风险证券实际上是不存在的，即使将资金存入银行也会承担利率风险和贬值风险。二是进行套期保值，即先在现货市场买进或卖出某种证券，随后在期货市场上卖出或买进同种证券。通过对一种证券的双向操作，防止由于该种证券价格涨跌而造成投资损失。

三、证券投资收益和风险的关系

证券投资中的收益与风险并存，收益是风险的补偿，风险是获得收益的代价。预期收益是在无风险收益基础上加上承受各种风险应得到的补偿。在实践中，长期债券利率比短期债券利率高，就是对利率风险的补偿。同样，股票的收益率一般高于债券，原因是股票的经营风险、财务风险及市场风险比债券大，这也是股票高收益所要承担的代价。

就系统风险和非系统风险而言，系统风险可以带来收益的补偿，而非系统风险则得不到收益的补偿。故对于系统风险，投资者应根据自己的风险承受能力决定承担多大的风险，以期获得相应的收益。在投资实践中，投资者并不普遍采取措施来完全消除系统风险，而是通过投资分析和投资对象的选择使系统风险处于自己最满意的位置。

收益和风险的关系并不是绝对的，有时表现出多种对应关系。实践中通常有四种组合，即高收益高风险，低收益低风险，高收益低风险，低收益高风险。这四种对应关系实际上告诉那些稳健的投资者，应进行组合投资，即首先应将低风险或无风险的投资作为自己创造效益的基础，其次把较低风险的投资作为自己获取收益的来源，最后，对于高收益高风险的投资，投资者要量力而行，可用较少的资金参与，努力把风险控制在自己可以承受的范围之内。

第四节　证券投资的主要方法

证券投资的方法主要有两大类，一类是基本分析，一类是技术分析。前者主要是根据经济学、金融学、投资学等学科的基本原理推导出来的分析方法，属于科学研究的结晶；后者则是根据证券市场本身的变化规律提炼出的分析方法，属于投资者的经验总结。

一、基本分析法

基本分析是指从影响证券价格变动的敏感因素出发，分析公司外部的投资环境和公司内部的各种因素，并进行综合整理，从而发现证券价格变动的一般规律，为投资者作出正确的投资决策提供依据。

（一）基本分析法的主要内容

证券投资的基本分析主要应用于股票市场的分析，其内容主要包括三个方面：一是宏观经济分析，即主要探讨各经济指标和经济政策对证券价格的影响；二是行业分析，包括产业分析与区域分析两个方面，前者主要分析产业所属的不同市场类型、所处的不同生命周期，以及产业的竞争结构对证券价格的影响，后者主要分析区域经济因素对证券价格的影响；三是公司分析，这是基本分析的重点，包括公司财务报表分析、产品和市场分析、公司投资价值和风险分析。

（二）基本分析法的优缺点和适用范围

基本分析的优点主要有两个：一是能够比较全面地把握证券价格的基本走势；二是应用起来相对简单，容易识别和操作。

基本分析的缺点也有两个：一是预测的时间跨度相对较长，对短线投资者的作用不大；二是预测的准确性相对较低。

基本分析主要适用于以下方面：一是周期相对比较长的证券价格预测；二是相对成熟的证券市场预测；三是预测精确度要求不高的投资项目。

二、技术分析法

技术分析是指直接从证券市场入手，以证券价格的变动规律为研究对象，结合对证券交易数量和投资心理等市场因素的分析，来帮助投资者选择投资时机和投资方式，以获得证券投资收益的方法。

（一）技术分析法的主要内容

技术分析的主要内容包括三个方面：一是趋势分析，即通过对股价、成交量和时间等因素的分析，预测证券市场价格变动的趋势；二是图形分析，即将股票价格记录在特定的图表上，通过对图表走势的分析预测股价的变化趋势；三是指标分析，即使用数学公式计算出技术指标，依据技术指标的变动对市场进行预测。如果将技术分析内容再细分，可以分为道氏理论、波浪理论、移动平均线、循环周期理论、技术形态、K 线形态、技术指标等。几乎所有的技术分析方法都可以归入以上的类别中。

（二）技术分析法的优缺点和适用范围

技术分析的优点是同市场接近，考虑问题比较单纯和直接。与基本分析相比，通过技术分析指导证券买卖见效快，获得收益的周期短。此外，技术分析对市场的反应比较敏感，分析的结果也更接近实际市场的局部现象。

技术分析的缺点是眼光太短，考虑问题的范围相对较窄。对市场长远的趋势不能进行有效的判断。因为有很多东西是技术分析所无能为力的。对于那些影响市场长期运行的宏观政策因素，技术分析就无法进行预测。

从技术分析的优缺点出发，就可以了解技术分析的适用范围。简单地说，技术分析适用于时间较短的行情预测，而要进行周期较长的分析就必须依靠其他的方法。另外，技术分析所得出的结论不是绝对的指令，而是以概率形式出现的建议，不要把它看成万能工具和灵丹妙药。

三、基本分析与技术分析的区别

对基本分析法和技术分析法的主要区别，可以从以下几个方面把握。

（一）目的不同

基本分析的目的是为了获得证券投资的长远收益，它重点研究的是证券的内在投资价值，是在价值发现的基础上，长期持有质优而价值被低估的股票，而不关心市场上那些短期难以捕捉的变动。技术分析的目的是为了获得证券投资的短期收益，它更关心股票的短期走势，认为基本分析的数据资料公布滞后，当投资者知道公司基本面发生利好变化时，股价早已高高在上，此时买入无疑会接到最后一棒。故技术分析强调的是在市场的短期波动中抓住机会，以实现投资收益的最大化。

（二）方法与内容不同

基本分析偏重于定性研究，是从影响市场供求关系的外部因素入手，分析股价的长期趋势，并制定相应的投资组合策略。技术分析侧重于定量分析，是从证券市场本身入手，依据市场提供的价格、成交量等资料，分析股价的中短期走势。技术分析认为影响市场的所有因素，包括经济面、消息面、心理面等，都已集中地反映在股价和成交量上，投资者根据技术图表和历史经验完全可以领先一步，采取正确的应变措施。

（三）用途不同

基本分析的用途主要是告诉投资者买卖哪些股票，即如何进行选股。当选择好安全边际高的股票后要一路持有，不用考虑出手的时间和价位。技术分析则告诉投资者什么时候去买或卖，即选择适当的买卖时机和投资方式。当投资者买入股票后要随时准备卖出，在股价的涨跌中获取更多的差价收益。

基本分析和技术分析在投资理念、投资方式和投资策略上都有很大的区别。它们有不同的价值取向，有不同的思维方式，也各有其合理的内核。在投资实践中，无论是偏重于价值型投资的基本分析者，还是侧重于趋势型投资的技术分析人士，都取得过辉煌的战绩，也有过惨重的失败。成熟的投资者要善于把两种分析方法结合起来使用，用基本分析估计长期趋势，用技术分析判断短期走势和确定买卖时机。

【知识小结】

本章主要阐述了证券投资的概念与过程、证券投资理念、投资收益和风险、证券投资方法等内容。通过学习应重点掌握投资者应具备的素质、投资决策过程、收益与风险分析以及投资分析的方法。

训练设计

1. 简述证券投资的概念及要素。
2. 优秀的投资者需要具备哪些素质？
3. 简述证券投资的过程。
4. 简述证券投资与证券投机的区别。
5. 试述证券投资的收益与风险。
6. 试述证券投资的主要方法。

第二章 证券交易

学习目标

本章主要阐述证券交易的方式和有关证券交易系统的运作知识。要求大家掌握各种交易的方式、场内交易的程序、交易费用的计算、交易行情的显示等内容，以及了解柜台交易的特点、程序和费用计算。

【导读案例】

中航油巨亏5.5亿美金

2004年12月1日，中国航油（新加坡）股份有限公司（以下简称中航油）通过新交所发布公告：公司因5.5亿美元的衍生工具交易亏损，正寻求法院保护，以免受债权人起诉。

中航油巨亏的原因是，2004年下半年油价在40多美元时，卖出了大量看涨期权，并且没有制定有效的风险控制机制；随着油价的不断攀升，又未及时止损，反而不断追加保证金，最终导致油价攀升至每桶55.67美元时，被迫“爆仓”。

卖出看涨期权是金融衍生产品中风险最大的一种。按美式期权规定，看涨期权的买方可在行权期到来前，在规定的行权价格许可范围内的任意时间、任意价格行权，如果不行权，损失的也仅是保证金；相反，看涨期权的卖方则随时可能被迫承担因交易对手行权而产生的损失。因此，理论上期权买方的风险有限，获利无限；而期权卖方的风险无限，收益有限。

事后普华永道会计师事务所经过调查，认为中航油亏损的原因有以下几点：

（1）错误地判断了油价走势，卖出看涨期权，买入看跌期权。

（2）公司曾进行了三次挪盘，即买回期权以关闭原先盘位，同时出售期限更长、交易量更大的新期权，但每次挪盘均成倍扩大了风险。

（3）公司未能根据行业标准评估期权组合价值。

（4）缺乏对期权投机的风险管理步骤与控制。

中航油设有专职风险管理的风险控制委员会。中航油在《风险控制手册》中也规定：损失20万美元以上的交易要提交给公司的风险管理委员会评估；累计损失超过35万美元的交易必须得到总裁的同意才能继续；任何将导致50万美元以上损失的交易将自动平仓。但由于公司总裁亲自操盘，最终风险管理制度并没有得到落实，各种规定也形同虚设。

公司总裁陈久霖在接受审查时还一再说："假如再给我5亿美元，我一定会赢。"

问题：

1. 从交易制度角度分析中航油期权交易巨亏的原因。

2. 企业应该如何进行风险管理和风险控制？

第一节 证券交易的概念与方式

一、证券交易的概念

证券交易是指已发行证券的流通转让活动。证券发行之后，又与证券交易有着密切的联系。一方面，证券发行是证券交易的前提，因为证券发行为证券交易提供了对象；另一方面，证券交易又是证券发行的保证，因为证券交易使证券的流动性特征显示出来，从而有利于证券发行的顺利进行。证券交易的本质在于证券的流动性。证券是用来证明证券持有者有权取得相应权益的凭证。证券只有通过流动，才能反映市场化的资本关系，才能反映特定的财产权利的交易关系；而静止不动的资本是无法满足投资者不断增值的需求的。所以说，证券交易是证券流动性的内在要求。

二、证券交易方式

以赚取买卖差价为目的的证券投资，是通过证券交易实现的。即使是以获得股息、债券利息为目的的证券投资，其投资的首要环节也是买入证券。从这个意义上说，证券交易可以看做是证券投资的实现过程。适应不同的投资需要，证券交易的方式也是多种多样的。

（一）证券现货交易

证券现货交易是指证券买卖成交后，按成交价格及时进行实物交收和资金清算的交易方式。若买卖双方约定以现货交易方式成交，则买方付出现金并向卖方收取证券，卖方则付证券并向买方收取现金，买卖双方都有证券实物和资金的收付进出。一般在成交的当日、次日或交易所指定的例行交收日期交收清算。在未清算交收前，双方均不可随便解约或冲销，若有一方到交收日不能履约，将按有关交易规则处以罚金并承担责任。这是证券交易所采用的最基本、最常用的交易方式，也是我国目前普遍采用的交易方式。

1. 现货交易的特点

（1）成交和交割之间通常只有很短的时间间隔，如次日交割或几天后交割。

（2）它是一种实物交易，即买卖双方必须进行钱、券交割，一般不能对冲。当然，这里所谓的钱、券交割现在通常是通过中介者以电子计算机转账的方式实现的，交易双方已不必面对面地进行。

（3）由于成交与交割时间间隔短，价格波动空间相对有限，故其投机性也相对较小。

2. 现货交易方式的优点

现货交易方式之所以能够成为各国证券交易中普遍采用且最为流行的方式，是因为它具有其他交易方式所不具备的优点，这突出地表现在以下几个方面：

（1）现货交易方式在操作上较为简便。如前所述，由于现货交易的成交与交割基本上同时进行，在这个有限的时间范围内价格波动幅度有限，因而从事这种交易进行市场分析的难度较小；同时交割手续和所需的环节相对远期交易也更为简单。

（2）采用现货交易方式，一般而言，投资风险相对较小，易于将投资损失控制在可承受的范围内。不言而喻，这同样与现货交易的投机性较弱有关。相对投机性很强的信用交易、期货交易等方式存在的巨大投资风险，现货交易失败后的损失是相对有限的。

（3）对个别投资者来说，采用现货交易方式可以加快资金周转，增加投资操作的次数，从而使有限的资金发挥更大的投资效益。

（4）从宏观意义上说，现货交易广泛采用的结果，可以有效地加快整个证券市场的流通过程，活跃证券交易。

3. 现货交易方式的缺点

现货交易并不是一种可以全面适应各类投资需要的交易方式，它也存在着不可克服的缺点，这集中表现在以下两个方面：

（1）现货交易限制了证券投资者个人信用所发挥的作用。在某些场合下，有的证券投资者希望以最小的资金占用换取最大量的证券，有的证券投资者并不急于迅速兑换所卖出的证券。由于现货交易强调即时清算交割，证券买卖双方只得按照规定的交割日期相互给付证券和价款，否则就会构成违约，这样就限制了社会资金由最需要资金的人使用，从而无法使资金发挥最佳的经济效益。

（2）现货交易方式制约了证券交易活动对证券市场长期稳定性的调节。前面曾指出，从事现货交易的风险较小，但这是相对的，在某些情况下，它的这一优点也可能逆转为缺点。由于现货交易强调即时交割，证券投资者无法根据较长时期的行情变化趋势，保护在未来时间进行交易的某种证券的行市，以减少风险和稳定收益。例如，某证券投资者在现货交易市场以每股 110 元的价格买进 100 股 A 种股票，当 A 种股票行市呈下跌趋势时，该证券投资者预计每股价格将跌至 80～90 元。在现货交易方式下，该股票持有人即使以当时的最佳价格如 90 元抛出股票，每股也将损失 20 元；与此同时，某一货币持有人预计该种股票将在 3 个月后回升至每股 115 元左右，并愿意在 3 个月后按照每股 110 元的价格买进该股票。但在只允许现货交易方式下，即使股票持有人愿意在 3 个月后按照每股 100 元卖出股票，双方也不可能成交。股票持有人如果急于兑现，只能按照当时最佳价格如每股 90 元大量抛出 A 种股票，以求减少损失。当该股票的其他持有人也纷纷抛出时，结果必然会大大降低该股票的市场价格，引起股票行情的大幅度波动。可见，在证券市场波动剧烈、市场变化受到多种因素左右的情况下，单纯的现货交易方式并不利于证券市场在较长时期内保持稳定。

正因为如此，现代成熟的证券市场上，通常都还存在着一些其他的交易方式。

（二）证券期货交易

证券期货交易是证券现货交易的对称，指的是证券交易双方在证券成交以后，同意按照成交合同规定的数量和价格，在将来的某一特定日期进行清算交割的证券交易形式。它通常在证券交易所场内进行。场外交易中一般不采用期货交易方式。证券市场上的金融期货品种主要有利率期货、汇率期货和股价指数期货。期货交易有风险转移功能和价格发现功能。期货交易以标准化的期货合约、高杠杆作用的保证金和高效、无负债的清算制度等独特的机制保证其正常运作和交易。

作为一种特殊的证券交易方式，证券期货交易具有以下特点。

1. 证券期货交易是一种远期交易

这里的“期货”或“远期”均表示证券成交和证券交割之间相隔一段时间。在证券现货交易中，除采用当日交割者之外，多数证券交易的成交与交割活动虽然不在同一日完成，但成交日期和交割日期往往以数日为限，一般最长不超过20日（如买方有权选择交割），最短则是证券成交后的第二个营业日，通常采用的例行交割也仅限于证券成交后的第五个营业日。但在证券期货交易中，证券成交日期和交割日期之间的时间间隔通常是以月为计算单位的，或者是以某年的某个特定月份为交割日期。在实践中，证券交割日期往往是证券成交日期以后的数月，甚至长达一年。

2. 证券期货交易的标的具有双重性

标的是指交易各方权利、义务所指向的对象，如买卖合同中的货物和价款。在证券现货交易中，证券交易的标的就是某种证券本身，进行现货交易的市场即现货市场，是由拥有证券并准备即时交割的卖方和拥有货币并想即时得到证券的买方组成。但在证券期货交易中，证券交易的标的既可以是证券本身，也可以是证券期货交易的合同。例如，某甲拥有A公司发行的股票10 000股，并决定能通过期货市场卖出其中的2 000股，这时的标的就可以理解为A公司发行的2 000股股票；当乙在期货市场上买进2 000股该股票后，又可以在未与甲实际交割以前，将其卖给丙。这时丙所买进的既可以说是A公司的股票，也可以说是甲将股票卖给乙的合同。

（三）股票价格指数期货

股票价格指数是表明股票行市变动的价格平均数，是反映和衡量股票市场变动趋势和变动水平的重要指标。股票价格指数期货交易，就是投资者通过买卖股票价格指数合约，在将来某一特定日期用现金办理交割的一种期货交易方式。

由于股票价格变化不定，股票市场中充满了风险。股票投资者面临的风险可分为两类：一类是由于整个社会经济环境变动而带来的影响整个股票市场的系统风险，到目前为止还没有有效的办法加以回避；另一类是由于个别企业经营状况好坏而带来的非系统风险，这是个别企业或某些企业特有的风险，可用分散投资的办法来回避或减轻这种风险。但分散投资既需要一定的资金实力，又需要有经验的专门人才。对于个人投资者来说，资金有限、经验不足，很难真正做到分散投资，特别是当整个股市价格下跌时，分散投资也很难降低风险。为寻找一种有效的降低股票投资风险的方法，股票指数期货应运而生。

股票指数期货之所以能回避股票交易中的风险，是因为股票价格指数是根据一组股票价格变动而编制的指标，它与股票价格之间关系密切。股票指数期货的变动与股票价格指数是同方向的。因此，在股票现货市场与股票指数期货市场做相反操作就可以抵消股票市场面临的风险。例如，手中持有股票的人为回避股票价格下跌的风险，可卖出股票指数期货合约，若股市下跌，股票价格指数也下跌，再买入股票指数期货合约对冲，以期货交易的盈利抵消现货市场的亏损。

股票指数期货合约代表一组假设的股票资产而不是买卖某种特定的股票。股票指数期货到期以收市的有关指数作为交收的标准，合同持有人只需交付或收取股市与期市两个指数的现金差额，就可完成交收手续。股票指数期货合约的价值是由股票指数乘以某一固定乘数决定的。

例如，标准普尔500种股票指数、价值线指数和纽约证券交易所综合指数的期货合约价值都是以期货成交时的股票价格指数乘以500，沪深300指数期货的合约价值为当时沪深300指数报价点位乘以300元，从而将股票指数换算成货币单位。但是股票指数的期货价格和实际有关指数之间仍会存在一个差额，即基差。影响基差的因素有短期利率、红利收益和市场供求状况等。虽然股票指数期货价格和有关指数走向关系密切，但期货价格更容易波动并且往往比股票指数更敏感。当股票市场看涨时，股票指数期货的价格总是高于实际指数，距交割日远的期货合约价格更高；相反，股票市场为看跌时，指数期货合约的价格又会低于实际指数，距交割日越远，价格越低。

股票指数期货交易有很强的杠杆作用，即以较少的投资获得较多盈利的能力。这一杠杆作用来自期货交易的保证金比率很低，一般为15%左右，而现货交易需要足额的资金，保证金交易一般也要50%左右的保证金。这样，投资者以一定的本金做股票指数期货交易，只要对行情判断正确，就可以以较少的投资获得比现货交易更为可观的利润。当然，如果行情变化与交易者预期的相反，则要承受更大亏损。

（四）证券信用交易

证券信用交易的全称是证券保证金信用交易，是指投资者通过交付一定数量的保证金，获得证券商贷款或贷券，得以及时完成证券买卖，获利后再向证券商归还贷款或贷券的交易方式。这是一种杠杆作用大、投机性强的交易方式。为控制投机风险，中央银行、证券交易所和证券公司规定了法定保证金比率和保证金最低维持率。证券信用交易规定客户在买卖股票等商品时必须按交易所的保证金比率支付相应数量的现款（或证券等），其余不足部分才可向证券商融资或融券。保证金比率在不同的国家、不同的交易所都各不相同，融资时保证金比率一般在30%左右，融券时保证金比率一般在50%左右。

在中国证监会颁布了《证券公司融资融券业务试点管理办法》和《证券公司融资融券业务试点内部控制指引》后，交易所制定的《融资融券交易试点实施细则》以及中国证券登记结算公司制定的《融资融券试点登记结算业务指引》相继出台。《融资融券交易试点实施细则》中明确规定，投资者融资买入时融资保证金比例、融券卖出时融券保证金比例均不得低于50%。券商向客户收取的保证金以及客户融资买入的全部证券和融券卖出所得全部资金，整体作为客户对会员的担保物。当客户未按规定补足担保物或到期未偿还债务时，要强制平仓。

1. 证券信用交易方式的特点

（1）由于投资者采用信用交易的目的是在资金或证券缺乏的情况下，即时实现大规模的证券买卖，因而采用这种交易方式，投资者只需交付少量的保证金即可融通大量的资金或证券，及时进行大规模的证券交易，因而这种交易方式有着很强的杠杆性和投机性。

（2）证券信用交易是一种信用行为，投资者取得的贷款或贷券必须在一定的期限内偿还，一般不超过6个月。为保证投资者按期如数归还贷款或贷券，证券经纪商需把投资者买入的有价证券或收回的价款作为抵押留在经纪商处，待投资者偿还贷款或贷券时再取回。借款时，投资者需付息；借券时，经纪商需对投资者的价款付息。

（3）保证金可用现金或优质证券来支付。用现金支付时，保证金比例相对较低；而用证券支付时，因证券价格会发生波动，保证金比例相对较高，其目的在于防止证券价格下跌导致保证金数额降低。

2. 证券信用交易可分为保证金多头交易和保证金空头交易

保证金多头交易，是指证券投资者预期某种证券价格将要上涨时，采用信用交易方式融资买进证券，待价格如期上涨至高位后再抛出，并归还借款的交易方式。这种交易也称保证金买涨交易、保证金买入交易、保证金垫头交易。采用保证金多头交易方式，在决策正确的情况下可实现以少量的资金投入获得较高的收益；但如果投资者对证券市场交易价格走势判断失误，该方式也会导致投资者的高额损失。

保证金空头交易，是指证券投资者预计证券价格在未来一段时期将下跌，故采用信用交易方式先行融券卖出，并待价格如期下跌时低价买回，并偿还所借证券的交易方式。这种交易又称保证金买空交易、保证金卖出交易、垫头空头交易。保证金空头交易是借助同种证券在一定时期内的下跌趋势，通过先卖后买的步骤完成的，它与保证金多头交易的共性在于，均是在证券商垫付下进行的，但前者的特点是先卖后买，后者则是先买后卖。

证券信用交易是把双刃剑，既可能提高市场资金量、推动股价上涨，也可能增加市场股票数量，加速股价下跌，这些都会成倍放大投资者的收益和风险。

（五）证券期权交易

期权，又称选择权，是指它的持有者在规定的期限内具有按交易双方商定的价格购买或出售一定数量的某种金融资产的权利。

期权交易是对一定期限内的选择权的买卖。期权交易双方在成交后，买方以支付一定数量的期权费为代价，拥有在一定期限内以一定价格购买或出售一定数量的某种金融资产的权利，而不用承担必须买进或卖出的义务；卖方在收取一定数量期权费后在一定期限内必须无条件服从买方的选择并履行成交时的允诺。可见，期权交易是一种权利的单方面的有偿让渡，这种权利仅属于买方。期权交易仅仅是一种权利的买卖，而不是现实金融资产的买卖。尽管在期权成交时双方已就可能发生的现实金融资产的成交价格达成协议，但这种交易是否发生，取决于期权买方的选择。期权交易通常是借助标准化的期权合约达成协议的，它是一种衍生的金融工具。

期权交易的基本类型有两种，即看涨期权和看跌期权。看涨期权又称买入期权，指期权购买者可以在规定期限内按协议价格购买一定数量金融资产的权利。看跌期权又称卖出期权，指期权购买者可以在规定期限内按协议价格卖出一定数量金融资产的权利。在这两种基本类型的基础上，又可演绎出双向期权、多项期权的多种搭配方式。

从理论上讲，期权买方的风险有限，获利无限，而期权卖方的风险无限，获益有限。

2004 年下半年国际油价在 40 多美元时，中航油新加坡公司卖出大量的看涨期权，且缺乏有效风险控制机制，随着油价的不断攀升，又未及时止损，反而追加保证金，最终导致油价升至 55.67 美元时被迫“爆仓”，亏损 5.5 亿美元。

（六）证券回购交易

证券回购交易，是指证券买卖双方在成交的同时就约定于未来某一时间以某一价格双方再进行反向交易的行为。其实质内容是：证券的持有方（融资者、资金需求方）以持有的证券作抵押，获得一定期限内的资金使用权，期满后则须归还借贷的资金，并按约定支付一定的利息；而资金的贷出方（融券方、资金供应方）则暂时放弃相应资金的使用权，从而获得融资方的证券抵押权，并于回购期满时归还对方抵押的证券，收回融出资金并获得一定利息。

证券的回购交易实质上是一种以有价证券作为抵押品借贷资金的信用行为，也是证券市场上一种重要的融资方式。目前沪、深证券交易所的证券回购券种主要是国债。开展证券回购交易业务的主要场所为沪、深证券交易所及经国务院和中国人民银行批准的全国银行间同业市场。

债券回购交易包括债券买断式回购交易和债券质押式回购交易等。债券买断式回购交易是指债券持有人将债券卖给购买方的同时，交易双方约定在未来某一日期，卖方再以约定价格从买方购回相等数量同种债券的交易。债券质押式回购交易是指债券持有人在将债券质押的同时，将相应债券以标准券折算比率计算出的标准券数量为融资额度而进行的质押融资，交易双方约定在回购期满后返还资金和解除质押的交易。债券回购交易的期限按日历时间计算。如到期日为非交易日，顺延至下一个交易日结算。

证券回购交易的程序：一笔回购交易涉及两个交易主体、二次交易契约行为。两个交易主体即以券融资方（资金需求方）、以资融券方（资金供应方）；二次交易契约行为即开始时的初始交易及回购期满时的回购交易。无论资金需求方还是资金供应方都要经过二次交易契约行为。

上深、深圳证券交易所国债回购，期限主要有 1 天、2 天、3 天、7 天、14 天、28 天、91 天、182 天几个周期品种，投资者参与国债回购，既可以用暂时闲置的资金获利，又不影响资金的周转，且收益率比银行存款高。

第二节 证券交易程序和费用

证券市场是各种证券交易关系的总和。证券交易活动需要按照一定的交易程序和交易方式来组织，这不仅保证了数额巨大的证券能以很快的速度成交，也保证了证券市场的交易秩序，有利于加强对证券市场的管理，以建立一个公开、公正、公平和高效的市场。

一、证券交易的程序

证券交易程序，主要是指投资者通过经纪人在证券交易所买卖股票的交易，要经过开户、委托、竞价成交、清算、过户登记等程序。

（一）开户

投资者要在证券交易所买卖股票，首先要选定一家信用可靠、服务优良的证券公司办理开户手续，开户包括证券账户和资金账户。

1. 证券账户

证券账户是指证券登记机构为投资者设立的，用于准确记载投资者所持有的证券种类、名称、数量以及相应权益和变动情况的一种账册。投资者在开设证券账户的同时，即已委托证券登记机构为其管理证券资料、办理登记、结算和交付业务。证券账户分为个人账户和法人账户两种。个人投资者应持有效身份证件办理开户手续。办理开户手续主要应记载开户登记日期、委托人、姓名、性别、身份证号码、职业、家庭地址、联系电话，并留存印鉴卡或签名样本，如有委托代理人，委托人须留存书面授权书。法人投资者应提供有效的法人证明并载明法定代表人及证券交易执行人的姓名、性别，留存法定代表人授权证券交易执行人的书面授权书以及法定代表人与证券交易执行人的身份证明文件。证券公司为进一步了解客户情况，在认为必要时，还可要求客户提供证券投资目的、投资经验、资产状况、如何处置证券等情况。

一般的证券账户只能进行A股、基金和债券现货交易，进行B股交易和债券回购交易需另行开户和办理相关手续。投资者买卖上海或深圳证券交易所上市证券应当分别开设上海或深圳证券账户，证券账户分别由上海证券中央登记结算公司、深圳证券结算公司以及由它们授权的证券登记公司或证券经营机构办理开户。证券账户全国通用，投资者可以在开通上海或深圳证券交易业务的任何一家证券营业部办理指定委托交易。

2. 资金账户

资金账户是证券经纪商为投资者设立的账户，用于记录证券交易的币种、余额和变动情况。由于投资者不能直接进入证券交易所买卖证券，必须到交易所会员证券公司开设的营业部委托其代理买卖，所以资金账户一般由证券公司管理，投资者可以查询和打印资金变动情况。为保证资金安全，证券商为资金账户设置交易密码。

3. 证券账户的类型

（1）现金账户是为以现货交易方式进行证券投资的客户开立的账户。开立这种账户的投资者在交易过程中不得融资或融券，必须全部以现款或现券进行交易。具体来说，开立现金账户的投资者，买入证券时必须在清算日以前交付全部价款；卖出证券时必须在清算日或清算日之前交出全部准备出售的证券。

（2）保证金账户又称普通账户，是为以保证金交易方式进行证券投资的客户开立的账户。开立保证金账户的投资者可以通过交付保证金以向证券公司融资或融券的方式进行交易。开立保证金账户时，投资者要与证券公司签订一个协议，协议规定，投资者必须按有关规定交存一定比率保证金以及在必要时追加保证金。协议还规定，证券公司有权以保证金账户上客户的证券作为证券公司贷款的抵押品，也可以将保证金账户上的证券借给其他客户做保证金卖空交易。证券公司对开立保证金账户持谨慎态度，必须真正了解客户的信用状况和资产状况，避免在交易过程中承担太大的风险。

（二）委托买卖

1. 委托方式

委托方式指投资者为买卖证券向证券公司发出委托指令的传递方式，有递单委托、电话委托、电脑委托和网上委托等。

（1）递单委托，又称当面委托。投资者凭本人的股票账户、身份证等证件，亲自到会员证券公司营业部，填写委托买卖单，经证券营业部业务员审核确认后，将委托指令通过电话传送给公司派驻在证券交易所内的经纪人，经纪人以会员公司营业部的名义代理投资者买卖证券。

（2）电话委托指投资者通过电话向证券商计算机系统输入委托指令，以完成证券买卖委托和有关信息查询的委托方式。投资者要进行电话委托必须开设电话委托专户，与证券商签订电话委托买卖契约并设定电话委托交易密码。

开通电话委托专户后，投资者可拨通证券商电话委托热线，并借助电话机上的数字和符号输入委托指令，证券商的电话委托交易系统在投资者确认委托内容后会将委托输入交易所电脑系统，并将委托指令打印以备查验。

（3）网上委托指投资者通过互联网进行行情查询和股票买卖的委托方式。投资者需要提出申请并签署协议后，才能进入网上交易系统进行股票买卖。网上交易手续费相对较低，成交速度快，信息全面及时，故已成为投资者买卖证券的主要委托方式。在使用联接互联网的计算机进行委托交易的基础上，采用智能手机等移动互联网终端进行委托交易的比例日益提升。

2. 委托内容

买卖证券的委托一般包括以下几项内容：

（1）证券名称，即买入或卖出证券的名称或代码。

（2）委托买入还是委托卖出，委托买卖的数量。数量一般以交易单位（俗称“手”）的整倍数计。

（3）出价方式及委托价格，即是市价委托还是限价委托。市价委托是投资者要求证券经纪人按市场价格买入或卖出证券；限价委托是投资者要求证券经纪人按限定价格或更优的价格买入或卖出证券。如果不指明价格，证券经纪人即作为市价委托处理。

（4）交易方式。有现金交易和信用交易之分，若投资者不在委托单上特别注明，即按现金交易处理。

（5）委托有效期。委托有效期指明委托指令的最后生效限期，可分为当日有效、本周有效、本月有效、撤销前有效、一次成交有效、立即成交有效、开市（收市）有效等。当日有效是发出委托指令的当天收盘前有效；本周有效或本月有效是发出委托指令当周或当月的最后一个营业日收盘前有效；撤销前有效是委托指令在客户撤销前始终有效或是可在证券经纪公司保留6个月为止；一次成交有效是投资者委托买卖的证券数量若一次只成交了其中一部分则未成交的部分不再有效；即时成交有效、开市有效、收市有效是限定成交时间于指令发出的短暂时间内、开盘时或收盘时。投资者若不在委托单上注明委托有效期，证券商均按当日有效办理。

3. 委托的执行

证券公司营业部业务员在受理递单委托并确认投资者身份的真实性和合法性后应立即通知本公司派驻在证券交易所的交易员，由他们负责执行受理的委托并处理成交后的有关事宜。

电话自动委托和电脑自动委托的身份证确认由密码控制，柜台电脑终端在收到委托指令时会自动检测委托密码是否正确，委托是否符合要求和相应账户中是否有足够数量的证券或资金等。如果检查无误，则冻结相应账户并将此笔委托传送给主机。如果证券商采用有形席位进行交易，需要柜台工作人员通过电话将委托口述给交易所内出市代表（红马甲），由出市代表利用场内席位终端将委托输入撮合主机。如果证券商采用无形席位与交易所电脑交易主机联网，证券商柜台电脑系统会自动将委托传送给交易所电脑交易主机。投资者的委托如果未能全部成交，除一次成交有效委托外，证券经纪商可在委托有效期内继续执行委托，直至有效期结束。在委托有效期内，只要委托尚未执行，投资者有权变更和撤销委托指令。证券商有责任将委托指令执行结果及时通报给投资者。

4. 委托双方的责任

委托单一经接受，投资者和证券公司之间就建立起受法律约束和保护的委托和受托关系。证券公司作为受托人，要忠实地执行委托指令，在委托有效期内按指令要求买卖有价证券，不得以任何方式损害委托人的利益。如果因为证券经纪商的过失而造成委托人的损失，须负赔偿责任。投资者作为委托人，在发出委托指令前应对自己所下的委托指令及可能的后果有足够的认识，委托指令一旦执行，在有效期内，不管证券行情如何变化，委托人必须履行交割清算的责任。如果因为委托人的违约或过失造成证券公司的损失，也须负赔偿责任。

（三）竞价成交

证券交易的市场属性集中体现在竞价成交环节上，买卖双方按照一定规则和程序公开竞价，达成交易。正是这种竞价成交机制使证券市场成为最接近充分竞争和高效、公开、公平的市场，也使市场成交价成为最合理公正的价格。

1. 竞价原则

证券买卖成交的基本规则是价格优先和时间优先原则。价格优先的原则是指较高价格买入申报优先于较低价格买入申报，较低价格卖出申报优先于较高价格卖出申报。时间优先的原则是指买卖方向、价格相同的，先申报者优先于后申报者。先后顺序按交易主机接受申报的时间确定。

价格优先原则在具体执行时，除了买卖价位相同立即成交外，当买入申报价高于卖出申报价时，按对手价成交。如果买卖双方以市价申报而没有限价时，则采用最近的一次成交价或当时显示的价位成交。

时间优先原则在具体执行时，是以计算机主机接受申报的时间顺序进行排列。当券商更改申报时，其原申报的时间顺序自然撤销，新申报依更改后报出的时间顺序排列。

除价格优先原则和时间优先原则外，在竞价申报时，还实行市价优先原则，即市价申报比限价申报优先满足。

此外，有的证券交易所还实行客户优先原则和数量优先原则。前者是指客户的申报比证券商自营买卖申报优先满足，后者是指申报买卖数量大的比数量较小的优先满足。

2. 集中竞价

集中竞价是指利用计算机系统进行竞价申报，撮合成交。集中竞价又分为集合竞价和连续竞价两种方式。

集合竞价：通过计算机撮合配对时，以成交量最多的价格为指标确定成交价格，如每日的开盘价。

连续竞价：通过计算机撮合配对时，以时间优先、价格优先为原则确定买卖价格，即采用最高买入价和最低卖出价撮合成交，如每日的交易价。

上海、深圳证券交易所均采用集中竞价方式。在每个营业日开市前采用集合竞价方式形成开盘价，在交易过程中采用连续竞价方式形成成交价。交易时间为每周一至周五。每个交易日的9:15至9:25为开盘集合竞价时间，9:30至11:30、13:00至15:00为连续竞价时间，深圳证券交易所14:57至15:00为收盘集合竞价时间。开市期间停牌并复牌的证券除外。

上交所自2006年7月1日起，将集合竞价调整为开放式集合竞价。

9:15－9:25，集合竞价时间，即时行情内容包括证券代码、证券简称、前收盘价格、虚拟开盘参考价格、虚拟匹配量和虚拟未匹配量；

9:15－9:20，可以接收申报，也可以撤销申报；

9:20－9:25，可以接收申报，但不可撤销申报。

（四）清算与交割

1. 清算

清算是指在证券交易双方买卖成交以后，证券交易所将各个证券商之间发生的证券买卖的数量和资金分别予以冲抵，计算应收应付证券和应收应付资金的过程。

清算包括资金清算和证券清算两个方面。在每个交易日闭市后，交易所清算中心依据各证券商买卖各种证券的数量、成交价格，计算出各证券商应收、应付数量相抵后的差额，绘制当日清算交收表，经券商核对无误后，编制出各公司当日的清算交割单，按照净额交收的原则，各券商在交易所进行统一证券和价款的清算交收。

不同的证券交易采用不同的清算模式。上海证券交易所实行三级清算，先由上海证券中央登记结算公司与异地登记结算公司进行一级清算，再由异地登记结算公司与所在地的券商进行二级清算，最后由券商与投资者进行三级清算。而深圳证券交易所采用二级清算，主要为深圳证券结算公司与券商、券商与投资者之间的清算。

2. 交割

交割是指证券卖方将卖出的证券交付买方，买方将买进证券的价款交付给卖方的钱货两清过程。

证券交易所在证券交易中往往会规定一个相对滞后的交割期。因为证券交易结束后，证交所与券商之间、券商与投资者之间要进行信息传递，要办理清算交收手续，这需要一定的时间。我国目前对A股、债券的交割采取的是T+1规则，即券商与委托客户在证券成交后的下一个营业日办理交割。

沪深股市的B股目前均采用T+3日交割，基金的交割是T+2。

证券交割单是投资者委托买卖证券的记录，也是投资机构进行证券投资的记账凭证，投资者要妥善进行保管。

（五）过户登记

过户是办理变更证券持有者姓名的手续。我国沪深股市实行的是电脑自动过户，股票交割与过户同时完成。

股票发行公司可随时申请打印股东名册，上面记录着每位股东的姓名、持股数量、购入日期等信息，投资者只有办理过户手续后，才能成为股票的真正持有人，才能享有相应的股东权利，才会受到法律的保护。这在记名交易和场外交易中尤其重要。

二、交易费用

投资者在委托买卖证券时，应支付各种费用和税收，通常包括委托手续费、佣金、过户费、印花税等。

（一）委托手续费

委托手续费是证券公司经当地有关部门批准，在投资者输入委托买卖时，向投资者收取的主要用于通讯、设备、单证制作等方面的费用。

收费标准：此项收费一般按委托的笔数计算，没有统一的标准；而且，许多证券公司出于竞争的考虑不再收取此项费用。

（二）佣金

佣金是投资者在委托买卖证券成交后按成交金额一定比例支付的费用。此项费用一般由证券公司经纪佣金、证券交易所交易经手费及管理机构的监管费等组成。

收费标准：佣金的收费标准因交易品种不同而有所差异。

在上海证券交易所，A股的佣金为成交金额的3‰（上限），起点为5元；B股的佣金为成交金额的3‰，起点为1美元；债券的佣金为成交金额的1‰（上限，可浮动），基金的佣金为成交金额的1.5‰（上限）。回购业务的佣金标准为：3天、7天、14天、28天和28天以上回购品种，分别按成交金额0.15‰、0.25‰、0.5‰、1‰和1.5‰以下浮动。

在深圳证券交易所，A股的佣金为成交金额的3‰（上限）；债券的佣金为成交金额的1‰（上限）；基金的佣金为成交金额的1.5‰上限；上述佣金的起点为5元。B股的经纪佣金为成交金额的3‰（以港元计价）；回购业务的佣金标准为：3天、7天、14天、28天、91天、182天回购品种，分别按成交金额0.1‰、0.2‰、0.4‰、0.8‰、1.2‰、1.4‰以下浮动。

（三）过户费

过户费即委托买卖的股票、基金成交后，买卖双方为变更股权登记所支付的费用。这笔收入属于证券登记结算机构的收入，由证券公司在同投资者清算交割时代为扣收。

收费标准：中国证券登记结算有限责任公司2015年7月9日发布《关于调整A股交易过户费收费标准有关事项的通知》宣布于2015年8月1日起调整沪深市场A股交易过户费的收费标准。A股交易过户费由沪市按照成交面值0.3‰、深市按照成交金额0.0255‰向买卖双方投资者分别收取，统一调整为按照成交金额0.02‰向买卖双方投资者分别收取。交易过户费为中国证券登记结算有限公司收费，证券经营机构不予留存。

（四）印花税

印花税是根据国家税法规定，在人民币股票（A股）和人民币特种股票（B股）成交后对买卖双方投资者按照规定的税率分别征收的税金。现行的做法是由证券公司在同股票投资者交割中代为扣收，然后在证券公司同证券交易所或证券登记结算机构的清算、交割中集中结算，最后由证券登记结算机构统一向征税机关缴纳。

印花税经常被作为政策调控、辅助工具引导股市运行。2007年5月30日，财政部将印花税由1‰提高到3‰。2008年9月19日，印花税又降为1‰，且仅对出让方单边征收。

基金、债券、权证的交易不收印花税。

第三节 行情显示与交易术语

一般的投资者步入证券公司的第一眼看见的就是显眼的大屏幕行情。大屏幕行情上面有开市价、成交价、买价与卖价、最高价与最低价、涨跌值与涨跌幅、总手与现手。除了大屏幕行情外，证券公司还提供行情终端，供投资者查阅个股的走势。通过电脑或手机证券行情分析软件，可以直接看到个股行情，并查阅个股详细的资料。目前市面上流行的行情分析软件有通达信、大智慧、钱龙、胜龙、汇金、指南针等。这些软件各有自己的优点，操作起来都很简单。投资者可登陆证券公司的网站，学习操作方法。虽然具体的操作不同，但每套软件提供的界面是基本一致的，投资者看个股走势，一是看分时图，二是看 K 线图。另外，还要注意买卖的三个价位、委比、内盘和外盘、量比等。

看排行榜时，要注意涨跌幅榜、成交金额排行榜、量比排行榜、成交价排行榜等，以方便选股。

股市常用交易术语：

市价总额（总市值）：指在某特定的时间内，交易所挂牌交易全部证券（以总股本计）按当时价格计算的证券总值；可以反映该证券市场的规模大小。由于它是以各证券的发行量为权数的，所以当发行量大的证券（流通量不一定大）价格变动时对总市值影响就大。

股价指数：用来衡量股票价格变动的一种指标，通常是选择有代表性的若干家上市公司股票的市场平均价格来计算。

主力：投资额及交易量巨大，能左右个股或某一板块行情，控制市场走势的投资者，多由企业财团、机构大户组成。

散户：投资额较少，买卖行为无计划，相互之间没有关联，完全依行情而动的个体投资者。

开盘价：证券交易所每个营业日开始，第一笔证券成交价格为该证券的开盘价，如开市后一段时间内（一般为半小时）无成交则以前一营业日的收盘价为当日该证券的开盘价。

收盘价：证券交易所每个营业日闭市前的最后一笔交易价格为该证券收盘价。深圳证券所的收盘价为某种证券最后一分钟的平均价。

平开：某股票的当日开盘价与前一交易日收盘价持平的情况称为开平盘或平开。

低开：某股票的当日开盘价低于前一交易日收盘价的情况称为低开。

高开：某股票的当日开盘价高于前一交易日收盘价的情况称为高开。

买入价：投资者为购买某种证券所出的报价。

卖出价：持有人为卖出该证券所报的价格。

最高价：在某一段时间内（一天、一周或一年）股票成交的最高价格。

最低价：在某一段时间内（一天、一周或一年）股票成交的最低价格。

成交量：一定时间内交易所内证券成交数量；成交量采用单向计算法，股票用成交股数计算，债券以成交面额计算，成交量是反映市场行情的重要指标。

成交金额：用货币表示的股票成交总量。

最新价：即刚刚成交的那一笔股票的价格。

成交手数：从开盘到当前的个股累计成交数量。

委买手数：现在所有个股委托买入上三档的总数量。

委卖手数：现在所有个股委托卖出下三档的总数量。

涨跌幅：现在价格（或指数）相对于前一交易日的涨跌相对比率。

市盈率：即股票的价格与该股上一年度每股税后利润之比。该指标为衡量股票投资价值的一种静态指标。

换手率：即某股票成交的股数与其上市流通股总数之比，它说明该股票交易活跃程度，尤其当新股上市时，更应注意这个指标。

成交价格决定原则：在证券交易所中，买卖双方采用“双边拍卖”形成成交价格时所必须遵守的原则，包括：价格优先，即买方要价，价格高的可以比价格低的优先成交；卖方出价，价格低的可以比价格高的优先成交。时间优先，即在出现相同的出价或要价时，先出价或先要价优先成交。市价委托优先，即市价委托比限价委托优先成交。

涨跌停板：因股票价格波动超过一定限度而停止交易。其中因股票价格上涨超过一定限度而停止交易叫涨停板；因股票价格下跌超过一定限度而停止交易叫跌停板。目前，国内规定涨跌停的幅度为10%。

平仓：投资者在股票市场上卖出股票的行为。

斩仓（割肉）：在买入股票后，股价下跌，投资者为避免损失扩大而低价（赔本）卖出股票的行为。

套牢：预期股价上涨而买入股票，结果股价下跌，又不甘心将股票卖出，被动等待获利时机的出现。

坐轿：预期利多消息将公布，股票价格将随之大涨，于是先期买入，等待股价大涨后卖出股票获利。

抬轿：利多消息公布后，认为股价将会大幅上涨，立刻抢买股票，而股价却随之下跌的行为。

多杀多：普遍认为股价要上涨而纷纷买进，然而股价未能如期上涨，于是，人们又竞相卖出，造成股价大幅下跌。

利多：对多头有利，能刺激股价上涨的各种因素和消息，如银行利率降低、公司经营状况好转等。

利空：对空头有利，能促使股价下跌的因素和信息。如银根抽紧、利率上升、经济衰退、公司经营恶化等。

牛市：股市前景乐观，股票价格持续上升的行情。

熊市：前途暗淡，股票普遍持续下跌的行情。

多头：投资人预期未来价格上涨，以目前价格买入一定数量的股票，等价格上涨后，高价卖出，从而赚取差价利润的交易行为。特点为先买后卖。

空头：预期未来行情下跌，将手中股票按目前价格卖出，待价格下跌后，再低价买进，从而赚取差价利润的交易行为。特点为先卖后买。

长空：认为股市远景不佳的投资者。

死多：看好股市前景，买进股票，不赚钱不出手的投资者。

多翻空：多头确信股价已到顶峰，因而大量卖出手中股票，成为空头。

空翻多：空头确信股价已跌到尽头，于是大量买入股票而成为多头。

短多：短线多头交易，长则几天短则一两天，操作依据是预期股价短期看好。

热门股：指交易量大、交易换手率高、流通性强的股票，特点是价格变动幅度较大，与冷门股相对应。

骗线：指主力机构利用部分散户对股价趋势线的过分依赖，做出假股价，使投资者产生错觉，以利自己出货。

对敲：是股票投机者的一种交易手法。具体操作方法为在多家营业部同时开户，以拉锯方式在各营业部之间报价交易，以达到操纵股价的目的。

筹码：投资人手中持有的一定数量的股票。

踏空：投资者因看淡后市而卖出股票，该股价却一路上扬，无法补仓；或者投资者未能及时买入股票，而未能赚得利润。

反转：股市由多头市场向空头市场，或由空头市场向多头市场转化。

反弹：股市在下跌过程中，因速度过快，跌至下一支撑位后回升到某一价位调整。

回档：股市在上涨一段时间之后，回落到某一价位整理。

跳水：指股价迅速下滑。

阴跌：指股价进一步退两步、缓慢下滑的状况，如阴雨连绵。

红筹股：指中资持有的控股达到或超过30%，在香港上市的公司股票，如中信泰富、粤海投资。

蓝筹股：特指那些高品质、高价格的股票，这些上市公司一般都是经营和资信均良好的优秀企业，在行业中占有突出的地位。

利润滚存股：就是将某年的税后利润转到下年分配的股票，新股一般常用此方法来增加二级市场的炒作题材。

黑马股：指价格脱离业绩而在短期内大幅上涨的股票，一般该股具有可流通股少而股性活跃的特点。

填权：股票除权后的除权价不一定等同于除权日的理论开盘价，当股票实际开盘价交易高于这一理论价格时，就是填权。

多头陷阱：即为多头设置的陷阱，通常发生在指数或股份屡创新高，并迅速突破原来的指数区且达到新高点之时，随后股指迅速滑落，跌破以前的支撑位，结果使在高位买进的投资者严重被套。

空头陷阱：通常表现为指数或股份从高位区以高成交量跌至一个新的低点区，并造成向下突破的假象，待恐慌抛盘涌出后迅速回升至原先的密集成交区，并向上突破原压力线，使在低点卖出者踏空。

突破：指股价经过一段时间的整理后越过阻力线或跌破支撑线。

洗盘：指庄家为降低拉升成本和阻力，先故意将股价打低，吸纳散户恐慌抛售的股票，然后再拉高股价获利。

量比：是一个衡量相对成交量的指标，是开市后每分钟的平均成交量与过去5个交易日每分钟平均成交量之比。

量比＝现成交总手/（过去5日平均每分钟成交量×当日累计开市时间（分））

量比大于1，说明当日每分钟的平均成交量大于过去5日的平均数值，交易活跃；量比小于1，说明现在的成交量小于过去5日的平均水平，成交萎缩。

委比：是用来衡量一段时间内买卖盘相对强度的指标。

委比＝（委买手数－委卖手数）/（委买手数＋委卖手数）×100%

委比值为正值并且委比数大，说明买盘强劲；委比值为负值并且负值大，说明抛盘较强。委比值从－100%到＋100%，说明买盘逐渐增强；从＋100%到－100%，说明买盘逐渐减弱。

ST股票：ST是英文Special Treatment的缩写，意即“特别处理”。ST股票是指出现财务状况或其他状况异常的上市公司股票，如连续两年亏损，或每股净资产低于股票面值。

【知识小结】

本章首先讲述了股票、债券、基金、金融衍生品等有价证券的相关内涵，在此基础上，详细论述了证券交易的方式、程序等内容，并对证券交易的相关术语进行了简要的介绍。

训练设计

1. 证券交易的程序分为哪几个步骤？
2. 证券委托指令有几种类型？各有什么特点？
3. 如何理解信用交易的杠杆作用？试以信用交易的杠杆作用分析其投机性。
4. 证券交易的具体费用是如何进行计算的？
5. 试述证券交易的主要方式及特点。

第三章 证券投资基本分析

学习目标

证券投资基本分析是根据经济学、金融学、财务管理学及投资学的基本原理，通过对影响证券价格变动的各种经济因素进行分析，来评估证券内在价值及预测证券未来变化方向的分析方法。

本章包括宏观经济分析、行业分析和公司分析三部分。主要以公司分析为核心，同时以宏观经济分析和行业结构变化为背景，寻找股价变化规律及其走势的特点。

【导读案例】

公司财务报表分析

已知A公司2014年有关财务报表资料如下：表3－1为资产负债表，表3－2为利润表。

1. 试根据所给资料，计算下列财务指标：(1) 资本报酬率；(2) 股本报酬率；(3) 销售利润率；(4) 流动比率；(5) 速动比率；(6) 负债比率；(7) 应收账款周转率；(8) 存货周转率。

2. 对该公司财务状况进行分析和评价，并写一份财务状况分析报告。

表3－1 资 产 负 债 表

编制单位：A公司　　2014年12月31日　　单位：元

资　产	行次	年初数	期末数	负债和股东权益	行次	年初数	期末数
流动资产：				流动负债：			
货币资金	1	2 812 600	1 641 490	短期借款	68	600 000	100 000
短期投资	2	30 000		应付票据	69	400 000	200 000
应收票据	3	492 000	92 000	应付账款	70	1 907 600	1 907 600
应收股利	4	1 000	1 000	预收账款	71		
应收利息	5	1 000	1 000	应付工资	72	200 000	200 000
应收账款	6	598 200	1 196 400	应付福利费	73	20 000	160 000
其他应收款	7	8 000	8 000	应付股利	74		
预付账款	8	200 000	200 000	应交税金	75	60 000	410 688
应收补贴款	9			其他应交款	80	13 200	13 200

续表

资　产	行次	年初数	期末数	负债和股东权益	行次	年初数	期末数
存　货	10	5 160 000	5 149 400	其他应付款	81	100 000	100 000
待摊费用	11	200 000		预提费用	82	2 000	
一年内到期的长期债权投资	21			预计负债	83		
其他流动资产	24			一年内到期的长期负债	86	2 000 000	
流动资产合计	31	9 502 800	8 289 290	其他流动负债	90		
长期投资：							
长期股权投资	32	300 000	300 000	流动负债合计	100	5 302 800	3 091 488
长期债权投资	34	200 000	200 000	长期负债：			
长期投资合计	38	500 000	500 000	长期借款	101	1 200 000	2 320 000
固定资产：				应付债券	102		
固定资产原价	39	3 000 000	4 802 000	长期应付款	103		
减：累计折旧	40	800 000	340 000	专项应付款	106		
固定资产净值	41	2 200 000	4 462 000	其他长期负债	108		
减：固定资产减值准备	42			长期负债合计	110	1 200 000	2 320 000
固定资产净额	43	2 200 000	4 462 000	递延税项：			
工程物资	44			递延税款贷项	111		
在建工程	45	3 000 000	1 456 000	负债合计	114	6 502 800	5 411 488
固定资产清理	46						
固定资产合计	50	5 200 000	5 918 000	所有者权益（或股东权益）：			
无形资产及其他资产				实收资本（或股本）	115	10 000 000	10 000 000
无形资产	51	1 200 000	1 080 000	减：已归还投资	116		
长期待摊费用	52	400 000	400 000	实收资本（或股本）净额	117		
其他长期资产	53			资本公积	118		
无形资产及其他资产合计	60	1 600 000	1 480 000	盈余公积	119	300 000	371 370.30
				其中：法定公益金	120	18 200	23 790.10
递延税项：				未分配利润	121		404 431.70
递延税款借项	61			所有者权益（或股东权益）合计	122	10 300 000	10 775 802
资产总计	67	16 802 800	16 187 290	负债及所有者权益（或股东权益）总计	135	16 802 800	16 187 290

表 3－2　　利　润　表

编制单位：A 公司　　2014 年度　　单位：元

项　　目	行次	本月数	本年累计数
一、主营业务收入	1		2 500 000
减：主营业务成本	4		1 500 000
主营业务税金及附加	5		4 000
二、主营业务利润（亏损以“－”号填列）	10		996 000
加：其他业务利润（亏损以“－”号填列）	11		
减：营业费用	14		40 000
管理费用	15		316 000
财务费用	16		83 000
三、营业利润（亏损以“－”号填列）	18		557 000
加：投资收益（损失以“－”号填列）	19		63 000
补贴收入	22		
营业外收入	23		100 000
减：营业外支出	25		39 400
四、利润总额（亏损总额以“－”填列）	27		680 600
减：所得税	28		204 798
五、净利润（净亏损以“－”号填列）	30		475 802

补充资料：

项　　目	本年累计数	上年累计数
1. 出售、处置部门或被投资单位所得收益		
2. 自然灾害发生的损失		
3. 会计政策变更增加（或减少）利润总额		
4. 会计估计变更增加（或减少）利润总额		
5. 债务重组损失		
6. 其他		

第一节　宏观经济分析

一、宏观经济分析的意义

证券市场是整个市场体系的重要组成部分，上市公司是宏观经济运行中的微观主体，因此，证券市场价格一定会随着宏观经济的运行状况变动而变动，会因宏观经济政策的调整而调整。

首先，作为投资者，要想获得较高的投资收益并尽可能降低投资风险，应对宏观经济因素进行深刻全面的分析和研究，宏观经济因素是影响证券价格诸多因素中的首要因素。

其次，宏观经济因素对证券市场的影响不仅是根本性的，而且是全局性的。宏观经济因素几乎对每只上市证券均构成影响。从各国证券市场的发展来看，除了不规范时期的新兴证券市场外，证券市场的每一次牛市均是以宏观经济看好为背景的，而证券市场每一次熊市的形成则是由于宏观经济发展趋缓或衰退所致。

最后，宏观经济因素对证券市场的影响还是长期性的。在证券市场领域中，一些战略性的建仓或空仓行为都是基于投资者对宏观经济和未来证券市场的预期，这是宏观经济影响证券市场的体现。构筑证券市场长期发展趋势的基础正是宏观经济态势。

因此，宏观经济既是影响证券市场价格的首要因素，又是根本性、全局性和长期性的因素。投资者只有对宏观经济因素进行认真分析，研究其发展状况和走向，才能作出正确的决策，才能抓住证券市场中的投资机会。

二、宏观经济分析方法

宏观经济分析方法主要有经济指标分析法、计量经济模型法和概率预测法。

（一）经济指标分析法

经济指标分析法是采用多种经济指标，进行分类计算、分析和对比的一种方法。

经济指标有三大类：第一类是先行指标，它是发生在经济预测之前，对未来的经济状况有预示作用，如货币供应量、股价指数等。从实践来看，通过先行指标可以对宏观经济的实际高峰和低谷进行计算和预测，得出结论的时间可比实际发生的时间提前半年。第二类是同步指标，它是宏观经济正在发生的情况，其高峰和低谷出现的时间与经济周期相同，主要有国民生产总值和失业率等。第三类是滞后指标，这类指标的高峰和低谷比宏观经济滞后，主要有银行短期商业贷款利率、物价指数等。

（二）计量经济模型法

计量经济模型法是利用经济变量之间的数量关系方程式，来分析预测宏观经济的方法。计量经济模型主要有经济变量、参数和随机误差三大要素。

1. 经济变量

经济变量是反映经济变动情况的量，模型中的经济变量有内生变量和外生变量两种。内生变量是由模型本身加以说明的变量，是方程式中的未知数，其数值可以通过求解方程式可得；外生变量则是不能由模型本身加以说明的量，是由模型以外的因素产生的，是方程式中的已知数。

2. 参数

参数是模型方程式的常数和常系数，反映自变量与因变量之间相对稳定的数量关系。

3. 随机误差

随机误差是指那些难以预测的、随机产生的差错以及经济资源在统计、整理和综合过程中所出现的差错。

用计量经济模型进行预测的一般过程是：首先，根据一定的经济理论原理建立数学模型；其次，结合现实的经济资料，使用计量经济学的方法估计模型参数，调试模型；最后，利用调试好的模型进行经济预测。

（三）概率预测法

概率预测法是运用概率论的方法对宏观经济活动进行预测的方法。

从实际来看，通过总结宏观经济运行的过去和现状，揭示其内部规律性，运用概率论的方法和手段预测未来宏观经济的变量水平，是一种行之有效的方法。

概率预测方法运用得较多也较成功的是对宏观经济的短期预测。如对国民生产总值及其增长率、通货膨胀率、失业率、利息率、个人收入及消费和企业利润等指标的下一时期水平及变动率的预测。

经济指标分析法、计量经济模型法和概率预测法三种方法各有千秋，证券投资者应结合自身掌握了解的资料和信息，灵活选择使用。当然，我国有关政府部门对宏观经济运行进行跟踪预测后所公布的数据，也具有一定的参考价值。

三、宏观经济分析的主要内容

宏观经济因素对证券市场的影响主要通过两个途径来实现：一是宏观经济的周期运行，二是宏观经济政策的变化。

（一）宏观经济运行分析

理论研究和经济发展的实践证明，由于受到多种因素的影响，宏观经济的运行总是呈现出周期性变化规律。

1. 宏观经济运行的含义

宏观经济周期一般经历四个阶段：繁荣、衰退、萧条、复苏。当经济从衰退和萧条中开始复苏时，继而又进入一个繁荣阶段，繁荣阶段中又孕育着衰退，如此循环往复，周而复始，其中每四个阶段构成的一段完整的波浪曲线称之为一个经济周期。

由于国民生产总值是最常见、综合性最强的衡量宏观经济指标，因此，宏观经济的周期性变化常用国民生产总值指标来表示。

经济周期作为宏观经济运行的一种规律是客观存在的，它不会随国家、制度的改变而改变。即使国家干预经济政策，也只能是调整和影响周期的波幅，最终不会消除经济周期。为此，经济周期的变动对证券市场的影响是十分显著的。

2. 宏观经济运行分析

（1）经济周期指标分析。要把握宏观经济的运行，通常需要借助一系列反映经济周期的经济指标，具体包括：①先行指标。它是指在总体经济活动发生波动之前，已经到达经济周期的峰顶或谷底的指标，如货币政策指标、财政政策指标、消费支出等。投资者可以采用这些指标事先知道经济变化波动的转折点，有利于选择恰当的投资策略。②重合指标。它是指与经济活动同时到达峰顶与谷底的经济指标，如国民生产总值、公司利润率、失业率等。投资者可以根据重合指标来预测经济周期变化，确定经济活动到达峰顶和低谷的准确时间。③后续指标。该指标是在经济活动发生波动之后，才能到达峰顶或谷底的经济指标，主要包括存货水平、个人收入和商品零售额等。这些指标对股票投资者并无太大的参考价值。

（2）经济运行对证券市场的影响分析。从证券市场的实际运行来看，证券价格的变动大体上与经济周期一致。一般而言，经济繁荣，证券价格上涨；经济衰退，证券价格下跌。①经济萧条阶段。经济下滑至低谷，公司经营情况不佳，证券价格低位徘徊。大部分投资者处于离场观望状态。②经济复苏阶段。在经济走出萧条，步入复苏阶段时，公司经营状况开始好转，经营业绩开始上升。投资者自身的境遇在不断改善，从而推动证券价格不断走高。③经济繁荣阶段。当繁荣阶段来临时，公司的经营业绩继续提升，生产规模不断扩大，市场占有率提高，投资者的投资热情高涨，推动整个证券市场价格的大幅上扬。④经济衰退阶段。由于繁荣阶段的过度扩张，社会总供给开始超过总需求，经济增长开始减速，存货增加，公司业绩开始出现停滞甚至下降之势。在此阶段，投资者更多的是开始抛售证券，证券市场形成下降之势。

由此可见，当经济开始走出低谷，进入复苏和繁荣时，投资者购买证券获得较高收益的可能性很大；当经济到达峰顶，走向衰退时，投资者参与证券投资就有可能遭受失败。如果投资者能准确分析预测经济周期的波动时间，就可以把握投资时间和投资选择的主动权，避免损失。

（二）经济政策分析

经济政策分析是指对国家实施的财政政策、货币政策和收入政策等宏观经济政策进行分析。

1. 财政政策分析

（1）财政政策的概念。财政是以国家为主体，为满足社会公共需求而进行的集中性分配和再分配所形成的经济关系。财政收支是以财政方式集中社会资金和使用社会资金的全过程，国家通过组织财政收入和安排财政支出实现其职能。财政政策是政府通过财政收入和财政支出的变动来影响宏观经济活动水平的经济政策。财政政策分为长期、中期、短期财政政策。

各种财政政策都是为相应时期的宏观经济控制总目标和总政策服务的。财政政策的短期目标是促进经济稳定增长，促进社会总供给和总需求趋向平衡。中长期目标首先是资源的合理配置，为社会总供求的均衡提供条件，另外也是对收入进行公平分配，达到效率优先、兼顾公平，促进经济社会协调发展的目的。

（2）财政政策对证券市场的影响。从财政政策的运作来看，它可分为扩张性财政政策、紧缩性财政政策和中性财政政策。当经济增长缓慢，社会失业增加时，政府要实行扩张性财政政策，提高政府购买水平，降低税率，以增加需求，解决经济衰退与社会失业问题。当经济增长强劲，价格水平持续上涨时，政府要实行紧缩性财政政策，降低政府购买水平，提高税率，以减少需求，抑制通货膨胀。

国家实行财政政策会对证券市场产生影响，其主要途径有：①实行不同的财政政策。实行扩张性财政政策，增加财政支出，减少财政收入，可增加总需求，使公司业绩上升，居民收入增加，从而使证券市场价格上涨；反之，实行紧缩性财政政策，减少财政支出，增加财政收入，可减少总需求，使公司业绩下降，从而使证券市场价格下跌。②改变政府的购买水平。当提高财政的购买水平时，如增加政府在道路、桥梁等非竞争性领域的投资，可以带动相关产业如水泥、钢筋等产品的需求，这样公司的利润就会增加，居民收入水平也得以提高，从而可使证券市场价格上扬；当减少政府购买水平时，其效果正好相反。③改变政府的转移支付水平。若提高政府转移支付的水平，如政府增加社会福利费用，增加为维持农产品价格而对农民的拨款等，将会使一部分人的收入水平得到提高，也间接地促进公司利润的增长，有助于证券价格的上扬；反之，降低政府转移支付水平将使证券价格下跌。④改变税率。一般来说，税率的提高将抑制证券价格的上扬，而税率的降低或免税将有助于证券价格的上涨。

2. 货币政策分析

（1）货币政策的概念。货币政策是中央银行为实现其特定的经济目标而采取的各种控制、调节货币供应量的经济政策。货币政策按照其调节货币供应量的程度可划分为三种类型：扩张性货币政策、紧缩性货币政策和均衡性货币政策。由于货币政策的类型不同，其对证券市场的影响也不一样。总的来说，货币政策是通过影响证券市场资金面的状况来影响证券市场价格的。

中央银行贯彻货币政策，调节信贷和货币供应量的手段主要有：调整法定存款准备金率、再贴现政策、公开市场业务等。①存款准备金率，是指一国金融当局规定商业银行提缴存款准备金的比率。存款准备金率是国家以法律形式加以确定的，商业银行必须执行，因而又称为法定存款准备金率。中央银行调整存款准备金率，增加或减少商业银行应交存的存款准备金，从而影响商业银行的贷款能力和派生存款能力，以达到调节货币供应量的目的。②贴现率，是指商业银行向中央银行办理再贴现时使用的利率。而再贴现是指商业银行将贴现买入的未到期商业票据提交中央银行，由中央银行扣除再贴现利息后支付的贴现款项。中央银行通过调高或调低再贴现率以影响商业银行的信用量，达到信用扩张或信用收缩之目的。③公开市场业务，是指中央银行通过买进或卖出有价证券来控制和影响市场货币供应量的一种业务。我国人民银行公开市场业务的主要方式是：由人民银行总行进行公开市场业务操作，总行设立公开市场操作室，主要工具是国债和外汇。当市场银根紧时，就买进有价证券；当银根松时，就卖出有价证券。公开市场业务是中央银行强有力的货币政策工具，以其范围广、灵活、主动的优越性被世界各经济发达国家广泛采用。

（2）货币政策对证券市场价格的影响。中央银行实施货币政策对证券市场的影响，主要通过以下几个途径产生：①调节货币供应量。当增加货币供应量时，一方面证券市场的资金增多，另一方面由于通货膨胀，也会使人们为了保值而购买证券，从而推动证券价格上涨；反之，当减少货币供应量时，证券市场价格则呈下降趋势。②调整利率。当提高利率时，证券投资的机会成本提高，上市公司的营运成本上升，业绩下降，使得证券市场价格下跌；反之，当降低利率时，证券市场价格上涨。③运用公开市场业务。中央银行在公开市场上买进证券时，对证券的有效需求增加，促进证券价格上涨；中央银行卖出证券时，证券的供给增加，引起证券价格下跌。

3. 收入政策分析

收入政策是通过对各经济主体的收入总量和收入结构的调节来实现对宏观经济运行调节的经济政策。收入政策包括总量调节和收入结构调节两方面：

总量调节即对各经济主体的收入水平进行调节，其手段主要有超分配政策和紧分配政策两种。超分配政策是通过提高各经济主体的收入水平和刺激其投资和消费，从而对经济运行产生扩张效应，亦将刺激证券市场价格上涨；紧分配政策则相反。

收入结构调节主要是指对积累与消费、各种收入比例、个人收入差距等关系进行调节，以实现产业结构的优化和经济与社会的协调发展。例如，当提高积累在收入中的比例而相应减少消费所占比例时，可能会导致生产资料类企业的证券价格上涨，消费资料类企业的证券价格下跌。

（三）经济指标分析

一国经济形势的变化主要通过各类经济指标反映出来，反映经济变化的主要指标有：国民生产总值、经济增长率、失业率、通货膨胀、财政收支、国际收支、利率和汇率等。

1. 国民生产总值与经济增长率

国民生产总值即指一国公民在一定时期内所得到的收入价值总和。国民生产总值与国内生产总值在实际情况下是有出入的，因为在大多数国家里，总有部分国内生产总值为外国公民所有，而外国的部分产值又是本国公民的收入。

国民生产总值的增减是反映经济周期变化的主要指标。如果用图示来表示，国民生产总值的变化曲线有高峰、低谷及两者之间的上升、下跌曲线，其所对应的经济周期则为繁荣、萧条、扩张及衰退四个阶段。

当剔除通货膨胀因素，考虑国民生产总值所反映的经济增长状况时，一般的计算方法是用国民生产总值增长率减去通货膨胀率即为实际经济增长率。

衡量国民生产总值增长不能用名义增长率，而要用实际增长率。只有扣除通胀率才不会被名义增长率所迷惑。例如，1993～1995年，我国国民生产总值每年以15%～17%以上的速度增长，但股市却一路走熊，表面看似与经济状况不协调，然而考虑到当时高通胀率（13%以上）的因素，就不足为奇了，因为实际增长率很低，股市当然难以走牛。其中原因是由于高膨胀使企业经营环境恶化，居民收入下降，政府会采取紧缩的经济政策，这些都导致股市下跌。

2. 财政收支

财政是国家（政府）为了实现其职能，凭借其政治权力，直接参与社会总产品分配的一种活动。在现实经济生活中，政府所采取的一系列收入和支出的活动称为财政收支。

财政收支状况在很大程度上体现了政府调控经济的政策意图，因而对整个经济运行有着直接密切的影响。通过分析财政收支状况，可以对当前的经济运行状况和政府的政策意图进行较好的把握和判断。

3. 国际收支

国际收支是指一定时期内一国与外国或境外地区因发生各种往来而引起的全部货币收付活动或国际经济交易。一国的国际收支的基本情况是通过该国国际收支平衡表的各个项目及其差额状况来具体表现的。

对外贸易和资本的流入、流出对一国的宏观经济运行有着重大的影响。例如，当经常项目逆差增加时，表明出口减少，亦即国外居民对本国产品和劳务的需求减少，这会在一定程度上影响经济增长率；当资本项目逆差增加时，表明外资流入减少，这可能会在一定程度上减少国内投资需求，从而对经济增长产生一定的抑制作用。

4. 失业率

失业就是指在当前工资水平以下的、愿意工作的人无法找到工作。一个国家的失业总人数被称为失业人口，有工作的人的总数被称为就业人口，两者之和是一国的劳动人口。

失业率是指失业人口与劳动人口的比率。失业率高低是经济萧条还是繁荣的信号，萧条时期失业率通常较高；反之，繁荣时期，失业率很低。

当失业率很高时，表明企业的资源未充分利用，积压存货过多，利润大幅下降，股票价值受到影响。同时，失业率的提高，也将导致居民收入下降，使证券投资的需求减弱。相反，失业率降低，表明经济复苏，社会资源得到充分利用，企业利润提高，有利于公司股票升值。

5. 通货膨胀

通货膨胀是指货币供应过多而导致物价水平持续上升，其实质是货币贬值。

通货膨胀按其膨胀程度来划分，主要有温和通胀和恶性通胀。温和通胀是指通胀率在3%以下的通货膨胀，其对经济影响不大。恶性通胀是指通胀率在10%以上的通货膨胀，其对经济影响极大。

温和通货膨胀对股价影响很小，基本上可忽略，在某种程度上，它还对股市有积极影响。因为温和膨胀可使企业名义资产增值，导致股价上扬。

当出现恶性膨胀时，会导致资金成本、原材料等成本提高，企业利润受到影响，股价会随之下跌。另外，企业未来经济状况不稳定，股息分配不确定，加之货币迅速贬值，人们更多地购置商品，购买房屋，以求保值，从而分流了股市资金，导致股价下跌。

6. 利率

利率是借贷资金的利息收入与借贷资金量的比率。与上述经济指标相比，利率对股市的影响更为直接。一般来说，利率下降时，证券价格就会上涨；利率上升时，证券价格就会下跌。

利率下跌，使企业资金使用成本下降与利润率上升，公司业绩较好地提高了股票价值，促进股价上扬，对负债较高的企业尤其有益。利率的上涨则产生了与此相反的效应。

7. 汇率

汇率是两国货币相互兑换的比率，指通过一国货币来衡量另一国货币的价格。其表示方法为：直接标价法，即以一定单位的外币来计算应收或应付多少本国货币；间接标价法，即一定数额的本币值多少外币。我国采用直接标价法，实行浮动汇率制。

一般来讲，汇率变动对短期资本的流动影响较大，短期资本主要是在金融市场上做投机交易，当一国汇率下降时，外国投机者为了避免损失，会竞相抛售拥有的该国金融资产，转兑外汇，而这种行为会进一步加剧该国汇率下跌，并有可能导致金融危机。

第二节 行业分析

行业是同一类型企业的群体，在企业群体中，各成员企业的产品在很大程度上可相互替代，并且区别于其他企业群体。

任何上市公司的经营业绩都要受到其所处行业、所处市场的影响。行业分析包括行业市场结构分析、行业生命周期分析和行业影响因素分析等。

一、行业分析的意义

（一）行业分析有利于确定所投资的行业在整个经济中的发展程度和地位

一个国家在一段时间内总有一些行业占据主导地位，它们正是投资的热点。从世界范围来看，这种热点经历了从20世纪60年代前以钢铁、石油为代表的重工业，到以精密机器、化工为代表的精细加工业，再到以计算机为基础、网络技术为代表的信息产业。从一个国家的范围来看，在把握世界潮流的基础上，还应该注重对国内行业的生命周期分析。行业分析要做到既有发展眼光，又不能脱离国内经济背景，这样才能准确把握投资决策。

（二）行业分析有利于确定行业政策对投资的影响

国家可以借助财政、货币等调控手段，对某种或某几种行业进行鼓励和扶植，而对不符合产业政策的行业有所限制。例如，政府将发展住宅消费成为新的经济增长点政策时，就直接影响到房地产业、建筑材料、水泥钢铁等许多相关行业，从而使得相关行业的大型上市公司收益提高，股价上涨。

行业分析可协助股票投资者确定行业投资重点。国家在不同时间的经济政策与不同地区的政策导向会对不同的行业和地区产生不同影响。例如，我国政府提出的“一带一路”战略，即建立开发性金融机构，加快同周边国家和地区基础设施互联互通建设，推进丝绸之路经济带、海上丝绸之路建设，形成全方位开放新格局。受益的行业包括高铁、能源、基建、通讯等，投资者可根据这一行业背景选择投资。

（三）行业分析有利于避免经济周期对投资的影响

宏观经济周期对各行业的影响是不一样的，我们可以简单地把受经济周期影响的行业分为两类：一类是增长型，另一类是价值型。增长型行业受经济增长速度、利率上涨的影响较小，在经济不景气之时仍能保持增长，如高科技行业、公用事业等。价值型行业受经济周期影响较大，对经济增长速度放缓、利率提高十分敏感，如航空运输业、消费行业等。

（四）行业分析可协助投资者选择投资企业及持股时间

通过对行业所处生命周期和影响行业发展的因素进行分析，投资者可以了解行业的发展潜力和拟投资企业的优势所在，这对其最终确定投资企业及持股时间有很重要的指导作用。

二、证券市场的行业划分

在国民经济中，各个行业的发展很不平衡，要选择适当的行业进行投资，就有必要对行业进行有效的分类和研究。

（一）根据行业发展与国民经济周期性变化关系，可分为成长型行业、周期型行业和防御型行业

1. 成长型行业

成长型行业的运动状态与经济活动总水平的周期及其振幅无关。这些行业的销售收入和利润的增长速度不受客观经济周期性变动的影响。例如，在过去很长时间内，计算机和打印机制造业就是典型的成长型行业。

2. 周期型行业

周期型行业的运动状态直接与经济周期相关。当经济处于上升时期，这些行业会紧随其扩张；当经济衰退时，这些行业也相应跌落。例如，珠宝业、耐用品制造业就属于典型的周期性行业。

3. 防御型行业

防御型行业与周期型行业刚好相反。这种类型行业的运动状态并不受经济周期的影响。也就是说，不论宏观经济处在哪个阶段，行业的销售收入和利润均呈缓慢成长态势或者变化不大。例如，食品业就属于防御性行业，这些公司的收入相对稳定。

（二）根据行业未来发展前景，可分为朝阳行业和夕阳行业

朝阳行业是指未来发展前景看好的行业，如目前的信息行业。夕阳行业是指未来发展前景并不乐观的行业，如目前的钢铁业、纺织业等。

（三）根据行业所采用技术的先进程度，可分为新兴行业和传统行业

新兴行业是指采用新兴技术进行生产，产品技术含量高的行业，如电子业。传统行业是指采用传统技术进行生产，产品技术含量低的行业，如资源型行业。一般来说，新兴行业多为朝阳行业，传统行业多为夕阳行业。

（四）按照行业的要素集约度，可分为资本密集型行业、技术密集型行业和劳动密集型行业

资本密集型行业是指需要大量的资本投入的行业，技术密集型行业的技术含量较高，劳动密集型行业主要依赖于劳动力。它们之间并没有严格的界限，有些行业同时是资本密集型和技术密集型，如汽车行业。

三、上市公司行业分类指引

行业分类可以参考中国证监会的《上市公司行业分类指引》（2012 年修订），因为深沪两地证券交易所都援引了中国证监会的行业分类方法对上市公司进行分类，使投资者可以清楚地看到各行业股价的涨跌情况。

《上市公司行业分类指引》的分类是以上市公司营业收入等财务数据为主要分类标准和依据，所采用财务数据为经过会计师事务所审计并已公开披露的合并报表数据。分类方法为：

（1）当上市公司某类业务的营业收入比重大于或等于 50%，则将其划入该业务相对应的行业。

（2）当上市公司没有一类业务的营业收入比重大于或等于 50%，但某类业务的收入和利润均在所有业务中最高，而且均占到公司总收入和总利润的 30% 以上（包含本数），则该公司归属该业务对应的行业类别。

（3）不能按照上述分类方法确定行业归属的，由上市公司行业分类专家委员会根据公司实际经营状况判断公司行业归属；归属不明确的，划为综合类。

根据上述原则和方法，《上市公司行业分类指引》将上市公司分为从农、林、牧、渔业到综合类共 19 个门类，90 个大类，每一门类均有其所属的代号。如农、林、牧、渔业为 A，制造业为 C 等，每类代号后再加数字对行业进一步细分，如在 C 制造业中，C36 表示汽车制造业。《上市公司行业分类指引》的简明分类如下：

A 农、林、牧、渔业

B 采掘业

C 制造业

D 电力、热力、燃气及水生产和供应业

E 建筑业

F 批发和零售业

G 交通运输、仓储和邮政业

H 住宿和餐饮业

I 信息传输、软件和信息技术服务业

J 金融业

K 房地产业

L 租赁和商务服务业

M 科学研究和技术服务业

N 水利、环境和公共设施管理业

O 居民服务、修理和其他服务业

P 教育

Q 卫生和社会工作

R 文化、体育和娱乐业

S 综合

四、行业的市场类型和生命周期

通过对行业的市场类型和生命周期的分析，可以了解处于不同市场类型和生命周期不同阶段上的行业产品生产、价格制定、竞争状况等方面信息资料，从而有利于正确地选择适当的行业进行有效投资。

（一）行业的市场类型

根据行业中所属企业的数量、产品性质、价格因素等，各行业的市场类型主要有：完全竞争、垄断竞争、寡头竞争、完全垄断四种。从竞争激烈程度来看，这四种市场类型是依次递减的。

1. 完全竞争

完全竞争是指许多生产者生产同质产品的市场情形。在属于完全竞争市场结构的行业中，如农产品市场，任何一个厂商都无法独立地影响市场价格，而是由整个行业的供求决定价格。一般来说，该行业的技术要求不高，厂商容易进出，从长期来看，该行业只能获得社会平均利润。

2. 垄断竞争

垄断竞争指许多生产者生产同种但不同质产品的市场情形，该竞争类型生产者众多，生产的产品存在着差异性，由于产品差异性的存在，生产者可以树立自己产品的信誉，从而对其产品的价格有一定的控制能力。如鞋帽、服装等轻工行业。

3. 寡头垄断

寡头垄断指少量的生产者在某种产品的生产中占据极大的市场份额的情形。一般来说，属于寡头垄断市场结构行业，其企业的生产规模相当大，整个市场被几家大厂商所分割，如汽车、民航等。这类行业所需投资相当大，新厂商进入比较困难，因此长时间内都存在高额利润。

4. 完全垄断

完全垄断是指独家企业生产某种特质产品（指缺少或没有可替代产品）的情形。属于完全垄断竞争的行业有邮电、铁路、电力等行业，其特征一般有以下几点：①为公众的必要消费提供服务；②投资额巨大，进入成本高；③大多是政府特许经营，在一定范围内有业务专营权；④其产品、服务的价格多受政府限制。

（二）行业的生命周期

每个行业都要经历一个由成长到衰退的发展演变过程，行业的发展具体可划分为四个阶段：初创期、成长期、稳定期和衰退期。

1. 初创期

在行业发展的初创期，整个行业缺乏成熟的技术和成功经验，产品鲜为人知，市场需求很小，生产未形成规模，单位成本较高，行业利润低，甚至出现亏损。这个阶段行业中所含企业数量较少，风险较大。在初创后期，随着行业生产技术的提高，生产成本的降低和市场需求的扩大，新行业便逐步由高风险低收益的初创期转向高风险高收益的成长期。

2. 成长期

随着市场需求的扩大，行业中厂商数量的增加，竞争加剧，经营不善的企业被淘汰，而站稳脚跟的企业占据主导地位，从而控制市场，获取高额利润。这一阶段，行业的利润很高，但风险也很大，股价容易大起大落。随着市场需求趋于饱和，产品销售增长明显变缓，盈利机会减少，行业进入稳定期。

3. 稳定期

进入稳定期以后，企业数量因竞争逐渐减少，只剩少数大企业较稳定地各占一定份额的市场。虽然企业间在产品数量、性能、售后服务等方面仍存在激烈竞争，但新企业已难以进入。

4. 衰退期

衰退期是行业生命周期的最后阶段，在行业市场完全饱和，原生产规模成长受阻，同时新替代产品出现，原行业市场需求开始萎缩，行业竞争加剧，企业或被淘汰，或移资于其他行业。行业内企业数量日益减少，行业利润下降，从而该行业走向衰亡。

五、行业兴衰的原因

每个行业都不可避免地会受到外部环境的影响和制约。影响行业兴衰的原因有很多，诸如科技进步、政府政策、社会习惯和需求变化等。

（一）科技进步

产品更新换代是新兴行业发展的主要原因。科学技术是第一生产力，科学技术的应用推动新兴行业的成长和发展，新产品更新换代是行业维持不断增长的必要途径。物美价廉的新产品可以吸引广大消费者，产生不断增长的需求。例如，电子计算机最初生产时，成本高、价格昂贵，很少有人买得起，需求量有限，企业自然不能从事大规模生产，但是一旦注重技术创新，电子计算机的生产成本大大降低，使得需求激增，随之产量上升，因而该行业发展得欣欣向荣。

（二）政府政策

政府为管理各行业的正常经营，经常制定一些法规政策，有扶持行业发展的，有限制某些行业发展的，有些是禁止某些行业存在的。一般来说，政府对那些瓶颈行业、高科技行业采取鼓励政策，通过税收、信贷、政府津贴等措施激励这些行业的发展。政府的政策变化对行业发展有着导向作用。

（三）社会习惯

随着人们生活水平和受教育程度的提高，消费心理、消费习惯和文明程度会逐渐改变，这会引起某些产品的需求发生变化，并进一步影响行业的兴衰。例如，人们在生活水平提高时，不受污染的天然产品日益受到青睐；在物质生活丰富后，注重智力投资和丰富的精神生活，旅游、音响等就成为新的消费热点。

（四）需求变化

需求是行业得以产生和存在的基础。一般说来，只有当需求达到一定规模，众多的生产企业可以同时进行专业化生产且能获得利润时，新行业才会产生。需求的稳定和饱和推动行业生命周期进入稳定期和衰退期，需求的总量决定了行业成熟后的规模，需求的性质决定了行业将属于劳动密集型、资本密集型亦或是知识技术密集型行业。

影响行业发展的因素，除上述外，还有很多。例如，行业之所以能发展的主要原因之一就是生产的产品成本较低，可是降低成本并不能完全由自身控制，若政府颁布新的、较高的“最低工资”规定，主要原材料的价格上涨等，均会提高产品成本，这些都是企业无法控制的。

六、行业投资的选择

（一）行业选择的目的

一般来说，投资者投资的目的是期望以最小的投资风险获得最大的投资回报。因此，在投资决策中，应选择增长型的行业和在行业生命周期中处于成长期和稳定期的行业。

增长型行业的特点是增长速度快于整个国民经济的增长率，投资者可享受快速增长所带来的较高的投资回报，但投资风险较大。

在对处于生命周期不同阶段的行业选择上，投资者应选择处于成长期和稳定期的行业，这些行业有较大的发展潜力，基础逐渐稳定，盈利逐年提高，有望获得丰厚而稳定的收益。一般来说，投资者应避免选择初创期和衰退期的行业，因为这些行业的发展前景难以预料，风险较大。

（二）行业选择的方法

在我国的证券市场上，投资者进行行业选择的方法主要有两种：一是行业增长分析法，二是行业未来增长率预测法。

1. 行业增长分析法

行业增长分析法是将行业增长情况与国民经济的增长速度进行比较，从中找出增长型行业的方法。

用该行业销售额的年增长率与国民生产总值年增长率进行比较，若该行业大多数年份的增长率均大于国民经济综合指标的增长率，则属于增长型行业；反之，该行业的年增长率与国民经济综合指标的年增长率相比持平甚至偏低，则说明这一行业与国民经济同步增长或增长过缓。

应该注意，分析时观察的年份要足够多，否则会影响分析的准确性。

2. 行业未来增长率预测法

目前，常用的方法有两种：一种是绘出行业历年销售额与国民生产总值的关系曲线，即行业增长的趋势线，根据国民生产总值的计划指标或预计值，可以预测行业的未来销售额；另一种方法是根据该行业在过去10年或10年以上的年增长率，计算历史的平均增长率和标准差，预测未来增长率。

（三）行业投资的决策

通过行业分析，投资者可以选择处于成长期和稳定期，竞争实力较强、有较大发展潜力的增长型行业作为投资对象。

对于个人投资者来说，一些商业性投资公司或证券公司提供的有关行业分析的研究资料是极有参考价值的。因为个人投资者往往无法对必要的大量资料作出准确的分析，而这些投资机构的专业分析人员专长于各行业，能够提供以行业和经济分析为基础的分析报告，这些信息是非常有益的。

当然，投资者还应考虑其他因素，例如我国加入世贸组织后某些行业竞争能力的变化，消费者的偏好和收入分配的变化等。只有广泛收集信息、系统地评估该行业，投资者才能进行正确的行业分析，从而最终作出正确的行业投资决策。

第三节　公 司 分 析

在对证券市场所处的宏观经济环境和企业所属的行业进行分析之后，还必须对上市公司本身的经营状况进行分析，这就是公司分析，也称为微观分析。公司分析包括公司基本素质分析和公司财务分析两个方面。

一、公司基本素质分析

公司的基本素质分析主要包括公司竞争能力分析、公司发展前景分析和公司经营管理能力分析三种。

（一）公司竞争能力分析

公司竞争能力的判断是投资者对公司基本素质和基本情况分析的首要内容。公司竞争能力的强弱，在短期内主要表现为公司所占市场份额的大小，在长期方面主要表现在公司对新产品的研究开发能力上。

1. 市场份额的大小及发展前景

公司所占市场份额的大小可通过公司的销售额、销售额增长率及其稳定性来分析判断。

（1）销售额。年销售额大小能反映公司在行业中所处的竞争地位，是衡量公司目前竞争力大小的主要标志。

（2）销售额的增长率。销售额的增长率可以从动态角度反映公司过去几年竞争力的变化情况。如果公司的销售额增长率超过全行业的平均增长率，那么该公司拥有较大的发展潜力和较好的发展前景。

（3）销售额的稳定性。年销售额的稳定性对长期投资者来说有较大的益处，稳定的销售额可使股东获得稳定股息和红利，同时也说明该公司的管理稳定、可靠。

2. 研究开发能力和市场营销能力

在一些科技领域，公司的长期竞争能力不仅取决于其目前的市场份额，更重要的还取决于其研究开发能力和市场营销能力。可以说，研究开发能力和市场营销能力是公司长期竞争力的源泉，两者缺一不可。

（二）公司发展前景分析

公司的发展前景良好，投资者就会看好公司的未来发展趋势，便会购买并持有这个公司的股票，该公司的股票价格便会看涨；反之，如果公司没有良好的发展前景，投资者就会对公司的未来发展前景担忧，便会出售股票，该公司的股票价格便会看跌。公司发展前景可从以下几方面分析。

1. 公司募集资金的投向

公司的投资项目是否具有良好的发展前途，是否具有良好的盈利能力，是判断一家上市公司是否具有良好的发展前景的关键。投资者应多关注上市公司项目投资的计划，关注上市公司项目投资的进展情况。如果上市公司具有良好的投资项目，并且投资进展顺利，则上市公司的投资项目便会成为公司利润的新增长点，公司的未来利润有望不断增长。

2. 公司产品的更新

如果公司重视产品的技术含量，加大新产品的开发力度，能根据市场的不同需求开发出适应市场需要的新产品，公司就会牢牢地在市场上占有领先和主导地位，这类公司就会有良好的发展前景。

3. 公司业务的发展

在市场竞争日益加剧的情况下，公司在加强主营业务发展的同时，必须加强全方位发展，以寻求快速发展的机会。为此，投资者应注意公司的业务经营与发展情况，以全面考察和分析公司的发展前景。

（三）公司经营管理能力分析

公司的经营管理能力关系到公司的生存与发展，成功与失败。管理水平的高低，直接体现在公司的赢利水平以及成本与费用的控制方面，体现在公司资产的有效运营方面。有效分析公司经营管理能力可以从以下几方面着手。

1. 考察公司高层领导班子的素质及能力

对公司管理者素质和能力的考察，是选择股票时需加以关注的，投资者可从以下两方面分析：

（1）高层经理的个人经历。通常工作经历丰富、知名度高、人际关系好、事业心强并曾有过良好经营业绩的高层经理，一般具有洞察市场、预见未来、富有组织和胜人一筹的领导才能。

（2）高层经理是否制订行之有效的战略计划。高层经理高瞻远瞩的战略眼光与计划往往决定一个公司的命运。在当前科学技术急剧更新、竞争日益激烈的情况下，公司的战略计划将会成为考察公司管理与高层领导能力的一个重要组成部分。

2. 考核公司的经营效率

产品的销售、原材料的供给、利润的获得要靠精干的具体部门去实现。对创业的经营活动效率应重点评价：经营人员的整体观念和奉献精神，经营人员的开拓能力和应变能力，经营人员的业务精通程度和效益意识，经营人员的工作效率和工作业绩等。

3. 分析公司内部调控机构的效率

投资者可根据公司的具体经营目标，考察公司内部各项规章制度是否健全，是否切实可行，各部门是否都有自己的办事程序，是否分工明确、职责清楚等。

二、公司财务分析

所谓财务分析，就是对证券发行公司的各种财务报表，运用比率法、比较法等分析方法，对其账面数字的变动趋势及其相互关系进行比较分析，以便了解该公司的财务状况及其经营成果，以有利于投资者作出正确的投资决策。

财务分析的对象是公司的各种常用财务报表，主要有资产负债表、现金流量表和利润表。

（一）资产负债表

资产负债表是指发行公司在某一特定日期（通常是月末、季末和年末）的财务状况，内容包括该公司在特定日期的各项资产、负债和股东权益的状况。它是根据“资产＝负债

+股东权益”这一基本公式编制的。

报表使用者可以通过阅读资产负债表，了解企业在某一时点的资产规模及结构，分析企业拥有或控制的经济资源及其分布、企业的生产经营能力；了解企业的负债结构，分析未来企业需要动用多少资产或劳务清偿债务；了解所有者权益总额，分析投资者在企业总资产中所占的份额及其构成。

通过对资产负债表内要素及相应的报表附注进行分析和对比，财务报表使用者还可以进一步得到以下三类信息：

第一，企业的短期偿债能力。资产负债表中流动资产与流动负债的信息，加上相应的报表附注，有助于报表使用者解释、评价、预测企业的流动性和短期偿债能力。所谓流动性，主要是指资产转换成现金或负债到期清偿所需的时间，即企业资产变现或负债偿付的速度。短期债权人主要关心企业是否有足够的资产，这些资产是否能及时转换成现金，以清偿短期内到期的债务。长期债权人及企业股东也会对企业的短期偿债能力加以评价。短期偿债能力不佳，企业会出现破产可能，从而长期债权人和股东的投资就没有保障。

第二，企业的资本结构和长期偿债能力。解释、评价、预测企业的资本结构和长斯偿债能力也是资产负债表提供的内容。企业的长期偿债能力一方面取决于它的获利能力，另一方面取决于它的资本结构。资本结构是指负债与所有者权益、流动负债与长期负债、投入资本与留存利润等的相对比例。负债与所有者权益相对比例的大小，影响到债权人和所有者的相对投资风险以及企业的长期偿债能力。负债比重越大，公司的财务风险越大，企业的长期偿债能力越弱。

第三，企业的财务弹性。财务弹性是指企业应付各种挑战、适应各种变化的能力，包括进攻性适应能力和防御性适应能力。所谓进攻性适应能力，是指企业有能力和财力抓住突如其来的获利机会；所谓防御性适应能力，是指企业在各种危机中生存下去的能力。财务弹性强的企业不仅能通过介入有利可图的经营来获取大量资金，而且可以借助债权人的长期贷款和所有者的追加资金扩大经营。财务弹性表现在：①资产的流动性或变现能力；②在不影响正常经营的前提下，变卖现有资产、取得现金的能力；③由经营活动产生现金流入的能力；④向投资人和债权人筹措资金的能力。

现行资产负债表项目按流动性大小进行分类和排列。对于资产来说，是按其流动速度、变现快慢分类与排列；对于负债和股东权益项目来说，则是按其到期日的近远、需要偿还的先后顺序分类与排列。如表 3－3 所示。

表 3－3　　资 产 负 债 表

编制单位：　　______年______月______日　　单位：元

资产	行次	年初数	期末数	负债和股东权益	行次	年初数	期末数
流动资产：				流动负债：			
货币资金	1			短期借款	68		
短期投资	2			应付票据	69		
应收票据	3			应付账款	70		
应收股利	4			预收账款	71		
应收利息	5			应付工资	72		
应收账款	6			应付福利费	73		

续表

资产	行次	年初数	期末数	负债和股东权益	行次	年初数	期末数
其他应收款	7			应付股利	74		
预付账款	8			应交税金	75		
应收补贴款	9			其他应交款	80		
存　货	10			其他应付款	81		
待摊费用	11			预提费用	82		
一年内到期的长期债权投资	21			预计负债	83		
其他流动资产	24			一年内到期的长期负债	86		
流动资产合计	31			其他流动负债	90		
长期投资：							
长期股权投资	32			流动负债合计	100		
长期债权投资	34			长期负债：			
长期投资合计	38			长期借款	101		
固定资产				应付债券	102		
固定资产原价	39			长期应付款	103		
减：累计折旧	40			专项应付款	106		
固定资产净值	41			其他长期负债	108		
减：固定资产减值准备	42			长期负债合计	110		
固定资产净额	43			递延税项：			
工程物资	44			递延税款贷项	111		
在建工程	45			负债合计	114		
固定资产清理	46						
固定资产合计	50			所有者权益（或股东权益）：			
无形资产及其他资产				实收资本（或股本）	115		
无形资产	51			减：已归还投资	116		
长期待摊费用	52			实收资本（或股本）净额	117		
其他长期资产	53			资本公积	118		
无形资产及其他资产合计	60			盈余公积	119		
				其中：法定公益金	120		
递延税项：				未分配利润	121		
递延税款借项	61			所有者权益（或股东权益）合计	122		
资产总计	67			负债及所有者权益（或股东权益）总计	135		

1. 资产

资产是企业因过去的交易或事项而形成并由企业拥有或控制的能以货币计量的经济资源，包括财产、债权和其他权利，该资源预期会给企业带来经济利益。资产具有如下特征：

（1）资产是由过去的交易所获得的。企业所能利用的经济资源能否列为资产，其区分标志之一就是是否由已发生的交易所引起。

（2）资产应为企业所实际拥有或控制。在这里，“拥有”是指企业拥有资产的所有权；“控制”则是指企业虽然没有某些资产的所有权，但实际上可以对其自由支配和使用，例如融资租入固定资产。

（3）资产必须以货币计量。这就是说，会计报表上列示的资产并不是企业的所有资源，只有能用货币计量的资源才在报表中列示。而对企业的某些资源，如人力资源等，由于无法用货币计量，目前在会计实务中并不予以处理。

（4）资产应为企业带来未来经济利益。在这里，所谓“未来经济利益”，是指直接或间接地为未来的现金净流入作出贡献的能力。这种贡献，可以是直接增加未来的现金流入，也可以是因耗用（如材料存货）或提供经济效用（如对各种非流动资产的使用）而节约的未来的现金流出。

企业会计制度规定：“在资产负债表上，资产应当按照其流动性进行分类分项列示，包括流动资产、长期投资、固定资产、无形资产及其他资产。”

流动资产是指在 1 年以内或超过 1 年的一个营业周期以内耗用或可以转变为现金的资产项目总和，主要包括现金（银行存款）、有价证券、应收账款、应收票据、预付账款等。

现金是货币资金的重要组成部分，是通用的支付手段，也是对其他资产进行计量的一般尺度和会计处理的基础，它可以随时用来购买其他资产和清偿债务，支付有关费用。现金是公司所有资产中流动性最强的一种资产。

公司在经营过程中，常会出现货物出售以后，而货款一时无法收回，就出现了应收账款。应收账款是公司在日常经营活动中，由于销售商品、产品或提供劳务，而向购货单位或接受劳务单位收取的款项，包括代垫的运费。公司的应收账款中，将一部分确实无法收回的称之为坏账。公司可按照一定比例计提坏账准备金，并记入坏账准备账户，以便得到应收账款可实现的净值，从而正确计算流动资产的价值。

在公司拥有现金数量超过所需要的资金时，可以运用一部分闲置的资金进行短期投资，购买短期的有价证券，如国债、企业债券和股票等。公司用现金购买的商业票据或者在经营业务中收到的商业票据，形成应收票据。

企业会计制度规定，存货是指公司在日常生产经营过程中持有的以备出售的各种材料物资等。公司必须保存一定数量的存货，以保证正常的生产经营，但也应防止存货超量而积压资金。

企业会计制度将投资定义为“企业为通过分配来增加财富，或为谋求其他利益，而将资产让渡给其他单位所获得的另一项资产”。

短期投资是指能够随时变现并且持有时间不准备超过 1 年的投资。这种投资在很大程度上是为了暂时存放剩余资金，并通过这种投资取得高于银行存款利率的利息收入。如公司购买的可上市交易的股票和债券等。

长期投资是指短期投资以外的投资。这种投资在很大程度上是为了积累整笔资金，以供特定用途之需或者为了达到控制其他单位而实施的投资。

固定资产是指公司使用年限超过 1 年、单位价值在规定标准以上，并且在使用过程中保持原来实物形态的资产，包括房屋、建筑物以及其他与生产经营有关的机器设备等。不属于生产经营的设备物品单位价值在 2 000 元以上，并且使用年限超过 2 年的，也应当视为固定资产。根据这一规定，对属于生产经营用的固定资产，只规定使用时间一个条件；对不属于生产经营用的主要设备物品，同时规定了使用时间和单位价值标准两个条件。

无形资产是指公司为生产产品或提供劳务，出租给他人或为管理目的而持有的、没有实物形态的非货币性长期资产，包括专利权、非专利权、商誉等。

其他资产是指除上述资产以外的资产，如长期待摊费用等。

2. 负债

负债是指过去的交易或事项形成的现时义务，履行该义务预期会导致经济利益流出企业。负债是企业资产的来源之一，是债权人权益。

负债具有如下基本特征：与资产一样，负债应由企业过去的交易引起。负债必须在未来某个时点（且通常有确切的受款人和偿付日期）通过转让资产或提供劳务来清偿。负债是能用货币进行计量的债务责任。

负债通常按流动性即偿还期限的长短分为流动负债和长期负债。

流动负债是指将在1年（含1年）内或超过1年的一个营业周期内偿还的债务，包括短期借款、应付票据、应付账款、预收账款、应付工资、应付福利费、应付股利、应交税金、预提费用和1年内到期的长期借款等。

应付票据是公司出具的，表示拖欠持票人资金的期票。公司在购买商品时一般用应付票据。应付票据有带息和不带息两种。

预收账款是公司在提供商品和完成劳务以前所预收的款项，一般应在短期内交付商品和完成劳务来加以抵偿。

当公司正式宣布发放股利时，股东有权利获得股利。已宣布但尚未发放的股利，就成为公司具有约束力的负债，记入“应付股利”账户。

应交税金是根据公司经营情况的好坏而确定的一项流动负债，主要有应交销售税金、应交所得税等。公司所缴纳的销售税应根据公司销售收入的多少而定，所得税则根据公司的利润总额多少确定。

公司的长期负债是指偿还期在1年或超过1年的一个营业周期以上的债务，包括长期借款、应付债券、长期应付款等。长期负债作为企业的一项义务，结算期较长，因而成为企业筹集（融通）资金的一个重要方式。

长期借款是公司获得的长期银行贷款。应付债券是公司发放的一种长期负债，要求在一定时期内进行清偿的债务。在公司发放的债券上应注明债券的面值、还本付息日期以及规定的利息率和债券利息。

3. 股东权益

股东权益是股东的资产总额与负债总额的差额。股份公司的资金来源于股东投入的资金以及公司通过经营而积累的资金。前者是公司的股本，后者是公司的留存收益，两者统称为股东权益。

股本是股份公司向社会发行股票所筹集的资本总额，股本是公司永久性的资本，通常不可退回。股本的基本单位为股份。

目前在我国，按照股份所有者的不同，把全部股本划分为国有股、法人股、个人股和外资股等。

留存收益是公司生产经营所得的盈利，在资产负债表中，主要为公积金和未分配利润等。公积金分为盈余公积金和资本公积金两类，盈余公积金又可分为法定盈余公积金和任意盈余公积金两种。法定盈余公积金按照税后利润的10%提取，当盈余公积金达到公司注册资本的50%时，就不再提取。任意盈余公积金由股东大会或公司章程决定提取和使用。一般将超过票面值发行所得的溢价额，记入资本公积金。法定盈余公积金和资本公积金可用于弥补亏损和转增资本。

（二）现金流量表

现金流量表是以现金及现金等价物为基础来编制的，反映企业一定会计期间内现金及现金等价物流入和流出信息的会计报表。这里的“现金”主是指企业的货币资金，即企业的库存现金以及可以随时用于支付的存款（包括银行存款和其他货币资金），但不包括不能随时支取的存款。现金等价物，指企业持有的期限短（3 个月以内）、流动性强、易于转换为已知金额现金、价值变动风险很小的投资。短期投资是否作为现金等价物的主要标志是：购入日至到期日在 3 个月或更短时间内能否转换为已知的现金金额。

我国《企业会计准则——现金流量表》将现金流量分为三类，即经营活动产生的现金流量、投资活动产生的现金流量、筹资活动产生的现金流量。现金流量是公司现金流动的金额，也就是对公司现金流入量和流出量的总称。现金流入量与现金流出量的净额，称为现金净流量。因此，现金流量表也就是反映公司在一定时期内在各种经济业务活动中产生的现金流量的一种动态会计报表。具体格式见表 3 -4。

表 3 -4　　现金流量表

编制单位：　　________年　　单位：元

项目	行次	金额
一、经营活动产生的现金流量		
销售商品、提供劳务收到的现金	1	
收到的税费返还	3	
收到的其他与经营活动有关的现金	8	
现金流入小计	9	
购买商品、接受劳务支付的现金	10	
支付给职工以及为职工支付的现金	12	
支付的各项税费	13	
支付的其他与经营活动有关的现金	18	
现金流出小计	20	
经营活动产生的现金流量净额	21	
二、投资活动产生的现金流量		
收回投资所收到的现金	22	
取得投资收益所收到的现金	23	
处理固定资产、无形资产和其他长期资产所收回的现金净额	25	
收到其他与投资活动有关的现金	28	
现金流入小计	29	
购建固定资产、无形资产和其他长期资产所支付的现金	30	
投资所支付的现金	31	
支付的其他与投资活动有关的现金	35	
现金流出小计	36	
投资活动产生的现金流量净额	37	
三、筹资活动产生的现金流量		
吸收投资所收到的现金	38	
借款所收到的现金	40	
收到的其他与筹资活动有关的现金	43	

续表

项　　目	行次	金　额
现金流入小计	44	
偿还债务所支付的现金	45	
分配股利、利润或偿付利息所支付的现金	46	
支付的其他与筹资活动有关的现金	52	
现金流出小计	53	
筹资活动产生的现金流量净额	54	
四、汇率变动对现金的影响额	55	
五、现金及现金等价物净增加额	56	
补充资料	行次	金　额
1. 将净利润调节为经营活动的现金流量		
净利润	57	
加：计提的资产减值准备	58	
固定资产折旧	59	
无形资产摊销	60	
长期待摊费用摊销	61	
待摊费用减少（减：增加）	64	
预提费用增加（减：减少）	65	
处置固定资产、无形资产和其他长期资产的损失（减：收益）	66	
固定资产报废损失	67	
财务费用	68	
投资损失（减：收益）	69	
递延税款贷项（减：借项）	70	
存货的减少（减：增加）	71	
经营性应收项目的减少（减：增加）	72	
经营性应付项目的增加（减：减少）	73	
其他	74	
经营活动产生的现金流量净额	75	
2. 不涉及现金收支的投资和筹资活动		
债务转为资本	76	
一年内到期的可转换公司债券	77	
融资租入固定资产	78	
3. 现金及现金等价物净增加情况		
现金的期末余额	79	
减：现金的期初余额	80	
加：现金等价物的期末余额	81	
减：现金等价物的期初余额	82	
现金及现金等价物净增加额	83	

1. 现金流量表的作用

编制现金流量表的目的，是为会计报表使用者提供企业一定会计期间内现金和现金等价物流入和流出的信息，以便于报表使用者了解和评价企业获取现金和现金等价物的能力，并以此来预测企业未来现金流量。其作用主要有以下几方面：

（1）企业的现金状况是企业生存和发展的基础。判断上市公司经营状况好坏，现金流量比利润更重要。现金如同企业日常运作的“血液”，通过对现金流量表的分析，可初步得出企业日常运作的好坏。获得足够的现金是公司创建优良业绩的有力支撑，一个企业的账面利润再高，如果没有相应的现金流量，依然无法进行正常的经营活动，甚至会使财务状况恶化，最终导致公司破产。

（2）通过现金流量表，可以客观地评价企业的财务状况。企业在经营过程中，不仅要注重销售，更要注重销货款的回收。企业在进行投资和筹资活动中，也将影响着现金流量，从而影响整个财务状况。如果进行投资，而没有能取得相应的回报，此时就会对企业的财务状况产生不良影响。

（3）通过现金流量，可以预测企业未来的发展状况。一定期间的现金流量表，可以帮助投资人和债权人了解企业偿还债务及支付股利的能力，同时，还可以分析企业未来经营能力的变化趋势及未来产生净现金流入的能力。例如，从投资活动流出的现金、筹资活动流入的现金和筹资活动流出的现金中，可以分析企业是否过度扩大经营规模。

（4）编制现金流量表，便于和国际惯例接轨。目前，世界上许多国家都要求企业编制现金流量表，如美国、英国、澳大利亚、加拿大等。我国企业编制现金流量表后，将对开展跨国经营、境外筹资、加强国际合作起到积极的作用。

（5）现金流量表是连接资产负债表和利润表的桥梁。现金流量表作为一个动态报表，提供企业报告期内现金流入与现金流出的动态财务信息，并将企业的活动划分为经营、投资、筹资活动，为财务报表使用者提供了多角度信息。现金流量表可以很好地解释企业有利润没有现金分配的现象，说明了企业内部产能扩张或对外投资的资金来源，以及企业如何调剂资金的余缺。

（6）现金流量表可在一定程度上提高会计信息的可比性。现金流量表以收付实现制为编制基础，排除了权责发生制和配比原则等传统会计方法的估计因素，剔除了各企业对同样交易和事项采用不同会计处理方法所造成的影响，从而使不同企业报告的经营业绩具有一定的可比性。

2. 现金流量表的编制

现金流量表的编制方法有两种：一是直接法，二是间接法。这两种方法的区别在于对公司经营活动现金流量的编制方法上有所不同，而投资活动和筹资活动的现金流量不存在编制方法上的不同。

直接法要求在现金流量表中通过现金流入量减去现金流出量来计算和表达公司经营活动的现金流量信息，也就是直接表现经营活动现金的来源渠道和用途。

间接法是在现金流量表中通过将净收益转换为现金流量的信息，计算和表达经营活动的现金流量，也就是通过加减不影响现金流量的经济业务将收益调整为现金流量。我国上市公司所编制的现金流量表一般是采用间接法来编制的。

（1）经营活动产生的现金流量。上市公司的经营活动是指公司投资活动和筹资活动以外的所有交易和事项。

根据上述定义，经营活动的范围很广，它包括了企业投资活动和筹资活动以外的所有交易和事项。就工商企业来说，经营活动主要包括销售商品、提供劳务、经营性租赁、购买商品、接受劳务、广告宣传、推销产品、交纳税款等。

各类企业由于行业特点不同，对经营活动的认定存在一定差异，在编制现金流量表时，应根据企业的实际情况对现金流量进行合理的归类。

经营活动流入的现金主要包括：①销售商品、提供劳务收到的现金；②收到的税费返还；③收到的其他与经营活动有关的现金。

经营活动流出的现金主要包括：①购买商品、接受劳务支付的现金；②支付给职工以及为职工支付的现金；③支付的各项税费；④支付的其他与经营活动有关的现金。

实际工作中，解读现金流量表的最关键之处在于公司来自经营活动的净现金流量。通常情况下，上市公司的经营活动所产生的现金流量应为正数，若公司经营活动所产生的现金流量为负数时，即使利润表中反映的营业收入和营业利润较高，也不能排除与应收账款或存货上升的相关投入大于产出的不良循环，最终反映出该公司营业利润不实或有过分包装之嫌。

（2）投资活动产生的现金流量。上市公司投资活动是指公司长期资产的购建，这里的投资活动不包括在现金等价物范围内的投资的增减变动事项。这里所指的长期资产是指固定资产、在建工程、无形资产、其他资产等持有期限在1年或1个营业周期以上的资产。

这里之所以将“在现金等价物范围内的投资”排除在外，是因为已经将在现金等价物范围内的投资视同现金。

投资活动流入的现金包括：①收回投资所收到的现金；②取得投资收益收到的现金；③处置固定资产、无形资产和其他资产所收到的现金净额；④收到其他与投资活动有关的现金。

投资活动流出的现金包括：①购建固定资产、无形资产和其他长期资产所支付的现金；②投资所支付的现金；③支付其他与投资活动有关的现金。

对投资活动来说，上市公司的该项现金流量为负数是完全正常的，募股资金要按期投入，公司规模要寻求发展，势必会有大量的现金流出。

评估投资活动产生的现金流量情况，仅凭一次现金流量表披露的情况还是远远不够的。过去的投资现在带来了多少回报，现在的投资今后会产生多少效益，这些都要结合前后各期的现金流量表来评价。相比较而言，一家生产经营正常的公司，其投资活动产生的现金流入，一般是大大少于其现金流出的。

（3）筹资活动产生的现金流量。上市公司筹资活动是指导致公司资本及借款规模和构成发生变化的活动。

这里所说的资本，包括实收资本（股本）、资本溢价（股本溢价）、与资本有关的现金流入和流出项目，包括吸收投资、发行股票、分配利润等。

这里的“债务”是指企业对外举债所借入的款项，如发行债券、向金融企业借入款项以及偿还债务等。

筹资活动流入的现金主要包括：①吸收投资所收到的现金；②借款所收到的现金；③收到的其他与筹资活动有关的现金。

筹资活动流出的现金主要包括：①偿还债务所支付的现金；②分配股利、利润或偿付利息所支付的现金；③支付的其他与筹资活动有关的现金。

对筹资活动来说，上市公司除了与其他企业所共有的贷款等间接融资功能外，还有一项特有的直接融资功能，公司若能充分发挥这些融资功能，筹资活动所产生的现金流量净额一般应为正数。然而，如果一家上市公司因种种原因丧失了直接或间接融资功能或者由于偿还贷款等原因，就可能出现筹资活动产生的现金流量净额为负数。

（4）现金流量净额及补充资料。按规定，企业在编制现金流量表的同时，在补充资料中还要披露三个方面的内容，分别是将净利润调节为经营活动现金流量、不涉及现金收支的投资和筹资活动、现金及现金等价物净增加情况。详细资料可参见表3－4中的补充资料栏。

补充资料内容在对正表起着补充及验证作用的同时，还能充分反映企业的非现金交易业务，通过用补充资料中按间接法编制的经营活动现金流量结果来验证正表中按直接法计算的结果，这两部分金额必须始终保持相等。

由于投资及筹资活动现金流量情况无论是用直接法还是间接法的形式表达，其结果都是相同的，因此，目前我国现金流量表实际上是直接法和间接法并用。现金流量表能反映现金及现金等价物净增加的具体变动内容，这部分金额必须与正表中所反映的现金流入（或流出）的金额相等。

（三）利润表

利润表是反映公司在一定期间内经营成果的动态报表。它是根据“收入－费用＝利润”这一公式编制的，分析公司的获利能力主要是看公司的利润表。其具体格式如表3－5所示。

主营业务收入指公司经常性的、主要业务所产生的收入。对于大多数公司来说，主营业务收入是公司最主要的营业收入，一般要占到公司营业收入的极大部分。

主营业务成本是反映公司经营主要业务所发生的实际成本。

主营业务税金及附加，反映的是公司经营主要业务应负担的营业税、消费税、城建税、资源税、教育费附加等。

补贴收入是指企业按规定实际收到退还的增值税，或按销量或工作量等依据国家规定的定额补贴以及其他形式的补贴。

投资收益是指公司对投资所取得的利润、股息、股利等，再扣除投资损失后的金额。营业外收支净额是指与公司生产经营无直接关系的各项收入减去各项支出后的金额。营业外收入主要有固定资产盘盈、处理固定资产收益、罚没款净收入以及无法支付的应付款项等。营业外支出主要有固定资产盘亏、处理固定资产损失、非常损失、计提的固定资产减值准备、计提的无形资产减值准备、罚款支出和捐赠支出等。如果营业外支出金额过大，会影响公司的盈利水平。

净利润是指利润总额减去所得税后的金额，其计算公式为：

利润总额＝营业利润＋投资净收益＋补贴收入＋营业外收入－营业外支出

营业利润＝主营业务利润＋其他业务收入－其他业务支出－营业费用－管理费用－财务费用

主营业务利润＝主营业务收入－主营业务成本－主营业务税金及附加

表3－5　　利　润　表

编制单位：　　＿＿＿年＿＿＿月　　单位：元

项　目	行次	本月数	本年累计数
一、主营业务收入	1		
减：主营业务成本	4		
主营业务税金及附加	5		
二、主营业务利润（亏损以“－”号填列）	10		
加：其他业务利润（亏损以“－”号填列）	11		
减：营业费用	14		
管理费用	15		
财务费用	16		
三、营业利润（亏损以“－”号填列）	18		
加：投资收益（损失以“－”号填列）	19		
补贴收入	22		
营业外收入	23		
减：营业外支出	25		
四、利润总额（亏损总额以“－”填列）	27		
减：所得税	28		
五、净利润（净亏损以“－”号填列）	30		

补充资料：

项　目	本年累计数	上年累计数
1. 出售、处置部门或被投资单位所得收益		
2. 自然灾害发生的损失		
3. 会计政策变更增加（或减少）利润总额		
4. 会计估计变更增加（或减少）利润总额		
5. 债务重组损失		
6. 其他		

（四）公司财务分析

财务分析的方法有差额分析法、比率分析法和比较分析法。比率分析法是财务分析最重要的工具，下面着重介绍财务比率分析法。

比率分析法，是以同一期财务报表上的若干重要项目之间的相关数据，用比率来反映它们之间的关系，据以分析和评价公司经营活动，以及公司目前和历史状况的一种方法。以证券投资者为对象，从公司的获利能力、偿债能力和营运能力三方面，介绍一些证券投资分析时常用的比率。

1. 公司获利能力分析

公司获利能力是公司获取利润的能力，也称收益性分析。公司利润的多少，利润率的高低，是其有无活力、管理效率优劣的标志。因此，公司获利能力的大小，是投资者首先要考虑的因素。投资者常用的反映公司获利能力的比率有：

（1）资本报酬率。资本报酬率表明公司每百元的自有资本可获得多少的税后利润。其计算公式为：

$$资本报酬率=\frac{税后利润}{自有资本}\times 100\%$$

或：

$$资本报酬率=\frac{税后利润}{股东权益}\times 100\%$$

资本报酬率越高，说明公司运用资本的能力越强，经营效率也越高。在这方面，许多国家和地区对上市公司都有明确的规定，低于一定的标准是不能上市的。

（2）股本报酬率。股本报酬率为税后利润与股本之比，表明每百元的股本可获得多少元的税后利润。其计算公式为：

$$股本报酬率=\frac{税后利润}{股本}\times 100\%$$

上式中的股本若用股数表示，公式就变成每股税后利润，单位为元。实际上，中国的投资者更习惯于用每股税后利润来衡量公司的获利能力。每股税后利润（股本报酬率）越高，公司分配股息的能力就越高。

（3）资产报酬率。资产报酬率为税后利润与平均资产总额之比，表示公司平均每百元的资产能获得多少元的税后利润。其计算公式为：

$$资产报酬率=\frac{税后利润}{平均资产总额}\times 100\%$$

式中：平均资产总额 =（期初资产总额 + 期末资产总额）/2

资产报酬率越高，表明该公司运用资产的效率越高，获利能力就越强。由于资产总额中既包括自有资本，也包括了负债，因此，这一比率比股本报酬率或资本报酬率更能说明公司的经营效果。

（4）销售利润率。销售利润率是税后利润与主营业务收入之比，表明公司每百元的主营业务收入能获得多少的税后利润。其计算公式为：

$$销售利润率=\frac{税后利润}{主营业务收入}\times 100\%$$

这一比率用来表明公司经营活动的直接收益能力。比率越高，表明公司经营管理的方式越合理，效率越高；比率越低，往往是由于营业费用增加的速度超过了营业收入的增加速度，这对产品的售价会产生不利影响，进而影响到公司的市场占有率。

（5）股东权益报酬率。股东权益报酬率，又称净资产报酬率，是指股份公司运用普通股资金所获得的投资报酬率。其计算公式为：

$$股东权益报酬率=\frac{税后利润-优先股息}{股东权益}\times 100\%$$

股东权益报酬率的高低表明普通股权益所得报酬率的大小，因此，投资者比较关心这一比率。不仅如此，这一比率还表明了公司主营业务收入和利润的情况，比率越高，表明主营业务收入越高，所获利润越大；反之亦然。

（6）营业比率。营业比率是指营业成本与主营业务收入之比，表明营业成本与主营业务收入之间的变动情况，反映公司经营的实际效果。其计算公式为：

$$营业比率=\frac{营业成本}{主营业务收入}\times 100\%$$

式中的营业成本为主营业务成本与营业费用之和。

2. 公司偿债能力分析

公司的偿债能力是指公司偿还各种到期债务的能力。其主要分析公司的短期和长期偿债能力，以确保投资的安全，因此又被称为安全性分析。

（1）反映公司短期偿债能力的比率。分析短期偿债能力的目的，在于考察公司资产的流动性，即公司资产转为现金，用于偿还短期债务的能力。

①流动比率。它是流动资产与流动负债的比，反映公司短期偿债能力的高低。其计算公式为：

$$流动比率=\frac{流动资产}{流动负债}$$

通常认为最低流动比率为2。流动比率不能过高，过高则表明企业流动资产占用较多，会影响资金使用效率和企业获利能力；该比率过高还可能是存货积压，应收账款过多且收账期延长，以及待摊费用增加所致，而真正可用来偿债的资金和存款却严重短缺。一般情况下，营业周期、应收账款和存货的周转速度是影响流动比率的主要因素。

②速动比率。它是将流动资产中扣除存货部分（即速动资产）与流动负债的比。它是指可以立即用来偿还流动负债的那些流动资产，因此，速动比率较流动比率更能准确地衡量公司的偿债能力。其计算公式为：

$$速动比率=\frac{流动资产-存货}{流动负债}$$

一般正常的速动比率为1，低于1的速动比率被认为是短期偿债能力偏低。在不同的行业中，速动比率会有很大的不同，例如采用大量收取现金销售的商业公司，应收账款很少，速动比率大大低于1是很正常的；而一些应收账款较多的工业公司，速动比率可能会大于1。影响速动比率的重要因素是应收账款的变现能力，投资者在分析时可结合应收账款周转率、坏账准备计提政策一起考虑。

（2）反映公司长期偿债能力的比率。

①负债权益比。它是负债总额与股东权益之间的比率，它表示公司每1元的资本承担多少元的负债。其计算公式为：

$$负债权益比=\frac{负债总额}{股东权益}\times 100\%$$

负债权益比率越高，表明股东每1元的投资应付越多的负债，公司的财务状况处于不妙的境地。但是，负债权益比率也不是越低越好。负债权益比率越低，说明公司充分运用资金的能力有限。一般认为负债权益比率的最高上限为3。

②股东权益与负债比率。该比率与负债比率刚好相反，为股东权益与负债总额之间的比率，用来表示公司的每百元负债中有多少元的自有资本可用来抵偿。其计算公式为：

$$股东权益与负债比率=\frac{股东权益}{负债总额}\times 100\%$$

这一比率越大，表明公司自有资本越雄厚，负债总额越小，债权人的债权就越有保障。比率越小，则意味着公司负债越重，财务可能陷入危机而无力偿还债务。

③自有资本率。该比率表明股东权益在资本总额中所占的份额。其计算公式为：

$$自有资本率=\frac{股东权益}{资产总额}\times 100\%$$

自有资本率越高，表示公司的长期偿债能力越强。一般认为这一指标不低于25%方为合理。

④固定比率。该比率是股东权益与固定资产之比，表明公司固定资产中有多大的份额是用自有的资本购置的。其计算公式为：

$$固定比率=\frac{股东权益}{固定资产}\times 100\%$$

该比率越高，说明公司不存在固定资产过分膨胀的现象，公司财务结构也就越健全；反之，比率越低，说明公司资本不足或是固定资产过度膨胀。一般认为，固定比率应高于100%。

3. 公司营运能力分析

公司营运能力比率也称资产管理比率，是用来衡量公司资产管理方面效率的财务指标。

（1）应收账款周转率。它是主营业务收入与期初期末应收账款平均余额的比率，用来测定产品销售后其款项转变为现金的频率。

$$应收账款周转率=\frac{主营业务收入}{（期初应收账款+期末应收账款）/2}$$

该比率越高，表明应收账款的平均收账期越短，说明公司的应收账款回收得快；反之，则公司的营运资金过多地在应收账款上，会严重影响公司资金的正常周转。

应收账款是因企业赊销而引起的债权。由于各个行业的特性、竞争程序不同，会导致不同行业的应收账款周转率有所差异。在企业赊销政策一定的条件下，企业的应收账款规模应该与企业的营业收入保持一定的对应关系，企业的应收账款周转率应保持稳定。如果应收账款周转速度过慢，那么对于该公司主营业务收入的真实性就应有所怀疑，有可能是确认虚假销售收入，应收账款长期挂账。

（2）存货周转率。它是主营业务成本与期初期末平均存货之比，用来衡量公司销货能力的强弱和存货是否适量。其计算公式为：

$$存货周转率=\frac{主营业务成本}{（期初存货+期末存货）/2}$$

该比率越高，表明存货周转越快，积压的存货越少，存货费用等支出也越少；反之，该比率过高，则说明企业不能应付顾客需要，没有充分发挥企业的潜力。

（3）固定资产周转率。固定资产周转率是主营业务收入与固定资产的比率，表示固定资产全年的周转次数，用来衡量公司固定资产的利用程度。其计算公式为：

$$固定资产周转率=\frac{主营业务收入}{（期初固定资产+期末固定资产）/2}$$

比率越高，表明固定资产周转速度越快，闲置的固定资产越少；反之，比率越低，则表示固定资产存在闲置现象，或者固定资产的投资过分扩张。

（4）资本周转率。资本周转率是主营业务收入与股东权益的比率，用来衡量自有资本运用的效率。其计算公式为：

$$资本周转率=\frac{主营业务收入}{（期初股东权益+期末股东权益）/2}$$

资本周转率越高，表明自有资本运用的效率越高。但过高的资本周转率则表示公司对外借款过多，过分举债经营。若这一比率太低，则表明公司资本没有得到充分利用。

（5）资产周转率。它是主营业务收入与平均资产总额之间的比率，用来衡量公司总资产是否得到充分利用。比率越高，表明资产周转度越快，总资产利用的效率也越高。其计算公式为：

$$资产周转率 = \frac{主营业务收入}{平均资产总额}$$

（五）财务报表粉饰的识别

1. 关联方交易剔除法

指将来自关联企业的营业收入和利润总额从企业的利润表中予以剔除，分析该企业的盈利在多大程度上依赖于关联企业。如果企业的营业收入和利润主要来源于关联企业，会计信息使用者就应当特别关注关联方交易的定价政策。母公司与子公司之间、子公司与子公司之间发生的关联方交易，其交易价格不是在公平的条件下确定的，往往存在人为调节利润的行为。对此，分析时首先要掌握控股股东的情况以及本公司所属子公司的情况，对关联方之间发生的资产转让、销售、采购、商标使用以及资金占用等，要特别关注交易的价格和支付手段是否异常。

2. 非经常性利润剔除法

非经常性利润来源主要是债务重组、股权转让、出售资产（尤其是无形资产）、非货币性交易、租赁收入等。注意判断上市公司的利润主要来自于何处。如果是主要来自于投资收益、其他业务利润、变卖资产、资产重组等非经常性损益，则利润很可能存在较大泡沫。非经常性损益是指公司正常经常损益之外的、一次性或偶发性损益，例如资产处置损益、临时性获得的补贴收入等。非经常性损益虽然也是公司利润的一个组成部分，但由于它不具备长期性和稳定性，因而对利润的影响是暂时的。政府对某些公司的补贴收入由于没有成本，直接作为利润的组成部分，对公司业绩的提高起到立竿见影之效。在分析企业的会计报表时，应当将这些非经常性损益因素予以剔除，并计算扣除非经常性损益后的净资产收益率等指标。

3. 虚拟资产分析法

如果虚拟资产在净资产中所占比重很大，说明企业的持续经营能力很可能存在问题，或者是企业因粉饰业绩形成了资产泡沫。如果虚拟资产的增加幅度超过费用总额的增加幅度，也说明企业当期利润含有“水分”。这类企业将当期发生的管理费用、经营费用，虚列在“待摊费用”、“递延资产”、“其他应收款”等科目中，不计入损益。对此，分析时主要检查“待摊费用”、“递延资产”、“其他应收款”的列账依据是否充分、合理，是否按收益期限进行摊销。

4. 现金流量分析法

现金流量主要分为经营活动、投资活动、筹资活动等三个方面的现金流量。通常经营活动现金流量的流入、流出在公司现金流量总额中占主导地位。因此，应重点分析经营活动现金净流量对利润的贡献程度。

运转正常、健康的企业，它的利润增长应当与经营现金流量之间存在正向变动关系，企业经营现金净流量至少应与净利润持平。如果这种正向关系被打破，或者该指标显著小于1，则表明财务状况不良，经营活动现金净流量不足以支付经营活动所需的资金，企业不是销售政策出现了问题，就是存在舞弊的可能。

如果企业的现金净流量长期低于净利润，将意味着与已经确认为利润相对应的资产可能属于不能转化为现金流量的虚拟资产；若反差数额极为强烈或反差持续时间过长，必然说明有关利润项目可能存在挂账利润或虚拟利润迹象。如每股经营性现金净流量，如果其每股收益很高，而每股经营现金流量是负的，这样的公司往往在造假。

5. 重要项目分析法

与财务报告的粉饰密切相关的项目包括应收账款、其他应收款、存货、其他应付款、或有负债、财务费用、投资收益、其他业务利润、营业外利润等。因此，要特别关注这些项目连续几年的变化情况，如发现有异常变动，其中往往有粉饰财务报告的嫌疑。

（六）财务分析中应注意的问题

在具体实务中，投资者在使用财务比率分析公司财务状况时，可以借用财务分析数据来预测未来公司的发展状况，但是应注意以下问题：

第一，财务比率所反映的分析指标不一定能反映公司的真实情况。因为公司的财务报表是按会计准则编制的，所以公司财务报表上的财务数据符合企业会计准则的要求，但不一定完全反映企业的财务实际。例如，有许多项目，如科研开发支出和广告支出，从理论上讲是资本支出，但费用发生时已列作了当期费用；有些项目是估计的，如无形资产的摊销和公司开办费用摊销，但这种估计未必准确；财务报表的数据未按通货膨胀或物价水平进行调整等。

第二，由于不同公司财务处理程序的选择不一，使得财务分析很难有统一的口径。对同一会计事项的账务处理，会计准则允许使用不同的会计处理程序和方法，公司可结合自己情况而定。例如，折旧的提取，可以使用加速折旧法和直线折旧法等；对外投资的收益，可以使用成本法或权益法；存货成本的计价，可以使用先进先出法、后进先出法和加权平均法等。

【知识小结】

本章主要对影响证券价格和走势的宏观经济因素、行业因素和公司因素进行了分析。宏观经济分析重点要掌握经济指标的变化对股市的影响，行业分析和公司分析重点是要甄别和筛选具有发展潜力的行业和具有投资价值的公司，并将其作为投资的目标和标的。

训练设计

1. 简述宏观经济的分析方法。
2. 经济政策分析的内容有哪些？各自对证券市场的影响如何？
3. 简述行业兴衰的原因及投资选择的方法。
4. 如何对一个上市公司的基本素质进行分析？

第四章 证券投资技术分析

学习目标

技术分析是证券投资实务中非常重要的内容。它是根据证券市场价格的走势和变化规律归纳出的分析方法，是投资者进行证券投资实践的经验总结。本章主要讲述了技术分析的特点、理论基础，道氏理论的主要原理，波浪理论的内容、数浪规则和分析方法，以及其他常见的一些技术分析理论。

【导读案例】

上证指数的长期趋势分析

上证指数自 1990 年 12 月 19 日正式发布以来，至 2013 年 6 月，已经经历了七次大小牛熊周期的循环。

1. 七次上涨的时间和价格数据

(1) 1990 年 12 月至 1992 年 5 月，从 95 点上升至 1429 点，18 个月，涨幅 1400%。

(2) 1992 年 11 月至 1993 年 2 月，从 386 点上升至 1558 点，4 个月，涨幅 304%。

(3) 1994 年 7 月至 1994 年 9 月，从 325 点上升至 1052 点，3 个月，涨幅 224%。

(4) 1996 年 1 月至 1997 年 5 月，从 512 点上升至 1510 点，14 个月，涨幅 195%。

(5) 1999 年 5 月至 2001 年 6 月，从 1047 点上升至 2245 点，24 个月，涨幅 114%。

(6) 2005 年 6 月至 2007 年 10 月，从 998 点上升至 6124 点，28 个月，涨幅 514%。

(7) 2008 年 10 月至 2009 年 8 月，从 1664 点上升至 3478 点，10 个月，涨幅 109%。

上涨的平均周期为 14 个月，最短是 3 个月，最长是 28 个月。平均涨幅为 409%，剔除第一次，平均涨幅为 243%。

2. 七次下跌的时间和价格数据

(1) 1992 年 5 月至 1992 年 11 月，从 1429 点下跌至 400 点，5 个月，跌幅 72%。

(2) 1993 年 2 月至 1994 年 7 月，从 1553 点下跌至 325 点，18 个月，跌幅 79%。

(3) 1994 年 9 月至 1996 年 1 月，从 1053 点下跌至 512 点，16 个月，跌幅 51%。

(4) 1997 年 5 月至 1999 年 5 月，从 1510 点下跌至 1047 点，24 个月，跌幅 30%。

(5) 2001 年 6 月至 2005 年 6 月，从 2245 点下跌至 998 点，48 个月，跌幅 55%。

（6）2007 年 10 月至 2008 年 10 月，从 6124 点下跌至 1664 点，12 个月，跌幅 72%。

（7）2009 年 8 月至 2013 年 6 月，从 3478 下跌至 1849 点，46 个月，跌幅已达 47%。

下跌平均周期为 24 个月，剔除第一次，平均周期 27 个月，最长 48 个月。平均跌幅为 58%，最大跌幅是 79%，最小跌幅是 30%。

从上述数据中可以看出股市趋势变化的时间周期越来越长，波动幅度也越来越大，为了能更准确地把握股市的长期趋势，需要从大的周期上观察和分析股市的变化。

3. 上证指数的月线走势（图 4－1）

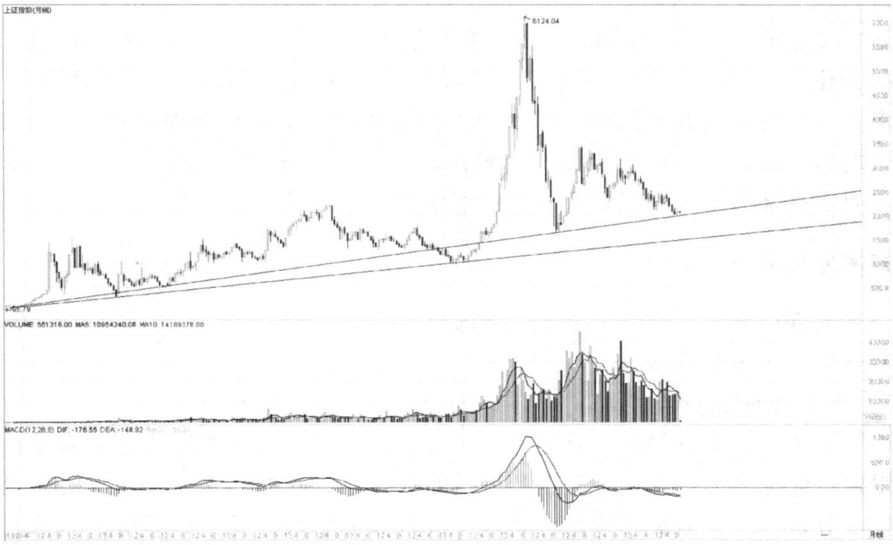

图 4－1　上证指数月线走势图

从月线图中可以看到，上证指数长期趋势是上涨的，底部越来越高，成交量也越来越大。如果沿 95 点、325 点、998 点画一条趋势线，可以看出股市的极限低点。如果沿 95 点、512 点、1664 点画一条趋势线，可以看出股市的第二个低点。这两个位置都是可以战略性建仓的点位。

问题：在上证指数月线图上分析指数波浪的浪形，并利用波浪和时间周期理论预测上证指数的未来走势。

第一节　技术分析概述

一、技术分析的特点

技术分析是直接从证券市场入手，以证券价格的变化规律为研究对象，结合对证券交易数量、时间和投资心理等因素的分析，帮助投资者选择投资机会和方式，以获取投资收益的方法。

基本分析和技术分析构成证券投资分析体系的主体，但技术分析不同于基本分析。基本分析重点研究的是证券的内在投资价值，目的是为了获得证券投资的长远收益；技术分析侧重于研究股价和成交量的变动规律，目的是在股价的波动中获取短期收益。基本分析是从影响证券市场供求的外部因素入手，分析股价的长期趋势；技术分析是从证券市场本身入手，依据市场提供的价格、成交量等资料，分析股价的中短期走势。基本分析是帮助投资者选股，即选择投资对象；技术分析是帮助投资者选时，即选择买卖时机。

技术分析的重点是研究市场行为，通过对市场行为的研究，预测市场未来的价格变化趋势。市场行为包括三个方面内容，即价格的变化和涨跌幅度，发生这些变化所伴随的成交量，完成这些变化所经历的时间和空间。简单地说，就是价、量、时空。在这三方面内容中，价格的变化是最重要的。从不同侧面对市场行为进行分析就组成了技术分析的各种类别。根据市场行为得到的数据而产生的各种图表是进行技术分析所要用到的最基本的工具。人们通过长期的实践总结，创造了很多从图表看未来的方法，这些方法构成了技术分析的主体。投资者要取得证券投资的成功，必须注意学习和掌握其中主要的方法。

二、技术分析的理论基础

技术分析的理论基础是基于三项合理的假设：市场行为涵盖一切信息；价格沿趋势移动，并保持趋势；历史会重演。

（一）市场行为涵盖一切信息

市场行为涵盖一切信息的假设是进行技术分析的基础。这一假设认为影响证券价格波动的每一个因素，无论是内在的还是外在的、政策的还是心理的因素，都已经反映到市场行为中，作为技术分析者，只需关心这些因素对市场行为的影响效果，而不用关心导致价格变化的具体内容究竟是什么。

这一假设具有一定的合理性。任何因素对市场的影响最终都必然体现在价格的变动上。如果某个因素出现后，股价同以前一样没有大的变化，说明这个因素不是影响价格波动的因素。如果有一天股票价格跳空高开或低开、成交量激增，一定是有利多或利空的消息，这一消息对股价的影响已经在市场行为中得到了反映。

（二）价格沿趋势移动，并保持趋势

价格沿趋势移动并保持趋势这一假设是进行技术分析最根本、最核心的因素。只有价格的变动遵循一定规律，才能找到这些规律，并对今后的投资活动进行有效的指导。这个假设认为股票价格有保持原来方向运动的惯性，一段时间内价格持续上涨或下跌，今后如果不出意外，价格仍会按同一方向继续上涨或下跌，没有理由改变既定的运动方向。“顺势而为、顺其自然”，“市场趋势高于一切”，是股票市场中的名言，如果没有反转的内部或外部因素发生，投资者没有必要逆大势而动。

一个证券投资者之所以要卖掉手中的股票，是因为投资者认为股价已到顶，马上要下跌，或者即使上涨，涨幅也有限，不会太多了，投资者的这种悲观观点是不会立刻改变的。众多的悲观投资者行为一致，就会影响股价的趋势，使其继续下跌，直到发生质的改变。

（三）历史会重演

历史会重演这一假设是从统计学和人的心理因素方面考虑的。市场中人决定最终的交易行为，人经常受到心理学中某些理论的制约。投资者认为相同或相似的场合会得到相同的结果。如果按一种方法操作取得成功，以后遇到相同或相似的情况，就会按同一方法进行操作；如果前一次失败了，就会改变操作方法。这种现象是前后进行比较产生的，所谓“一朝被蛇咬，十年怕井绳”。

市场结果留在投资者头脑中的阴影和快乐会永远影响投资者。投资者进行技术分析时，一旦遇到与过去某一时期相同或相似的情况，应与过去的结果进行比较，已知的结果应该是现在对未来进行预测的参考。任何有用的东西都是经验的结晶，是经过许多场合检验而总结出来的。投资者应对重复出现的某些现象的结果进行统计，得出成功和失败的概率。

（四）三大假设的合理性和局限性

在三大假设出现之后，技术分析便有了自己的理论基础。第一条假设肯定了研究市场行为就全面考虑了证券市场，第二和第三条假设使得我们找到的规律能够应用于证券市场的实际操作之中。

但是，对三大假设本身的合理性一直存在着争论，许多人提出了不同的看法。对于市场行为包括了一切信息的假设，有人提出质疑，市场行为反映的信息只体现在股票价格的变动之中，同原始的信息毕竟有区别，信息损失是必然的，正因为如此，在进行技术分析的同时，还应当进行一些基本分析和其他方面的分析，以弥补其不足。再如历史会重演吗？股票市场中的市场行为是千变万化的，不可能有完全相同的情况重复出现，差异总是或多或少存在。在“历史会重演”的前提下，这些差异的大小和程度一定会对投资决策的结果产生影响。

三、技术分析的基本要素

技术分析的要素包括价格、成交量、时间和空间。这几个要素的内容和相互关系是技术分析的基础。

（一）价格和成交量

研究市场行为最重要的工作就是研究价格和成交量。市场过去和现在的成交价格、成交量涵盖了过去和现在的市场行为。技术分析要做的工作就是利用过去和现在的成交量、成交价资料推测市场未来的走势。

一般来说，买卖双方对价格走势的确认程度需要借助成交量。价格与成交量之间的关系主要有两种：一是量价一致；二是量价背离。量价一致主要表现为价升量增、价跌量减，这种情况通常意味着多空双方对价格的认识一致，股价仍有继续上涨或下跌的空间。量价背离主要表现在价跌量增，价升量减，通常表示买卖双方对价格的认识出现分歧，股价的上涨或下跌已得不到成交量的配合与支持，股价运行的趋势有可能会发生改变。

（二）时间和空间

时间和空间体现了趋势的宽度和深度。循环周期理论重点关注的就是时间因素，是针对价格波动的时间跨度进行研究的理论。一方面，一个已经形成的趋势在短时间内不会发生根本转变，中途出现的反方向波动，对原来的趋势不会产生大的影响；另一方面，一个已经形成的趋势又不可能永远不变，经过了一段时间又会有新的趋势出现。时间因素分析对于投资者选择出入市时机具有重要的意义。

空间因素考虑的是趋势运行的幅度及价格波动的限度。一个涨势或跌势将会延续多大的幅度，个股的价格波动在空间上能够达到的上下限，无疑也是投资者在操作中需要提前想到的问题。

四、技术分析应注意的问题

1. 技术分析必须与基本分析相结合

在一个新兴的市场中，市场突发消息频繁，人为操纵的因素较大，所以仅靠过去和现在的数据、图表去预测未来是不可靠的，也很难把握整体市场的走势。但是，不能因为技术分析在突发事件来临时预测受干扰就否定其功效。任何一种工具的使用都有其适用范围，不能因个别场合失效而责怪工具本身，扔掉工具更是不可取的。事实上在我国证券市场中，技术分析有着相当高的预测成功率。投资者在实践中不能机械地照搬、使用。投资者除了应对技术分析不断探索和修正外，还应结合基本分析来使用技术分析，这样才能提高操作的成功率。

2. 注意多种技术分析方法的综合研判

技术分析方法很多，有趋势分析、图形分析、指标分析等，有些方法在运用时会出现失灵的情况。当市场处于超强势或极度低迷时，某些指标会纯化；当庄家诱空吸筹或诱多出货时，有些图形会出现“趋势陷阱”或假突破。因此投资者在操作时，应尽量多使用一些方法对行情进行预测，争取对多空双方力量有正确的判断和描述。实践证明，单纯使用一种技术分析方法具有很大的局限性和盲目性，而如果多种方法都得出相同的结论，那么这一结论出错的概率就很小。为减少操作失误，投资者应多学习和掌握一些技术分析方法。

3. 技术分析的结论要通过自己的验证并结合具体情况加以运用

技术分析方法种类繁多，方法各异，不同的人有不同的偏好和使用习惯，使用效果也差异很大。另外，前人和别人得出的结论是在特定的环境和条件下取得的，随着环境的改变，前人和别人成功的方法放到自己身上可能会产生不同的结果。因此，投资者在使用技术分析时，要注意结合市场情况灵活加以应用，具体问题具体分析，在实践中不断摸索，在应用中不断提高。

第二节　道氏理论与应用

道氏理论是最古老、最著名的技术分析理论之一，是由美国道·琼斯公司的创办人查尔斯·亨利·道（Charles H. Dow）创立，又称道·琼斯理论。道氏理论是指依据纽约证券交易所工业股票价格指数和铁路股票价格指数来预测股价变动趋势的方法。道氏理论是股市技术分析的起源，是各种技术分析方法的理论基础。

一、道氏理论的主要原理

（一）平均指数包容消化一切因素

平均指数包容消化一切因素是技术分析理论的基本前提之一，只是这里用平均指数代替了个股价格。这一原理表明，所有可能影响供求关系的因素都必须由平均指数来表现，平均指数反映的是无数投资者的综合市场行为。平均指数在其每日的波动过程中包容消化了各种已知的、可预见的事情，以及各种可能影响股票供求关系的因素。即使是天灾人祸，当其发生后，也能被市场迅速消化，并包容其可能的后果。

（二）市场波动可以划分为三种趋势

道氏理论认为，股价变动趋势有三类，即长期趋势、中期趋势和短期趋势。三种趋势同时存在，相辅相成。

1. 长期趋势

长期趋势又称基本趋势，即股价出现长期上涨或长期下跌的情况。长期趋势持续上升就形成了买空或多头市场，即牛市行情，持续时间通常为 1 ~4 年；长期趋势持续下降就形成了卖空或空头市场，即熊市行情，持续时间也为 1 ~4 年。其间股价会增值或贬值 30% 以上。

实践中，人们通常将 240 日移动平均线（年线）作为牛熊市分界的标志。

2. 中期趋势

中期趋势又称次级运动，即在股价上升趋势中出现急速的下跌（回档），或在股价下降趋势中出现迅速的回升（反弹）的现象。持续的时间约为两周到几个月，调整幅度一般为原趋势的1/3，出现的次数约为 2 ~3 次。

3. 短期趋势

短期趋势又称日常波动，即股票价格每天的变动。它是受市场上技术因素或传言消息的影响，偶然性较大，通常是无法预测的，也无规律可循。短期趋势对中期趋势有一定影响，一般三个或三个以上的短期趋势构成一个中期趋势。

如果把股价的变动比作海水的运动，则股价的长期趋势犹如海潮，中期趋势好比海浪，短期趋势则像微波。大海有潮涨也有潮落，海浪寄于海潮之中，虽有排天大浪也不能抗逆海潮，微波则又寄于海浪之中，有时微波相互结合也可以形成海浪，但是规模较小。

（三）长期趋势分析

道氏理论的核心内容是对长期趋势进行分析。

1. 长期上涨趋势

长期上涨趋势（牛市）通常包括三个阶段：

第一阶段，投资者对证券发行企业的盈利前景看好，开始买进被悲观者出售的股票，或者卖方由于种种原因使卖出量减少，引致股价的缓慢上升。在此阶段，企业公布的财务报表显示企业财务状况尚属一般，大部分投资者仍较谨慎，股票交易不很活跃，但交易量已经开始增加。

第二阶段，股价已经上升，企业盈利逐渐好转，经济前景也相当乐观，股票交易量开始持续稳定地增长，许多投资者在此阶段都有获利。

第三阶段，股价已上升至一个高峰，投资者争相入市购买股票，市场一片沸腾，交易量很大。企业收益良好的情况已为广大投资者熟悉和知晓，企业新股发行量也大量增加，市场投机活动开始泛滥。

2. 长期下跌趋势

长期下跌趋势（熊市）也包括三个阶段：

第一阶段，上升趋势已经结束，股价接近峰值，成交量增长缓慢，股价涨幅日趋缩小。投资者参与交易的热情仍然很高，但所获得的差价收益已经大大减少，盈利越来越困难。敏感的投资者开始卖出股票以保障自己的胜利果实。

第二阶段，这是一恐慌阶段。市场前景趋淡，买方数量减少，而卖方数量增多，股价急剧下跌，成交量也大幅度减少，投资者参与交易的活跃程度已大幅度下降。恐慌阶段过后，一般都要经过较长时间的喘息或停滞才进入第三阶段。

第三阶段，到处是坏消息，股票价格继续下降，但速度逐渐减缓。在此阶段，由于股价过低，股票持有者开始惜售，成交日趋低迷。当股价下跌至足够水平时，股票投资价值开始凸显，一些投资者又开始重新入场购买股票。这样，上述的市场循环又重新开始。

（四）交易量必须验证趋势

道氏理论认为交易量是第二位的，但可以作为分析验证股价走势图表信号的背景资料和旁证。当价格在顺着大趋势发展的时候，交易量也应相应变化。如果大趋势向上，那么在价格上涨的同时，交易量应日益增加；而当价格下跌时，交易量应日趋减少。而在一个下降大趋势中，情况正好相反，当价格下跌时，交易量会随之增加；而当价格上涨时，交易量则萎缩。

（五）两种平均指数必须相互验证

道氏理论认为，主要趋势和次级运动的变化可通过道·琼斯工业指数和铁路指数的互证来判断。即当两种平均指数朝同一方向变动时，一种指数被另一种指数证明，则次级运动或主要趋势便会产生。假如两种平均指数的变动是反方向的，则不能说明出现了上述趋势。

互证的现象可以通过两种方式来表现：一是当两种平均指数经过一段牛皮状态的波动后，产生突然的上升或者下降，说明一种中期趋势开始形成；二是当两种指数同时创出新高或新低点，即超过或跌破前一轮趋势的峰值或谷底，说明长期趋势已经改变，牛市或熊市观点确立。

（六）支撑区和阻力区的判断

道氏理论认为，股票价格变动具有一种惯性，即股价一旦开始沿着某个方向移动时，这种惯性会使股价沿着同一方向继续移动，从而形成主要趋势。但支撑区和阻力区有可能使这种惯性终止。

1. 阻力区是股价的前一个高峰

一般而言，在价格高峰时没有出售股票而失去机会的投资者将在价格下次达到这个高峰时出售股票，从而阻碍了股票价格超过原来的高峰。如果股价超过了这个价格高峰，那么这个阻力区就被冲破，价格将在买方力量的推动下继续上涨。

2. 支撑区是股价的前一个谷底

同样，在股价谷底没有买进股票而失去机会的投资者一般会在股价下一次达到这个谷底时买进股票，从而对股价起支撑作用，使之不低于原来的价格谷底。如果股价低于了前一个谷底，那么这个支撑区就被冲破，股价将会继续下跌。

因此，技术分析者通常建议投资者在股价高于前一个山峰时购买股票，而在股价低于前一个谷底时出售股票。

二、道氏理论的应用与不足

（一）道氏理论的实际应用

道氏理论在实践中被广泛使用，其中使用最多的是利用趋势分析来划分趋势的各个阶段，依据各阶段的特点，决定投资者在各阶段的操作策略，争取在实战中获得利润最大化。另外，投资者也可通过各种指数的互证来判断多头市场和空头市场，从而形成在多头市场持股待价而沽，在空头市场持币静待变盘的长线投资策略。

1. 上证指数长期上涨趋势分析（参见图4－2）

上证指数周K线图

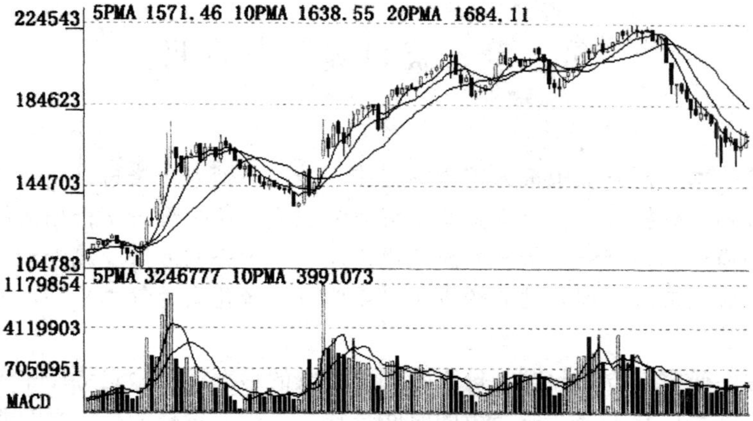

图 4-2 上证指数上涨趋势三阶段

道氏理论将长期上涨趋势划分为三个阶段。上证指数从 1999 年 5 月 17 日开始了长达两年的牛市，该上涨趋势经历了三个阶段。第一个上涨阶段为 1999 年 5 月 17 日的 1047 点到 1999 年 9 月 10 日的 1695 点，随后股市出现了较深幅度的回调。第二个上涨阶段为 1999 年 12 月 29 日的 1341 点至 2000 年 8 月 22 日的 2115 点，其后大盘也出现了回落。第三个上涨阶段从 2001 年 2 月 22 日的 1893 点到 2001 年 6 月 14 日的 2245 点，市场进入了最后拉升阶段。

2. 上证分类指数互证判断牛熊市

道氏理论认为各类指数必须相互验证才能确认大趋势发生。2005 年 6 月 6 日，上证综指探底 998 点开始进入了上涨周期，此后上证综合指数、上证 30 指数、上证工业指数、上证商业指数、上证公用事业指数、上证地产指数等均出现上涨，对反转趋势给予了确认。特别是进入 2006 年之后，各个指数都突破了年线并创出了历史高点，宣告牛市已经来临。

（二）道氏理论的不足之处

道氏理论在预测股票市场的变动趋势和指导投资者的操作策略方面具有重要的作用，但就道氏理论本身而言，也存在着一些不足之处，主要表现在：

1. 对中短线投资者用处不大

道氏理论主要说明股价的长期趋势，对次级运动和日常波动的判断无能为力，故对中短线投资者无太多帮助。

2. 对股价趋势的预测滞后

对股价趋势的预测较为迟缓，往往要等到主要趋势形成后，才能确定市场已经转向，会使投资者丧失买卖股票的最佳时机。

3. 各种指数的互证出现太慢

特别是当市场重点炒作某一板块时，几种指数有时很长时间不产生互证的讯号，从而使判断失去了依据。

第三节　波浪理论与应用

波浪理论是技术分析方法中最为神奇的方法，是以美国人艾略特（R. N. Elliott）的名字命名的一种价格趋势分析理论，全称是艾略特波浪理论。这一理论是根据大海的潮汐及波浪的变化规律，来描述和预测股票价格的波动规律及未来走势的方法。波浪理论是股市分析理论中运用最多，而又最难了解和精通的方法，需要投资者花大力气去掌握和开启这把神奇的钥匙。

波浪理论主要研究三方面问题：价格走势所形成的形态、价格走势图中各个高点和低点所处的相对位置、完成某个形态所经历的时间长短。其中，价格的形态是最重要的，它是波浪理论赖于生存的基础。高点和低点所处的相对位置是波浪理论中各个波浪开始和结束位置，它可以用黄金分割率加以推断。完成某个形态所处的时间可以预测某个大趋势的来临和即将结束，提示我们及时采取应变的措施。上述三个方面可以概括为形态、比例和时间。

一、波浪理论的形态分析

（一）波浪理论的基本形态

波浪理论认为证券市场应该遵循一定的周期，周而复始、循环往复地向前发展。艾略特指出股市的发展是依据一组特殊且不断重复的规律进行，这组规律即是以五个上升浪和三个下跌浪作为一次循环交替推进着。三个下跌浪可以理解为是对五个上升浪的调整。如图4－3所示。

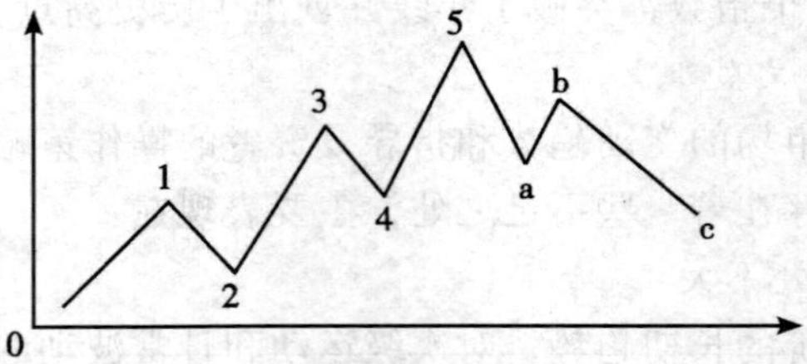

图4－3　八浪结构的基本形态图

图4－3中，1到5浪是上升浪，其中1、3、5浪是上升主浪，2、4浪是调整浪，2浪是对1浪的调整，4浪是对3浪的调整。a、b、c三浪是下跌浪，是对前5个上升浪的调整。

第一次的八浪形态完成之后，第二次相似的循环就会出现，然后是第三次循环。均是五升三跌，即五个向上为主导的大浪，三个向下为主导的大浪。下跌浪的基本形态是五跌三升，与上升浪的形状相反，直至完成下跌的三个大浪。

（二）波浪的细分与周期

波浪理论考虑价格形态的跨度是不受限制的。在数浪时，会涉及到将一个大浪分成很多小浪和将很多小浪合并成一个大浪的问题。通常，在一升一跌的基本浪之间，可以划分成八个较次一级的小浪，在这些小浪基础上，又可以再划分成更低一级的小浪。如图4－4所示。

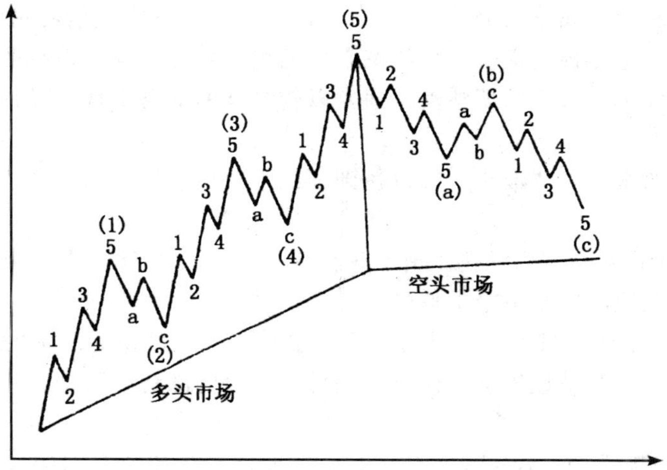

图 4－4 波浪的细分与周期

从图 4－4 中可以看出，一个完整的波浪循环是由牛熊两浪构成。其中，牛市包含 5 个大浪、21 个中浪、89 个小浪，熊市包含 3 个大浪、13 个中浪、55 个小浪。所以，完整的波浪周期可分为 2、8、34、144 个浪。

波浪理论上升浪 与下跌浪之间的对应关系为：

上升大浪 5，下跌大浪 3；上升中浪 11，下跌中浪 13；上升小浪 89，下跌小浪 55。

实践中，一个最基本的上升与下跌单位是 34，即上升单位 21 浪，下跌单位 13 浪。

（三）数浪规则

波浪在运行过程中会有多种形态，投资者可参照以下规则进行划分和判断。

1. 第三浪具有较强的爆发力

第三浪不是三个上升浪中最短的一浪，而且经常是最长的一浪，具有较强的爆发力和推动性。

2. 不可重叠

第一浪与第四浪不可以重叠，即第四浪的浪底不能低于第一浪的浪顶。

3. 交替出现

所有的波浪形态几乎都是交替和轮流出现的，如第二浪是简单的调整形态（单式），则第四浪应是复杂的形态（复式），反之亦然。

4. 平行通道

在调整浪中，第四浪回调的低点通常是在前一浪中的第四小浪范围内完成。即第四浪的低点与第三浪中的第四小浪的终点几乎平行。

（四）波浪的表现特征

第一浪多数属于营造底部形态的一部分。它是八浪循环的开始，由于这段行情的上升出现在空头市场跌势后的反弹和反转，买方力量并不强大，加上空头继续存在卖压，因此，在第一浪上升之后出现的调整回落走势，其回档的幅度往往较深。

第二浪是调整浪，许多市场人士误以为熊市尚未结束，故调整下跌的幅度较大。当行情在此浪中跌至接近底部时，市场会出现惜售心理，抛售压力减轻，成交量逐渐缩小，调整浪宣告结束。

第三浪是涨势较大，属于最具爆炸性的一浪。市场中投资者信心恢复，成交量大幅上升，运行时间较长，上涨幅度很大。传统图表中的突破信号经常出现在此浪之中。

第四浪是行情大幅上升后的调整浪，通常以较复杂的形态出现，经常会出现三角型调整形态。

第五浪的涨幅通常比第三浪小，股价达到了顶峰，市场乐观情绪高于一切。有时也会出现失败浪形态。

a 浪：市场中大多数投资者认为上升行情尚未逆转，此时仅仅为一个短暂的回档。实际上该浪的下跌在第五浪已出现了警示信号。

b 浪：表现通常是成交量不大，升势较为情绪化，一般可视为多头的逃命线。然而，由于是一段上升行情，很容易让投资者误以为是另一波段的涨势，形成“多头陷阱”，许多投资者买入即遭套牢。

c 浪：是杀伤力极强的一浪，其跌势凶猛，跌幅巨大，持续时间较长，经常出现全面性下跌，没有撤市的投资者损失惨重。当然，c 浪的结束，往往是一个新浪的开端。

二、波浪的涨跌比例与时间分析

（一）费波纳奇数列

波浪理论的数学基础是费波纳奇数列。公元 1202 年，意大利数学家费波纳奇发现了一组数字，即 1，2，3，5，8，13，21，34，55，89，144……

这些数字有以下几个特点：①任意相邻的两个数字之和，等于两者之后的那个数字。如 5 + 8 = 13。②除了最初的四个数字外，任意一个数字与后面的数字比，都接近 0.618。如 13 ÷ 21 = 0.619。③任意一个数字与前面的数字比，比值都趋近 1.618。如 34 ÷ 21 = 1.619。④任意一个数字与其前第二个数字的比值趋近 2.618。如 21 ÷ 8 = 2.625。⑤任何一个数字与其后第二个数字的比值趋近 0.382。如 8 ÷ 21 = 0.381。

在波浪理论中，波浪形态与周期的划分，浪与浪之间比例以及波浪运行的时间，均可以由费波纳奇数列加以印证。

（二）黄金分割与波浪比例

黄金分割是指运用费波纳奇数列中的黄金分割率分析股价走势。即将 1 分为 0.618 和 0.382 等，判断股价的涨跌幅度及股价的阻力位和支撑位。

涨跌幅度的判断主要参考两个大的原则。当股市从低位开始爬升时，上涨的幅度通常是前一高点的 0.618、1、1.382、1.5、1.618 等处，据此可判断股价的阻力位；当股市从高位开始回调时，调整的幅度通常是前一低点的 0.382、0.5、0.618、1 等地方，投资者据此可寻找股价的支撑位。

计算方法如下：

支撑位 = 最高价 −（最高价 − 最低价）× 黄金分割率

阻力位 = 前低点 +（前高点 − 前低点）× 黄金分割率

因此，在牛市中上升波浪的比例通常为 1.618、2.618，获利回吐的比例为 0.382、0.5；在熊市中下跌的比例为 0.618、1，反弹的比例为 0.382、0.5。当波浪以 0.382 回吐、1.618 上升的节奏运行时，一旦达到某一水平，又突然失去此节奏，可能是该浪行将结束或出现“转势”，再有就是数浪出现了错误。

（三）时间之窗

费波纳奇数列在分析波浪运行的时间方面也有奇妙之处，即它可以发现市场转折点。当股价从头部或底部算起，往后数到 13、21、34、55、89 个交易日（或周、月）时，在这些交易日发生转向的概率极大，这些交易日即为股价的时间之窗。

在波浪理论运用时，要注意奇异数字在波浪的形态、涨跌比例及时间之窗三个方面的综合分析。如果发现某一波浪的基本形态已经走完，涨跌幅度已经到位，各种尺度的时间之窗又交织在一起，那么在此时间段市场发生转折的机会相当大，重视技术分析的投资者没有理由不把握这一重要的市场机遇。

三、波浪理论的应用与不足

（一）波浪理论的实际应用

波浪理论揭示出股市在一个大的周期内运行的全过程，有助于投资者对大势进行分析和预测。投资者了解了当前股市所处的位置，就可以依据波浪的数目和走势采取相应的对策。

但是波浪理论易懂难精，不同的人常常得出不同的结论，能够正确掌握和熟练使用它的人并不多。很多投资者花费很大的精力去数浪，却发现结果与事实相距甚远。这就需要我们在实践中根据市场的变化，不断修正所作的预测，对当前波浪的形态和时间周期作出更准确的判断。

上证指数自 1994 年 7 月 29 日 325 点开始到 2006 年 6 月 6 日 998 点，已走过完整的五浪上升，三浪下跌的形态（见图 4－5 上证指数周 K 线图）。从 2006 年 6 月的 998 点开始，上证指数又开始了新一轮循环。

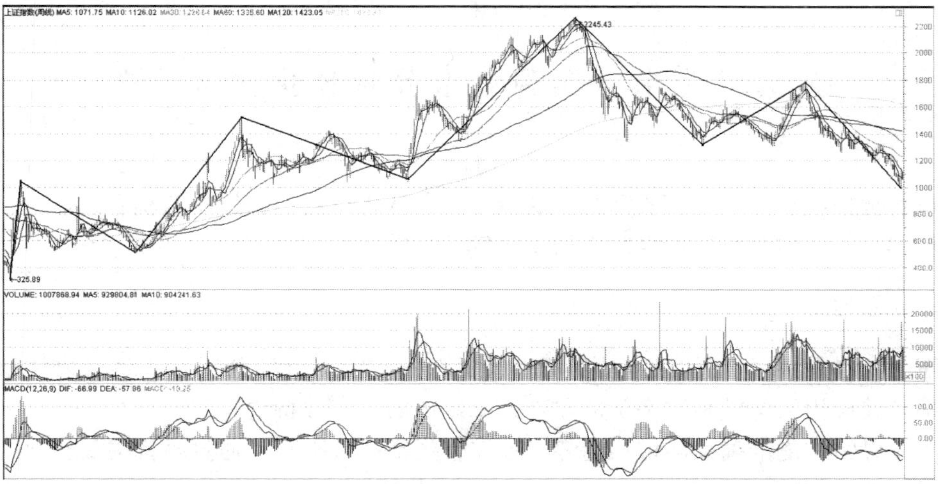

图 4－5 上证指数周 K 线图

（二）波浪理论的不足之处

波浪理论是一种比较复杂的技术分析理论，如果根据过去的股价资料来作分析，可以发现股价走势是按照波浪理论的规律运行的。但大多数的技术分析人士在波浪运行途中，不能够准确地识别目前是处于第几浪的阶段，事后又恍然大悟。如同很多的预测学家一样，对过去的描述很完整，对未来的预测经常会出现偏差，这也正是波浪理论的最大盲点和难以克服的地方。

波浪理论还存在着以下几个不足：

1. 波浪理论主要研究的是股价指数的走势，而对个股价格缺乏论证

由于波浪理论的基础来自于大自然现象，愈多的人参与的经济活动，其分析的结果可靠性越强，故波浪理论对于分析股价平均指数走势、推测大势走向参考价值很高，而对个股价格的预测常受限制。

2. 很难准确地把握波浪的层次和起始点

波浪理论从理论上讲是八浪结构完成一个完整的循环，但是主升浪的变形和调整浪的变形会产生复杂多变的形态。一方面，波浪的结构是大浪套小浪、浪中有浪的多层次形态；另一方面，波浪中的大浪小浪又是可以无限延伸的，长短日期没有一个明确的标准。这就使投资者在数浪时很难把握，总是可以认为目前的浪不是最后的浪，经常见仁见智，不能统一。

3. 波浪理论只考虑价格形态上的因素，而忽视了成交量的影响

股市中没有成交量配合的股价走势经常是骗人的，特别是庄家高度控盘的时候。因此，如同形态学中的假突破一样，波浪理论也会出现一些让人上当的图形。当然，这个不足是许多技术分析方法都有的。

4. 波浪理论对时间因素重视不够

波浪理论认为形态、比例、时间三个要素中，时间是最不重要的因素，其实不然。技术分析中的循环周期理论就专门阐述了时间因素的重要性。尽管波浪理论的八浪循环结构形态很完美，但如果没有融入时间结构学概念，没有从时空结合的角度论证不同浪级层次的时间，波浪理论仍是不完善的。

第四节　其他技术分析理论介绍

对市场价格波动的认识主要有两种观点，一种认为市场中价格的波动有规律，另一种认为没有规律。下面的几种理论也是市场中比较常见的。

一、江恩理论

威廉·江恩是20世纪初最成功的股市投资专家，他的市场分析方法是以数学和几何理论为基础，并应用天文学和数字学的原理，总结出的一套独特的预测方法。

由于江恩常常能准确预测市场走势，他在市场征战数十年，通过投机买卖获取了丰厚的利润，因此他的市场分析方法也显得极为神奇，被称为是数学、几何学、数字学、天文学原理的结晶。

江恩指出自己所有的预测都建立在数学基础上，只要有足够的资料，他就可以根据代数及几何，并配合周期理论，预测股市将要发生的变动。

江恩认为，圆形的360度与九个位的数字是所有数学的根源。在一个圆形里面，可设置一个四方形及三角形；但在其内，又可设置四方形及圆形；而在其外，亦同样可以设置一个四方形及圆形。这一现象表明了市场运行的四个方面。他说："所有市场的顶部及底部，都

与其他市场的顶部及底部存在一个数学上的关系。市场上没有一个次要的顶部和底部，不能应用角度线及阻力位加以解释，分析者可留意市场在这些水平上的每日走势及成交量变化。”他指出只要提供市场从前的高点和低点的时间及价位，他便可以应用四方形、三角形和圆的各种关系，预测市场未来的走势。

江恩还认为，投资者的投资亏损是由于买卖情绪所致，希望、贪婪及恐惧是成功的死敌。自然定律是一切市场波动的基础，他用了10年时间研究自然定律与投资市场之间的关系。

最后江恩指出：金融市场是根据波动法则运行的，这种法则一经掌握，投资者就可以预测市场某个特定时间的准确价位。每一种股票或期货都拥有一个独特的波动率，主宰着该市场价位的涨跌。

江恩理论也可概括为循环周期理论、轮中轮结构、四方形价位分析及江恩波动法则。

二、随机漫步理论

随机漫步理论认为，证券价格围绕着证券的内在价值上下波动，但这种波动是随机的，没有确定的方向，涨跌没有任何规律可循。

在证券市场中，价格的波动受多种因素的影响。各种信息随意地、不确定地流入市场，导致股价发生变化，而消息是利好利空事先也无人知道，股价的涨跌比率是均等的。故随机漫步理论认为不可能找出一种有效的方法战胜市场，跑赢大势。

曾经有三个研究支持这种理论：

一是有学者用美国标准普尔指数的股票作长期观察，发现股票狂涨或暴跌的比例很少，大部分股票的升跌在10% ~30%之间。在统计上服从常态分布，即升跌幅越大的所占比例越少。所以股价并无单一趋势，买股票关键看运气，买中升的股票还是跌的股票机会均等。

二是有一试验，一个美国参议员用飞镖去掷一份财经报纸，拣出20只股票作为投资组合，结果这个投资组合竟然和股市整体表现相似，不逊于投资专家建议的投资组合，甚至比某些专家的建议表现得更出色。

三是亦有人对基金的成绩进行观察，发现今年成绩好的，明年可能表现很差，一些往年令人失望的基金，今年却可能脱颖而出，成为升幅榜首。所以股价涨跌无迹可寻，购买专家理财的基金也要看运气，投资技巧并不重要。

随机漫步理论有它的合理性。如果从价格走势图上较短的时间区间看，股价上下波动的机会差不多是均等的。投资者采用单纯的选股方法，如对着报纸的股票版面掷飞镖，也可能选出战胜市场的投资组合。

但从现实的价格波动看，证券价格的波动并不是随机的，在很多场合肯定是有规律可循的。例如，连续几个涨停板后的股票比起只上涨了5%的股票，出现回落的概率要大得多。此外，世界各国的股价指数总体都是向上的，这也说明价格的波动是有规律的。需要指出的是，进行基本分析和技术分析的研究，都是假设价格的波动存在着一定的规律。

三、循环周期理论

循环周期理论主要通过周期的长短推测未来循环周期的高点和低点，以及可能出现的日期，从而制定买卖策略。

循环周期理论认为，无论什么样的价格波动，都不会朝着一个方向永远走下去。价格的波动过程必然产生局部的高点和低点，这些高低点的出现，在时间上有一定的规律。投资者可以选择在低点出现的时间入市，在高点出现的时间出市。

美国人杰克·伯恩斯坦将循环周期分为季节性周期、长期周期（1年以上）、中期周期（6个月至12个月重复一次）、短期周期（循环低点之间平均不超过3个月），并总结周期的特点主要有三点：

一是周期的期间以一个循环周期与另一个周期相距的时间作为度量基础，通常以两个循环低点间的长度计算。每一个重复出现的循环周期并不一定与上一个循环周期相同，但必须集中在一定的范围之内，误差不大，否则就不是可靠的周期。

二是周期重复出现的次数越多，表明它的可靠性越强。

三是长期周期可以划分为几个低一级的中期周期，中期周期又可划分为几个低一级的短期周期。

周期并不受基本因素的影响和制约。循环周期具有领先作用，它可以引导经济发展随着一定的周期运行。周期并不受价格涨跌的影响，不管价格如何暴涨暴跌，循环周期的低点和高点都会以自己特有的规律出现。

由此可以看出，循环周期理论强调的重点是时间因素，而且注重的是较长期的投资，对价格的高低和成交量的多少这两个市场行为的重要因素考虑得不够。

四、相反理论

相反理论的基本要点是投资买卖的决定全部基于投资大众的行为。它指出，不论什么投资市场，当所有人都看好时，就是牛市开始到顶。当人人看淡时，熊市已经见底。只有与投资大众采取相反的行动，才会获得较大的收益。

相反理论是一种操作方法或操作理念，它不是强调与市场对着干，而是强调在市场趋势形成很长一段时间后，所有投资者看涨看跌情绪趋于一致时，在市场供求发生质的变化之前采取逆势操作。

巴菲特曾说过："在所有人都去投资的地方去投资，你是不会赚钱的。"相反理论从实际市场研究中，也发现最终赚大钱的人只占少数，大部分人都是输家。故从这种意义上讲，要做赢家只有和投资大众相背，而不能走群众路线。

相反理论提出，买卖的决策取决于大众的行为。无论在什么样的投资市场，投资者的冲动在大众媒体的帮助下空前高涨时，是市场暴跌的先兆。因为当所有人都看涨而失去风险的时候，就意味着牛市已经到顶，成为最危险的时候。相反，当所有的人均深度套牢，对市场失去信心时，就是熊市接近尾声的时候。只要熬过黎明前的这一段黑暗，曙光就会来临。

在采用相反理论进行操作时，需要注意看好和看淡后市的人数和比例问题，需要有正确的定量计算和统计分析。对此也可参考大众媒体的报道，即当所有的媒体都争相报道利好消息，指出后市看涨时，大市见顶已为时不远。另外，投资者还需要把握进出市的时机，即不要等到所有人看好或看淡后市时再离市或入市，因为当你确认这种情况已经出现时，精明的投资者往往已经率先采取了行动，使你错失了在高点卖出或低点买入的机会。所以对投资者而言，要注意打破思维常规，只有领先一步采取适当的行动，才能在市场中稳操胜券。

【知识小结】

本章首先阐述了技术分析的特点和理论基础，接着分析了道氏理论及其应用，在此基础上对波浪理论的基本内容、数浪规则、涨跌比例及时间之窗进行了较详细的论述，最后又简要介绍了市场中常见的其他一些分析理论。

训练设计

1. 以深沪股市某种股票为例，试述投资决策全过程。
2. 简述技术分析的含义及理论基础。
3. 简述市场股价波动的三种类型。
4. 简述波浪理论的基本形态和数浪规则。
5. 试述波浪理论的主要内容。

第五章

技术形态

学习目标

本章主要介绍形态理论、切线理论、缺口和岛形反转等技术分析方法。形态理论通过研究价格曲线，揭示多空双方力量对比的结果；切线理论则更多地应用支撑阻力的分析方法；缺口和岛形反转主要在估计价格波动的支撑阻力区域和对是否反转进行判断。投资者通过了解、熟悉和掌握这些技术分析方法，提高识别大势是继续维持原有方向还是调头反向的能力，提高投资决策水平。

【导读案例】

华夏银行（600015）技术形态分析

图5-1是华夏银行（600015）2014年10月至2015年6月的日K线图，2014年10月20日股价从重要低点8.18元开始上涨，一直涨到2015年6月9日的18.13元。

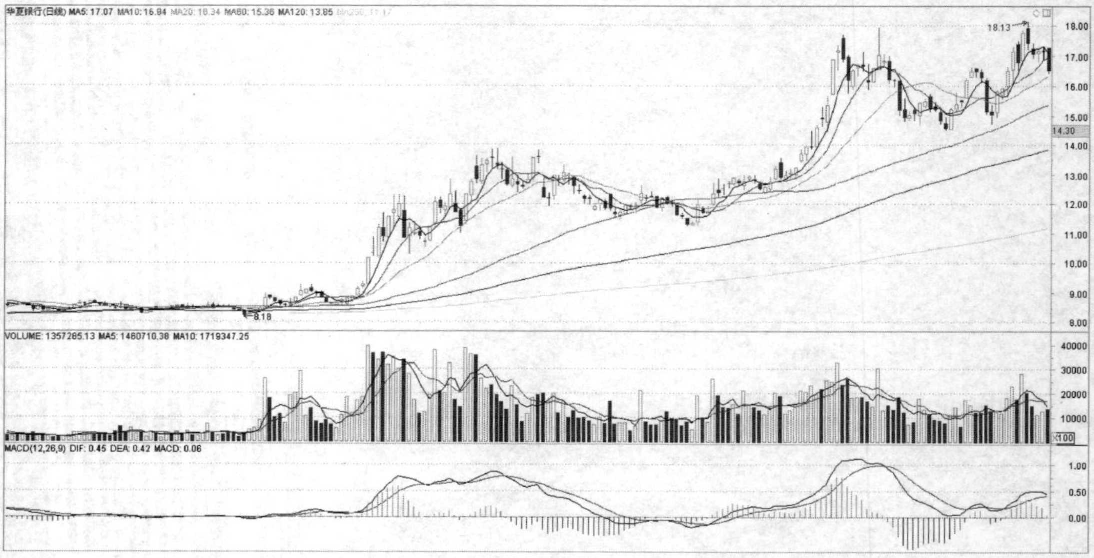

图5-1　华夏银行百分比线、黄金分割线及缺口实例

1. 请分别用黄金分割率和百分比数计算股价的支撑位和阻力位，并提供能够获利的买入点。

2. 请使用缺口理论分析图中各种缺口对股价后期走势的意义。

第一节 技术形态类型

一、形态分析的含义

形态理论是技术分析的重要组成部分，价格趋势的方向变化不是突然形成的，而是一个发展过程，价格曲线的上下波动实际是多空双方进行较量的结果。所谓形态理论就是通过观察多空双方较量所留下的价格轨迹来研究股价曲线的各种形态，分析和挖掘出曲线揭示多空双方力量对比的结果，发现价格运动方向，指导投资者投资行为的一种理论。

形态分析方法很多与K线理论和切线理论方法相同，由于形态理论考虑的时间范围广，价格的波动幅度大，在实际中使用价格线与使用K线没有大的区别，有时为简单起见用价格线而不用K线。

二、技术形态的种类

股价运动的规律是完全按照多空双方力量对比和所占优势的大小来决定，如果多方力量大，股价就会向上运动；如果空方力量大，则股价就会向下运动；如果双方力量势均力敌，则价格就会保持平衡。即使双方力量有细微变化，股价也会有所反应。价格波动的过程就是不断地寻找平衡和打破平衡。价格运动规律可以描述如下：持续整理——→保持平衡——→打破平衡——→寻找新的平衡——→再打破新的平衡——→再寻找新的平衡……

（一）两种基本形态

价格运动过程就是保持平衡的持续整理和打破平衡的反转突破这两种过程，平衡是相对的，有范围的，只要价格在一个范围内变动，我们都可以认为处于平衡状态。根据平衡打破之后方向的不同，可以把价格曲线的形态分为两大基本类型：整理形态和反转形态。

1. 反转形态

反转形态是反转突破形态的简称，形态所在的平衡被打破以后，价格的波动方向与平衡之前的价格趋势方向相反。原来是上升趋势，在经过一段时间的平衡整理之后，价格波动趋势是下降的；原来是下降趋势，在经过一段时间的平衡整理之后，价格波动趋势则是上升的。

反转形态是形态理论研究的重要内容，在实际操作中有重要的作用。判断反转形态时，应注意以下几点：

（1）原有趋势必须存在，才能谈反转问题。

（2）某一条重要的支撑线或阻力线被突破，是反转形态突破的重要依据。

（3）某个形态形成的时间越长，规模越大，则反转后带来的市场波动就越大。

（4）交易量是向上突破的重要参考因素，向下突破时，交易量可能作用不大。

2. 整理形态

整理形态是持续整理形态的简称，形态所在的平衡被打破以后，价格的波动方向与平衡之前的价格趋势方向相同。原来是上升趋势，在经过一段时间的平衡整理之后，价格波动趋势仍然是上升的；原来是下降趋势，在经过一段时间的平衡整理之后，价格波动趋势仍然是下降的。

整理形态考虑打破平衡问题，这并不是研究整理形态的重点，整理形态与反转形态相比，最大的区别就是它所需要花费的时间比后者少。整理形态仅仅是原有的价格运动趋势方向的暂时休止，时间一般不长。

虽然我们将形态进行了分类，但在实际的形态中有时不容易区分某一个形态究竟属于哪一类。例如，一个局部的三重顶形态在一个更大的范围内可能被认为是矩形的一部分。形态的名字并不重要，形态之后价格的趋势才是关键。在实践中人们对各种价格曲线的形态进行了综合分析整理，总结出了一些有用的形态，下面我们介绍一些典型的形态。

（二）头肩形

1. 头肩形的基本图形

头肩形包括头肩顶和头肩底，是实际价格形态中出现最多的形态之一，是最著名和最可靠的反转形态，如图5-2。这种形态共出现三个顶或底，中间的高点（低点）比另外两个都高（低），称为头；左右两个相对较低（高）的高点（低点）称为肩。头肩形与支撑线和阻力线有密切联系，图5-2中 L_1 和 L_2 是两条支撑线（阻力线）。

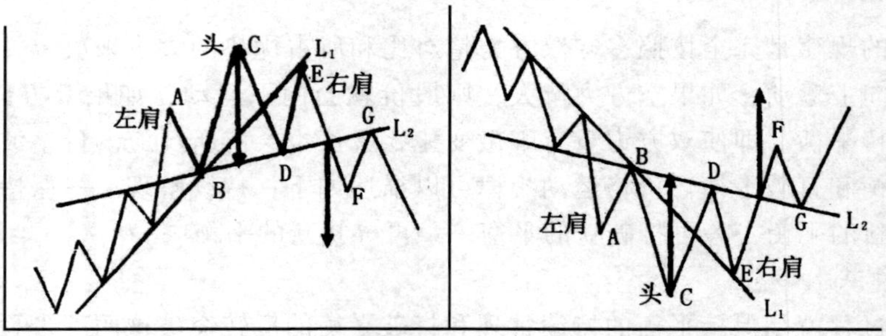

图5-2 头肩顶和头肩底

2. 头肩顶和头肩底的颈线与测高

（1）颈线。图5-2中的直线 L_2 就是头肩形中的颈线，颈线是左肩与头和头与右肩的两个低点或高点（B、D）的连线。在头肩顶中，颈线是支撑线，起支撑作用；在头肩底中，颈线是阻力线，起阻力作用。在实际应用中，其实用性较差，画法也比较困难，只是理论上存在。

（2）测高。颈线被突破后，反转就被确认，我们可以知道价格将运动的方向，下跌和上涨的深度可以借助形态的测高功能。从突破点算起，价格至少要下跌或上涨至与形态高度相等的距离。

形态高度测算的方法是，量出从头到颈线的距离（图5-2中C点向下或向上至颈线的长度），这个长度就是头肩顶或头肩底的形态高度。右边箭头所指的位置就是突破头肩形后，价格波动至少要达到的位置。价格实际到达的位置受许多因素影响，测高只是给出一个范围，只对投资者有一个指导作用。

3. 补充说明

(1) 头肩形中两个肩的高度在大多数情况下不相等，颈线在多数情况下也不是水平的。

(2) 头肩形的变异——复合头肩形，这种形态的肩或头可能有两个高点（低点），局部形状象 M 头或 W 底。

(3) 在成交量方面，头肩顶和头肩底有区别。从左肩、右肩和头这三者相比，右肩的成交量一定是最少的。左肩与头相比成交量没有定论，但一般认为左肩成交量大于头的成交量。突破颈线后，头肩底形成向上突破要有较大的成交量配合。

(4) 头肩形形成的时间越长，价格在此过程中的起伏越大，突破颈线后，价格反转的潜力越大。

(5) 突破颈线后，价格可能有回头，叫反扑，但会遭到颈线的控制，反扑到颈线是“逃命”的机会。

(6) 头肩形有时可能是整理形态，而不是突破形态。如果为整理形态，一般形成时间比较短，主要发生在三种情况下：①下降趋势中出现头肩形，并且颈线向上倾斜；②上升趋势中出现头肩形，并且颈线向下倾斜；③与形态之前的价格波动的幅度相比，形成头肩形的波动区域太小。

4. 头肩形实例

[**例 1**] 图 5-3 是 * ST 鑫富（002019）2012 年 1 月至 7 月的日 K 线图，在 2 月至 3 月形成了头肩顶反转形态，3 月 28 日向下跌破颈线走出下跌行情，4 月反扑到颈线，之后加速下跌。

图 5-3 * ST 鑫富头肩顶实例

[**例 2**] 图 5-4 是立思辰（300010）2012 年 7 月至 2013 年 11 月的日 K 线图，在 2012 年 8 月至 2013 年 4 月形成了头肩底反转形态，向上突破颈线走出上涨行情。

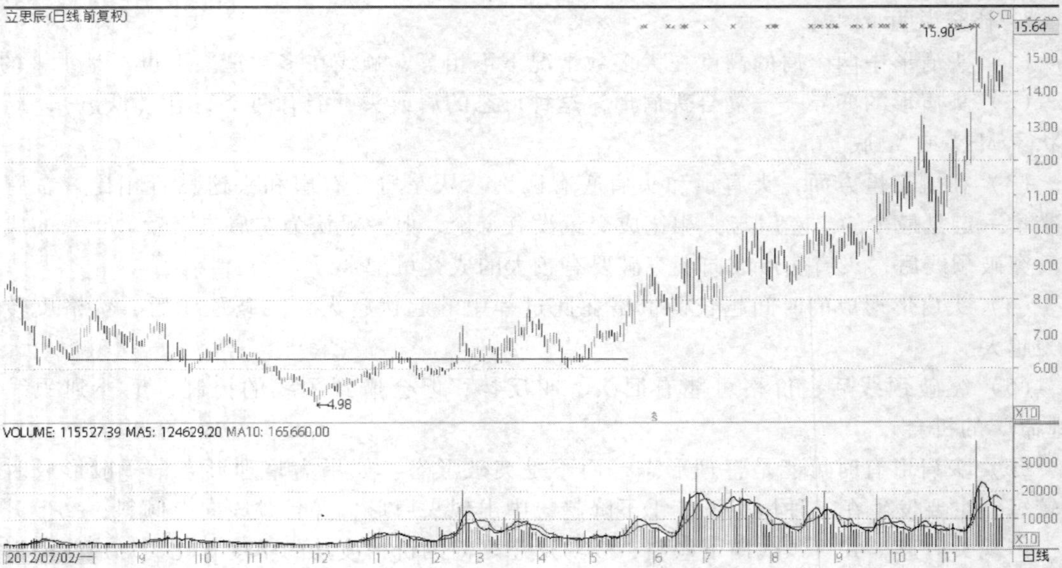

图 5-4　立思辰头肩底实例

[**例3**] 图 5-5 是东方财富网（300059）2012 年 1 月至 2013 年 7 月的日 K 线图，在 2013 年 4 月至 2013 年 6 月形成了头肩顶整理形态，整理后继续保持上升的趋势。

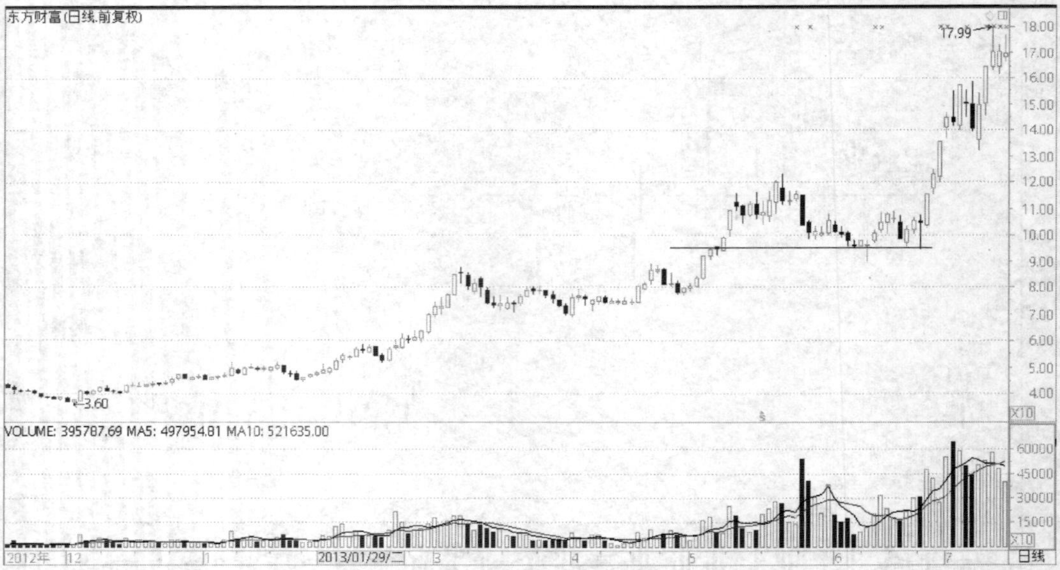

图 5-5　东方财富网头肩顶实例

（三）M 头和 W 底

M 头和 W 底属于反转形态，又称双重顶和双重底，是利用形态判断价格趋势不可缺少的基本形态，也是实际应用中出现较多的形态。

1. M 头和 W 底的基本图形

图 5－6 是 M 头和 W 底的基本图形。从图 5－6 中可以看出，M 头或 W 底总共出现两个顶或两个底，即两个基本相同的高点或低点。

2. M 头和 W 底的颈线与测高

（1）颈线。以 B 点做平行于 A、C 连线的平行线（图中连接 BE 的直线），就得到一条非常重要的直线——颈线。A 与 C 的连线是趋势线，颈线与这条趋势线所对应的是轨道线，这条轨道线起支撑（阻力）作用。形成一个真正意义的 M 头和 W 底反转形态，除了必要的两个基本相同高度的高点以外，还应该突破 B 点支撑（阻力）。

（2）测高。M 头和 W 底突破形态一旦得到确认，就可以用它对后市进行预测。从突破点算起，价格至少要跌到与形态高度相等的距离，即形态高度。形态高度是指从顶点（低点）到颈线的垂直距离，从 A 或 C 到 BE 的垂直距离。图 5－6 中箭头所指的位置就是价格至少要下跌（上涨）的位置，换句话说，价格必须在这条线之下（上）才能找到像样的支撑（阻力），否则都不足取。

在突破颈线后，价格通常会有回头的过程，并且被颈线阻止，这个过程被称为反扑。颈线在这里起到支撑或阻力作用，依据理论分析，反扑时才知道应该做什么。对于 M 头形态，是多方“逃命”的机会；对于 W 底形态，是空方“逃命”的机会。

3. 对 M 头和 W 底的补充说明

（1）双顶和双底的高度不一定完全相同，一般认为可以相差 3% 以内。

（2）两个顶或底可能是由多个小顶或底组成的复合形状，价格可能经过多次冲击顶和底形成一个复杂的情况。

（3）在成交量方面，M 头和 W 底略有不同。M 头的两顶位置成交量都很大，但第二顶比第一顶成交量少。W 底的第一底成交量最大，但第二底成交量显著萎缩。W 底向上突破颈线必须有大成交量配合，M 头向下突破颈线时则不需要成交量配合。

（4）两个顶或两个底距离越远，即形成时间越长，则将来反转的潜力越大，波动越剧烈。

（5）三重顶和三重底是头肩形或 M 头和 W 底的一种小的变形体，严格地讲，它是由三个一样高或一样低的顶或底组成，但实际中几乎没有严格意义的三重顶和三重底。其分析可以参考头肩形，但比起头肩形来说，三重顶和三重底更容易演变为整理形态，而不是反转形态。三重顶和三重底的基本图形如图 5－7 所示。

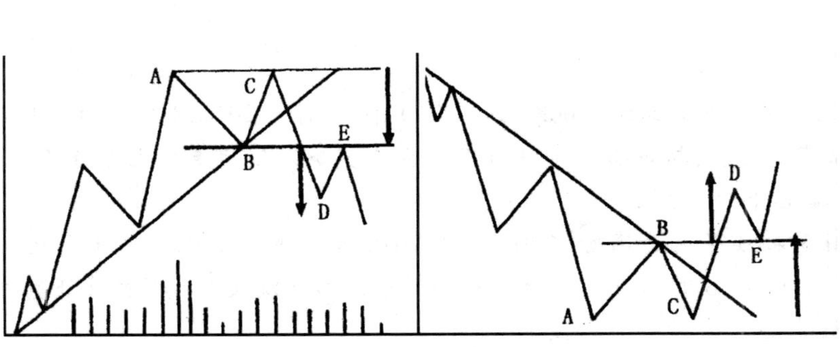

图 5－6 M 头和 W 底

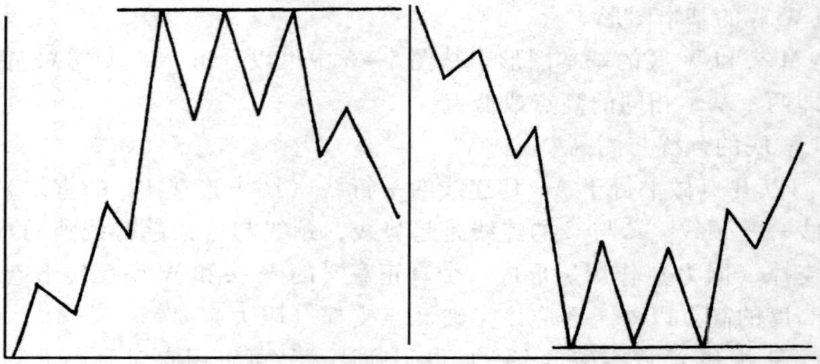

图5－7　三重顶和三重底的基本图形

4. M头和W底实例

［例4］图5－8是中恒集团（600252）2012年11月至2013年11月的日K线图。在2013年5月至2013年9月形成了M头反转形态，2013年8月30日向下跌破颈线，9月和10月出现了两次“反扑”。

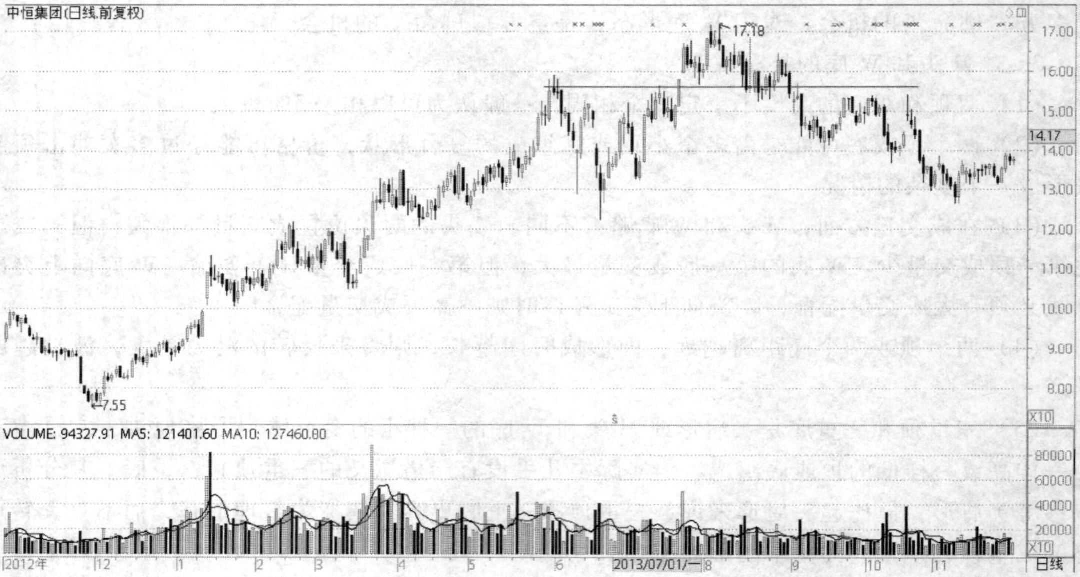

图5－8　中恒集团M头实例

［例5］图5－9是罗莱家纺（002293）2010年11月至2011年8月的日K线图。在2011年1－4月形成了W底反转形态，2011年5月向上突破颈线后走出上涨行情，之后两次反扑至颈线后，继续上升。

［例6］图5－10是大连国际（000881）2010年8月至2013年11月的日K线图。在2011年1月至2011年8月形成了三重顶反转形态，向下跌破颈线后走出下跌行情。

（四）圆弧形态

1. 圆弧形

圆弧形又称为碟形、圆形等，如图5－11。当价格在平衡位置波动的幅度比较小，而没

图 5－9 罗莱家纺 W 底实例

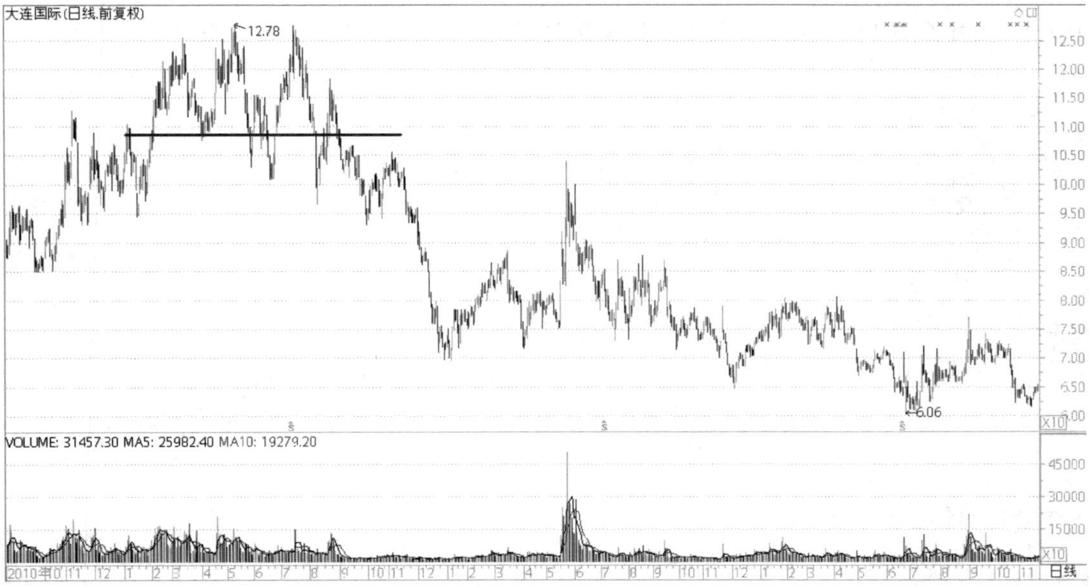

图 5－10 大连国际三重顶实例

有形成前边几种反转形态所需要的几次大的“起伏”，就可能出现圆弧形。将价格在一段时间的顶部高点或底部低点连接起来，我们有时可能得到一条类似圆弧的弧线。圆弧形在实际中很少出现，一旦出现是绝好的机会，它的反转和高度深不可测。

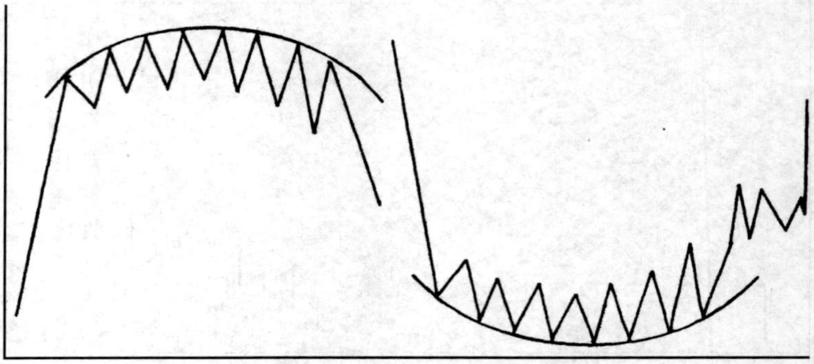

图 5－11　圆弧形

2. 圆弧形的应用

在识别圆弧形时，成交量也很重要。在圆弧形形成的过程中，成交量都是两头多、中间少。越靠近顶或底成交量越少，到达顶或底时成交量达到最少（圆弧底在达到底部时，成交量可能突然大，然后恢复小成交量）。在突破后的一段时间，都有相当大的成交量。形成圆弧形所花的时间越长，将来反转的力度就越大。

3. 圆弧形的实例

［**例 7**］图 5－12 是丰乐股份（000713）2010 年 7 月至 2013 年 11 月的日 K 线图，在 2010 年 10 月至 2011 年 5 月形成了圆弧顶反转形态，5 月 20 日向下突破走出下跌行情。

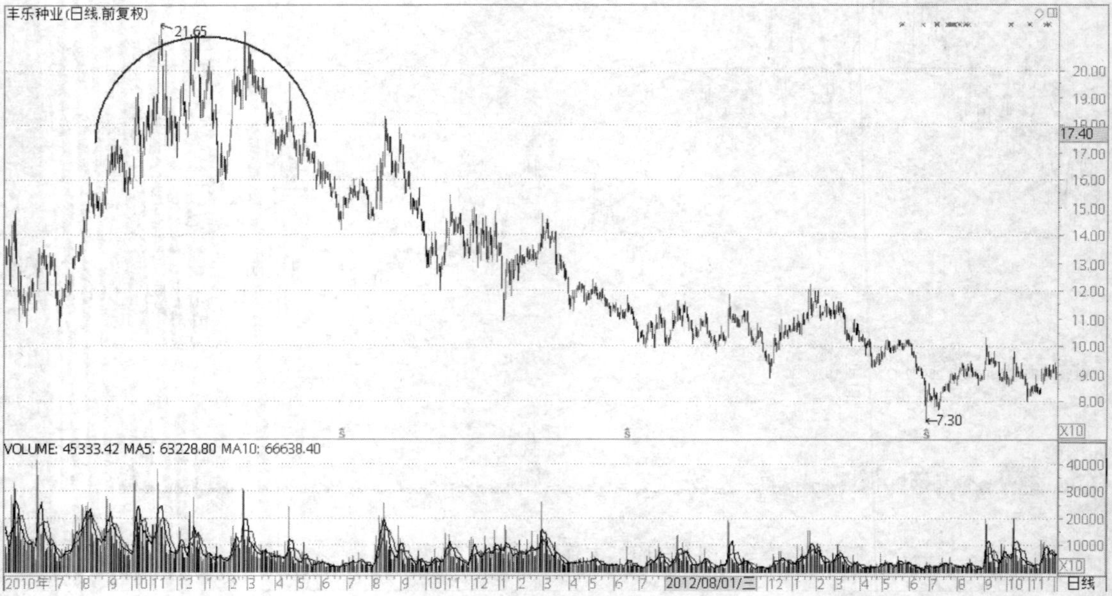

图 5－12　丰乐股份圆弧顶实例

［**例 8**］图 5－13 是大智慧（601519）2011 年 11 月至 2013 年 11 月的日 K 线图。在 2012 年 5 月至 2013 年 5 月形成了圆弧底反转形态，之后向上突破走出了一波快速上涨行情。

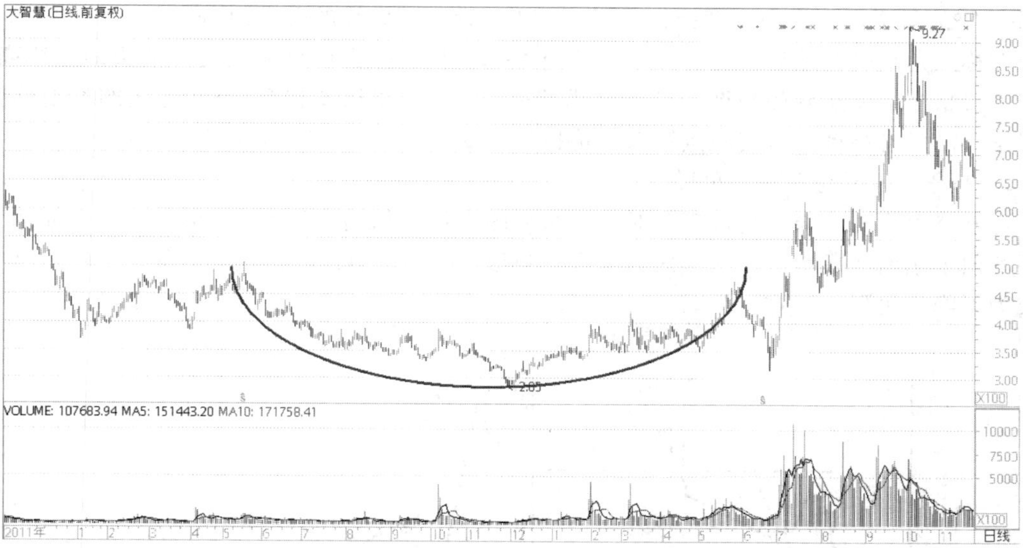

图 5－13　大智慧圆弧底实例

（五）三角形

在一般情况下，三角形形态属于整理形态。有时候也可以把三角形视为反转形态，具体应该属于哪一类型，应该根据三角形所处的位置及自身规模大小来决定。通常来说，位置越高或越低，规模越大，越倾向于反转形态。下面以三角形形态为整理形态来介绍，具体可以分为对称三角形、上升三角形和下降三角形。

1. 对称三角形

对称三角形多发生在一个大趋势进行中，它表示原有的趋势暂时处于休整阶段，之后将沿着原有趋势的方向继续运动。如图 5－14 是对称三角形在上升和下降过程中的基本图形，图中原有趋势是上升（下降）的，三角形完成后向上（下）突破。从图中可以看出，对称三角形有两条聚拢的直线，上面的向下倾斜，起阻力作用；下面的向上倾斜，起支撑作用。两条直线相交的交点称为顶点，对称三角形要求至少应有 4 个转折点。

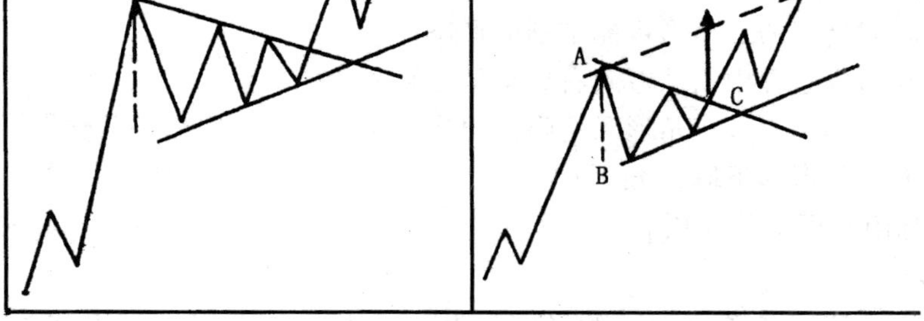

图 5－14　对称三角形

对称三角形持续时间不会太长，否则保持原有趋势的能力就会下降。越靠近三角形的顶点，三角形的各种功能就越不明显。根据经验，突破的位置一般应在三角形的横向宽度的

1/2～3/4 的某个点，横向宽度指的是图 5－14 中顶点到虚线的横向距离。

对称三角形被突破后，可以测高。如图 5－14 所示。从 C 点向上的带箭头的直线高度，是未来价格至少要达到的高度。箭头直线长度与 AB 连线长度相等。AB 连线的长度称为对称三角形的形态高度。从突破点算起，价格至少要运动到与形态高度相等的距离。

2. 上升三角形与下降三角形

上升三角形和下降三角形都是对称三角形的变形，如图 5－15。对称三角形上面的直线由逐渐向下倾斜变成水平方向就成为上升三角形，下面的直线由逐渐向上倾斜变成水平方向就成为下降三角形。

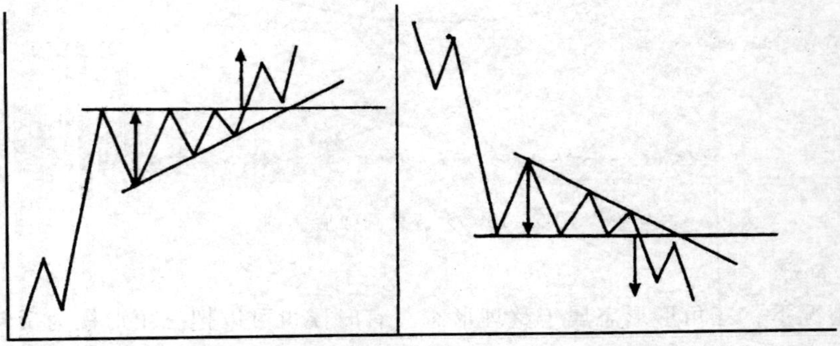

图 5－15　上升三角形和下降三角形

在上升三角形中，阻力线是水平的，始终没有变化，而支撑则是越撑越高。上升三角形比起对称三角形有更强烈的上升意识，多方比空方的表现更为积极。通常以三角形的向上突破水平阻力线作为上升三角形终止的标志。在下降三角形中，支撑线是水平的，始终没有变化，而阻力则越来越低。下降三角形比起对称三角形有更强烈的下降意识，空方比多方的表现积极，通常以三角形的向下突破水平阻力线作为下降三角形终止的标志。

上升三角形和下降三角形同样也有测高功能，测高方法类似对称三角形。在图 5－15 中的箭头范围将是今后价格波动至少要达到的位置。

3. 补充说明

（1）三角形形态更适合于日线图形。

（2）持续时间过短的三角形可能是别的形态。

（3）三角形形成过程中，从左到右成交量逐渐减少。

（4）对称三角形、上升三角形和下降三角形不是几何学中严格的几何图形。

（5）在上升三角形和下降三角形中，一旦水平线被突破，股价可能会反扑。这时，这条水平线就起到阻止回头的作用。

4. 三角形实例

[例 9] 图 5－16 是杰瑞股份（002353）2012 年 1 月至 2012 年 7 月的日 K 线图。2012 年 3 月至 4 月形成对称三角形整理形态，5 月向上突破对称三角形继续走出上升趋势。

图 5－16　杰瑞股份对称三角形向上突破实例

［**例 10**］图 5－17 是海默科技（300084）在 2011 年 1 月至 2012 年 1 月的日 K 线图。在 2011 年 7 月至 2011 年 8 月形成对称三角形整理形态，9 月向下突破继续走出下跌行情。

图 5－17　海默科技对称三角形向下突破实例

［**例 11**］图 5－18 是信邦制药（600004）2012 年 1 月至 7 月的日 K 线图。2012 年 3 月至 6 月形成上升三角形整理形态，之后向上突破上升三角形后继续上行。

图 5－18　信邦制药上升三角形实例

［例 12］图 5－19 是烟台冰轮（000811）2012 年 2 月至 8 月的日 K 线图，在 4 月至 6 月形成下降三角形整理形态，在 6 月向下突破下降三角形继续走出下跌行情。

图 5－19　烟台冰轮下降三角形实例

［例 13］图 5－20 是金刚玻璃（300093）2010 年 7 月至 2013 年 11 月的日 K 线图。在 2010 年 12 月至 2011 年 4 月形成顶部三角形反转形态，之后向下跌破三角形开始下跌行情。

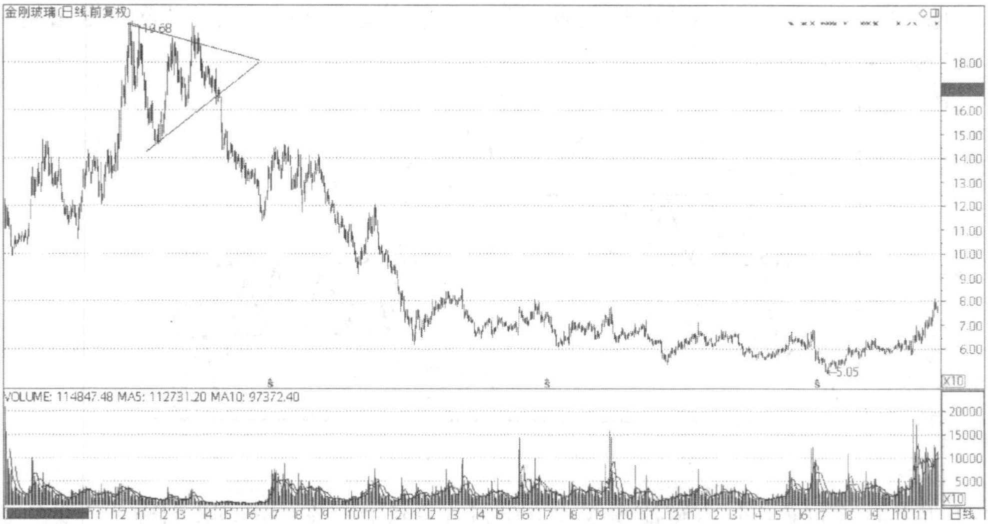

图 5－20 金刚玻璃三角形顶部反转实例

［例 14］ 图 5－21 是天通股份（600330）2013 年 3 月至 2013 年 11 月的日 K 线图。在 2013 年 7—11 月形成底部三角形反转形态，之后向上突破三角形走出上升行情。

图 5－21 天通股份三角形底部反转实例

（六）矩形、旗形和楔形

这三种技术形态都属于整理形态，在实际中出现的较多。它们共同的特点是在某个趋势运行过程中的暂时休整，从形态延续的时间看，属于时间较短的形态类型。

1. 矩形

矩形又叫箱形，是一种典型的整理形态。价格在两条横着的水平直线之间上下波动，长时间没有突破，一直作横向延伸运动，如图 5－22。多空双方力量相当，形成拉锯局面，随着时间的推移，双方的战斗热情逐步减弱，市场趋于平淡。这种情况反映在技术图表上就是从左向右成交量逐步减少。

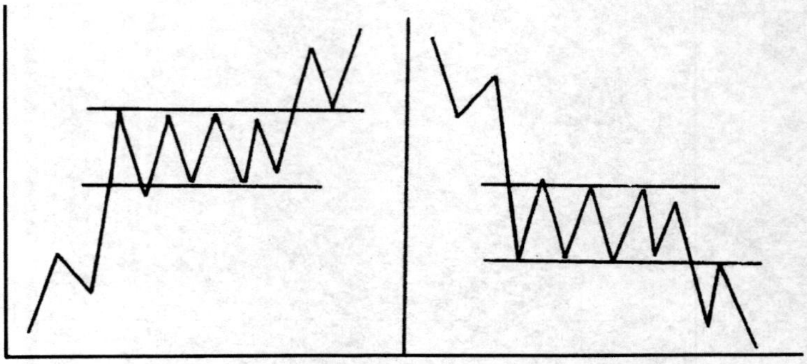

图 5-22　矩形

矩形在其形成过程中极有可能演变成三重顶或三重底形态，这是我们应该注意的。因为这两种形态今后的走势完全相反，一个是反转突破形态，要改变原来的趋势；一个是持续整理形态，要维持原来的趋势。如果在矩形的最近波动过程中出现"不到位"的现象，即价格波动没有触及上界或下界甚至远离上界或下界就回头向上或向下，这实际具有下降三角形或上升三角形的特点。如果矩形宽度比较大，而在矩形形成早期能够预计到价格将按矩形进行调整，那么就可以在价格接近矩形的下界线附近买入，在矩形的上界线附近抛出，来回作短线的进出。如果上下界线的距离比较远，这种短线收益也是相当可观的。

矩形被突破后，也有测高的功能，形态高度就是矩形的高度，价格突破至少要移动到形态高度的位置。突破后价格反扑，矩形的上下界线同样具有阻止反扑的作用。

矩形的实例：

[**例 15**] 图 5-23 是顺荣股份（002555）2011 年 9 月至 2013 年 11 月的日 K 线图。在 2012 年 1 月至 2013 年 5 月形成矩形整理形态之后，股价突破矩形继续走出上升行情。

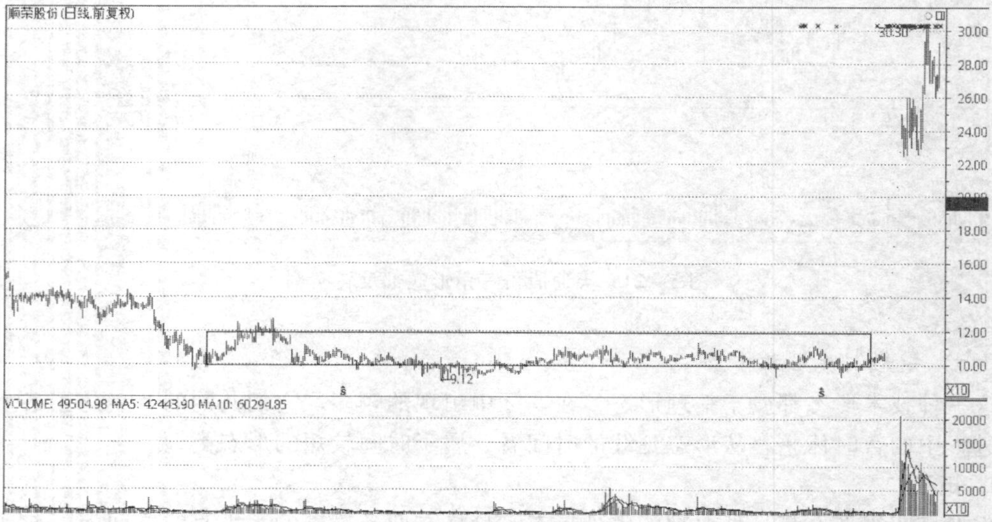

图 5-23　顺荣股份矩形实例

[**例 16**] 图 5－24 是天地科技（600582）2012 年 3 月至 2013 年 7 月的日 K 线图。在 2012 年 7 月至 2013 年 3 月形成矩形整理形态后，股价破位继续下行。

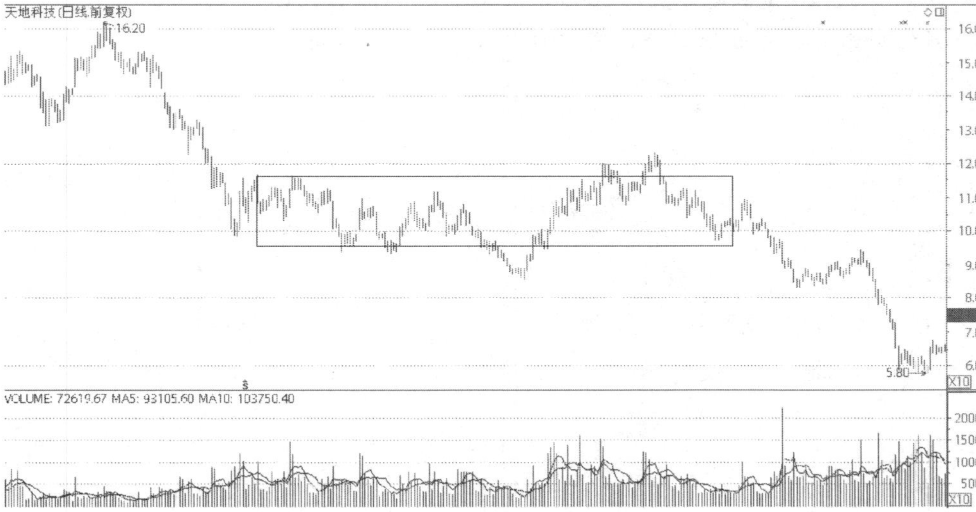

图 5－24　天地科技矩形实例

2. 旗形和楔形

旗形和楔形也是较为常见的整理形态，出现的频率较高，两者都是一个趋势的中途休整过程，休整之后还要保持原来的趋势方向。这两个形态的特殊之处在于，它们的形态本身都有明确的方向，并与原有价格波动趋势方向相反。从本质上讲，旗形和楔形没有根本的区别。

（1）旗形。它是一个上倾或下倾的平行四边形，如图 5－25。旗形大多发生在市场极度活跃的情况下，这种剧烈的运动结果就是产生旗形的条件。旗形的上下两条平行线起着支撑和阻力作用，其中一条被突破是旗形完成的标志。

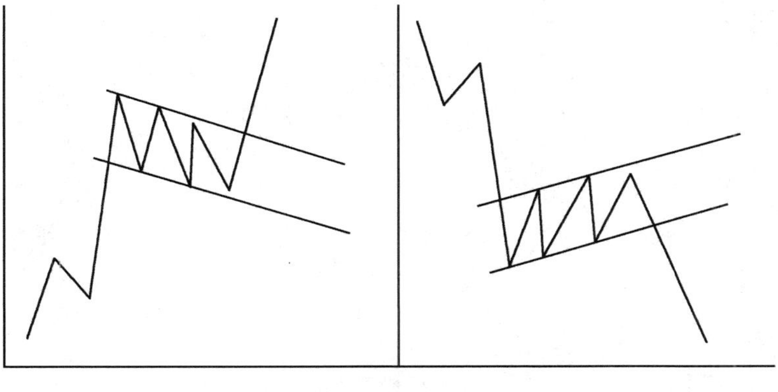

图 5－25　旗形

旗形也有测高功能，一种是用形态高度即平行四边形左右两条边的长度作为突破的高度，另一种是用“旗杆”的高度。

补充说明：①旗形出现之前，应该有个“旗杆”，这在火爆的行情能经常看到；②持续时间不能太长，如果时间太长，旗形保持原来趋势的能力将下降；③旗形形成之前和被突破后，成交量都很大。在旗形的形成过程中，成交量从左向右逐渐减少。

旗形实例：

[**例17**] 图5－26是海螺水泥（600585）2013年6月至2013年11月的日K线图。2013年8－10月形成上升旗形整理形态，突破后继续走出上升行情。

图5－26　海螺水泥上升旗形实例

[**例18**] 图5－27是双环科技（600118）2011年8月至2012年9月的日K线图。在2012年1－3月形成旗形整理形态，3月突破旗形，继续走出下跌行情。

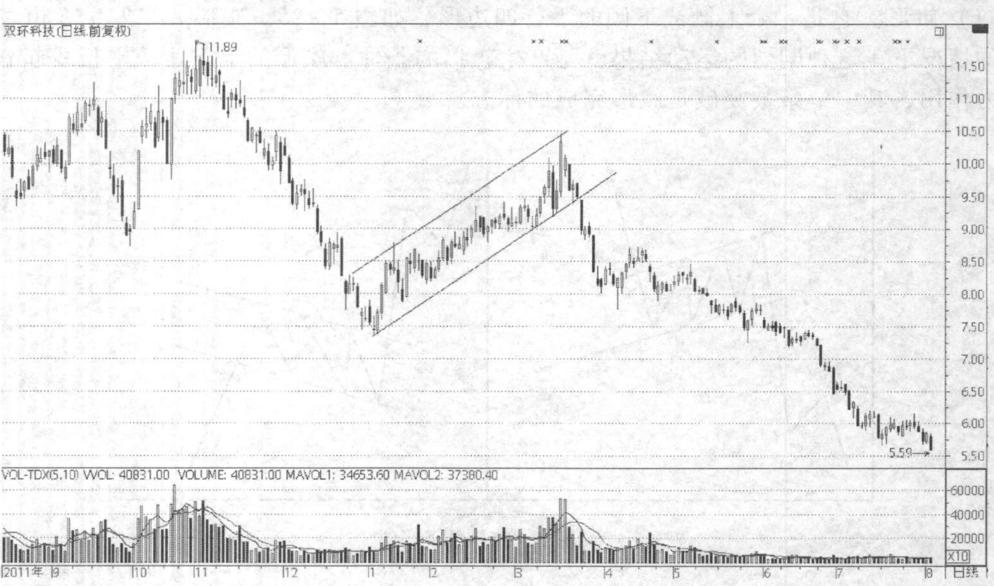

图5－27　双环科技下降旗形实例

（2）楔形。楔形有时也被称为第二旗形，如图5－28。楔形也有保持原有趋势方向的功能，突破与测高与旗形基本一致。

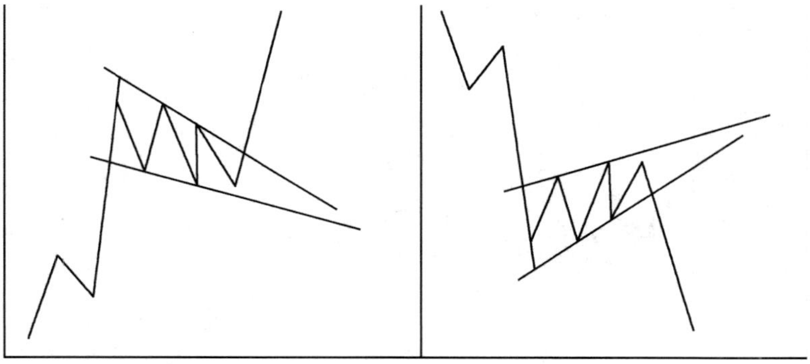

图 5－28 楔形

楔形与旗形和三角形的区别：①楔形的上下两条边都是朝着同一方向倾斜且不平行，三角形上下两边的倾斜方向相反，矩形两条边接近平行。②楔形偶尔也可能出现在顶部和底部而作为反转形态，这种情况一般出现在一个趋势经过了很长时间接近尾声的时候。尽管如此，看到楔形首先应把它当成整理形态。③楔形所花时间要长一些。

楔形实例：

[**例 19**] 图 5－29 是江钻股份（000852）2010 年 6 月至 2011 年 3 月的日 K 线图。2010 年 11 月至 2011 年 1 月形成上升楔形整理，1 月 28 日向上突破，继续走出上升行情。

图 5－29 江钻股份上升楔形实例

[**例 20**] 图 5－30 是京东方 A（000725）2011 年 8 月至 2012 年 2 月的日 K 线图。在 10－11 月形成下降楔形整理形态，11 月向下突破，继续走出下跌行情。

（七）喇叭形和菱形

喇叭形和菱形两种形态是三角形的变形，在实际中出现的次数不多，一旦出现则有极大的指导作用。这两种形态的共同之处是多出现在顶部，而且两者多是看跌，因此可作为反转形态。

图5－30　京东方A下降楔形实例

1. 喇叭形

喇叭形是扩大形或增大形，因形状像一支喇叭而得名，如图5－31。从图中可以看出，由于价格波动越来越大，形成了越来越高的三个高点以及越来越低的两个低点。交易异常活跃，成交量放大，经过剧烈的动荡之后，人们渐渐地理智并远离市场，价格将下行。一般情况下投资者要注意在第三峰（图5－31中的5）调头向下时抛出手中的筹码；如果价格跌破了第二谷（图5－31中4的价位），则喇叭形得到完全确认。

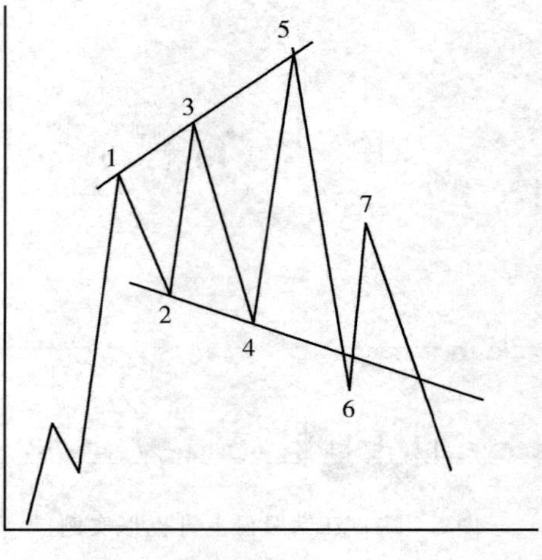

图5－31　喇叭形

喇叭形态形成后，价格下调会遇到反扑，且力度很大，这是喇叭形的特点。但只要反扑高度不超过下跌高度的一半，则下跌势头仍存在。

喇叭形实例：

[**例21**] 图5－32是啤酒花（600090）2011年12月至2013年11月的日K线图，在

2012 年 2－6 月形成喇叭反转形态，7 月 16 日破位下行。

图 5－32　啤酒花喇叭形实例

2. 菱形

菱形又称钻石形，是另一种出现在顶部的看跌形态，如图 5－33。菱形的前半部类似于喇叭形，后半部类似于对称三角形。前半部分的喇叭形之后，趋势应该是下跌的；后半部分的对称三角形使这一下跌暂时推迟，但仍将是下跌的。

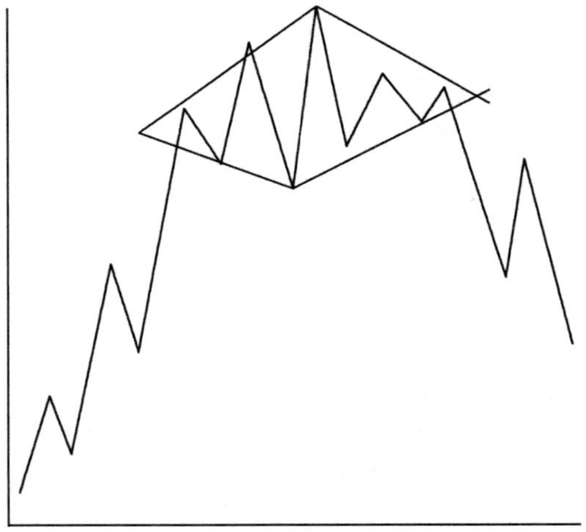

图 5－33　菱形

在菱形的形成过程中，成交量是随价格的变化而变化的，开始越来越大，没有规则，而后越来越小，同对称三角形一样。菱形的测高功能是以菱形的最宽处的高度为形态高度的，下跌的深度从突破点算起，至少下跌一个形态高度。

菱形实例：

[**例 22**] 图 5－34 是立讯精密（002475）2011 年 5 月至 2012 年 1 月的日 K 线图，在

2011 年 7－9 月形成菱形反转形态，股价走出下跌行情。

图 5－34　立讯精密菱形实例

（八）V 形

V 形是一种反转形态，它出现在剧烈的市场动荡之中，一般只出现一次，没有试探顶和底的过程，而是迅速到顶和底，又迅速反转。由于形态酷似英文字母 V，所以叫 V 形。如图 5－35 所示。

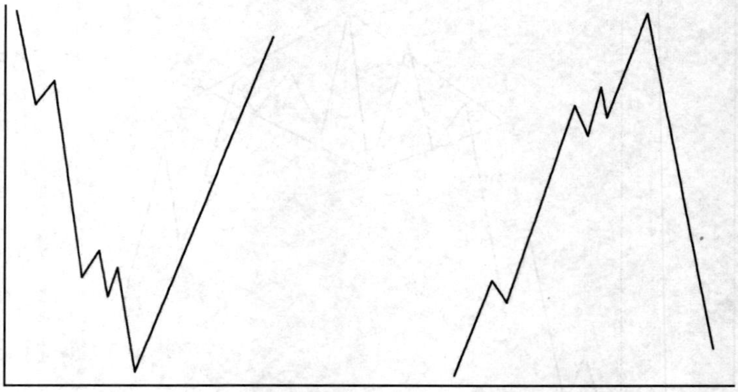

图 5－35　V 形

V 形实例：

[**例 23**] 图 5－36 是宏大爆破（002683）2012 年 8 月至 2013 年 4 月的日 K 线图。2012 年 8 月股价快速下跌，至 2012 年 12 月形成 V 形反转形态后，股价又快速地上升。

三、反转形态的操作策略

反转形态的共同点是，只有形成了突破才能谈得上形态的完成，测高功能才能用得上。但是，如果真的到了能够确认反转成立的时候，往往价格已经很高或很低，此时行动获利很

图 5－36 宏大爆破的 V 形底实例

小。如果不等反转被确认就行动，又有可能遇到形态失败等不利情况而遭受巨大的损失。这个矛盾是每个技术分析者难以避免的。市场中有一句老话：你不可能击败市场。

在反转形态正在形成过程中，未经突破时采取行动可能带有很大的冒险性，我们可以采取一种折中的办法，这也是一种试探性的办法，使用的资金量不宜过大，突破被确认后可以大量的行动。

在完成反转形态的末期，如头肩形的右肩，M 头或 W 底的第二顶或底，往往不是简单地朝一个方向直线运动，而是有局部的曲折，我们可以得到一些短期的阻力线或支撑线。这些短期的阻力线或支撑线被突破，可能就是我们采取行动的机会。另外，颈线被突破前，可以结合百分比线、黄金分割线等技术分析方法，这些直线被突破也是采取行动的信号。

突破颈线后的大量买入或抛出是众所周知的，反扑并达到颈线后遭到阻止，也是买入或卖出的重要时机。

四、整理形态的操作策略

整理形态的特点是保持原有趋势，一般情况下是顺势而行，作为投资者应在上升趋势中持筹，在下降趋势中抛出。作为短线投资者可在整理形态中结合其他技术分析方法高抛低吸，但风险较大，如判断失误则会遭受损失。

五、应用形态分析应注意的问题

形态理论比较成熟，但在应用时还必须注意下列问题：

第一，形态突破的真假判断。在实际操作过程中，形态理论要等到形态已经完全明朗后才行动，这涉及支撑线与阻力线的突破问题，这个问题将在支撑线与阻力线中介绍。

第二，形态识别的多样性。角度不同，时间不同，对同一位置的某个形态可能有不同的结论。例如，一个头肩形可能被认为是某个局部的顶部或底部的反转形态；但是，如果从更大的范围来讲，它可能仅仅是一个更大的波动过程中的中途整理形态，比如说是个三角形或楔形。这一问题对投资者来说是一个价格波动趋势的“层次”判断问题，如果以形态理论判断，应该尽可能使用宽的时间区间，这里包含的信息更多。

第三，形态规模大小的影响。形态规模是指价格波动所留下的轨迹在时间和空间的覆盖区域。形态规模大，则在形态形成过程中价格的上下波动所覆盖的区域大，在技术图形上表现出来的就是价格起伏大，从开始到结束所经过的时间跨度长。相反，小规模的形态所覆盖的价格区域小，时间长度也短。

在实际应用中，形态规模大小对行情判断都有用，但两者存在差异。规模越大的形态所作出的结论越有战略性，规模越小的形态所作出的结论越有战术性。从形态的测高功能看，规模大的形态其高度就大，对今后预测的深度就必然大，建议投资者使用规模大的形态并不拘泥于本章所介绍的形态分析，具体问题具体分析。

第二节　切线原理与应用

一、趋势分析

趋势分析帮助投资者提高识别大势继续维持原来的方向还是掉头反方向运动的能力。大势并不是简单的上升下降，在上升和下降中要经过许多曲折，上升的趋势中会有下降，下降的趋势中会有上升。准确地把握大势，判断上升或下降，然后顺势而为，趋势分析在技术分析中占有很重要的地位。

（一）趋势的含义

趋势就是价格波动的方向或证券市场运动的方向。价格变动是有趋势的，如果没有其他因素影响，价格将沿着这个趋势运动，在价格上升过程中出现的下降不是主流，不会影响上升的大方向；反之，在价格下降过程中出现上升亦不能改变下降的大方向。

（二）趋势的方向

趋势有三种方向，如图5－37所示。

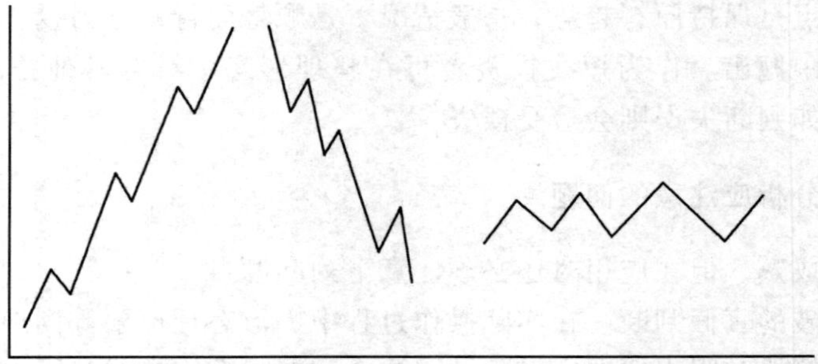

图5－37　趋势的三种方向

1. 上升方向

价格波动的峰和谷都高于前面的峰和谷，即一底比一底高或底部抬高，则属于上升的方向。

2. 下降方向

价格波动的峰和谷都低于前面的峰和谷，即一顶比一顶低或顶部降低，则属于下降方向。

3. 水平方向

价格波动的峰和谷与前面的峰和谷没有明显的高低之分，几乎呈水平延伸，则属于水平方向，也就是无趋势。水平方向趋势容易被大多数投资者忽视，但水平方向极为重要，因为此时市场正处于平衡状态，下一步朝哪个方向运动偶然性很大，可以上也可以下。

（三）趋势的类型

按道氏理论分类，趋势分为三种类型。

1. 主要趋势

主要趋势是价格波动的大方向，指股价长期上涨趋势或长期下跌趋势，一般持续时间较长。投资者了解了主要趋势后才能顺势而为。

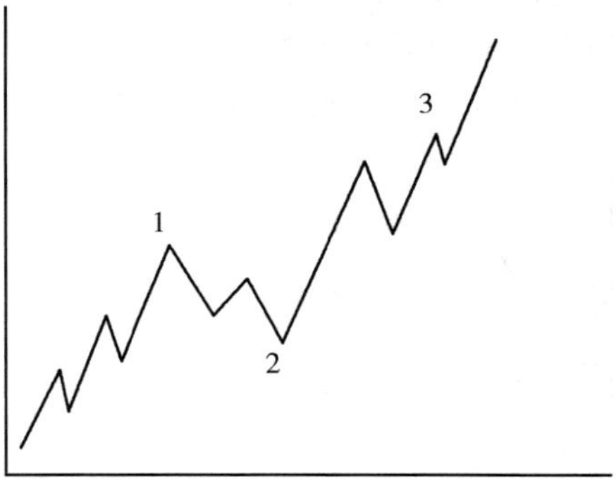

图 5－38　趋势类型

2. 次要趋势

次要趋势是在主要趋势过程中进行的调整，时间相对较短。一般是大趋势的1/3或2/3。

3. 短期趋势

短期趋势是指股价的日常波动，一般在两周左右，短期趋势无规律。

以上三种类型趋势的最大区别是时间的长短和波动幅度大小不同。图 5－37 是三种趋势类型的图形说明。

（四）趋势的实例

图 5－39 是上证指数 2008 年 10 月至 2013 年 10 月的日 K 线图。其中，2008 年 10 月的 1664 点至 2009 年 8 月的 3478 点主要趋势是上升，2009 年 8 月的 3478 至 2013 年 6 月的 1849 点主要趋势是下降。在后面漫长的下跌中，2010 年 7 月的 2319 点到 2010 年 11 月的 3186 点，2012 年 12 月的 1949 点到 2013 年 2 月的 2444 点是上涨的，属于次要趋势，是对主要下降趋势的反弹和修正。而中间波幅较小的都是短期趋势。

图 5－39　上证指数趋势类型实例

二、趋势线与轨道线

（一）趋势线

1. 趋势线的画法

趋势线是表现股价波动趋势的直线。趋势线可以分为上升趋势线和下降趋势线两种，具体画法：在上升趋势中，将两个上升的低点连成一条直线，就得到上升趋势线；在下降趋势中，将两个下降的高点连成一条直线，就得到下降趋势线。如图 5－40 所示。

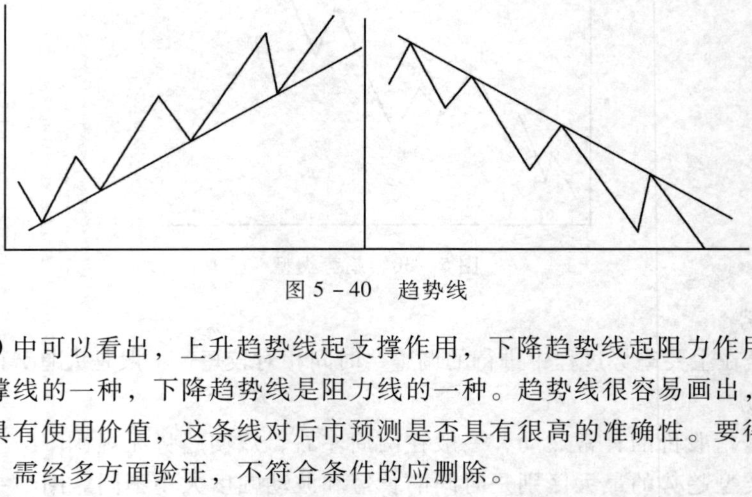

图 5－40　趋势线

从图 5－40 中可以看出，上升趋势线起支撑作用，下降趋势线起阻力作用。就是说，上升趋势线是支撑线的一种，下降趋势线是阻力线的一种。趋势线很容易画出，但是关键是要看这条线是否具有使用价值，这条线对后市预测是否具有很高的准确性。要得到一条真正起作用的趋势线，需经多方面验证，不符合条件的应删除。

首先，必须确实存在趋势。就是说，在上升趋势中必须确认出两个依次上升的低点，在下降趋势中，必须确认两个依次下降的高点，才能确认趋势的存在，连接两个点的直线才有可能成为趋势线。其次，画出直线后，还应得到第三个点的验证才能确认这条趋势线是有效的。一般来说，所画出的直线被触及的次数越多，其作为趋势线的有效性越强，用它进行预测越准确有效。

2. 趋势线的作用

一条趋势线被认可，则就要用这条趋势线对价格进行预测。一般而言，趋势线有两个作用。

（1）对价格的变动起约束作用。使价格总保持在这条趋势线的上方（上升趋势线）或下方（下降趋势线），实际上就是起支撑和阻力作用。

（2）趋势线被突破后，就说明价格下一步的走势将要改变波动的方向（反转）。越有效的趋势线被突破，其反转的信号越强烈。被突破的趋势线原来所起的支撑和阻力作用将相互转变角度，即原来是支撑线的，将起阻力作用，原来是阻力线的，将起支撑作用。如图 5－41 所示。

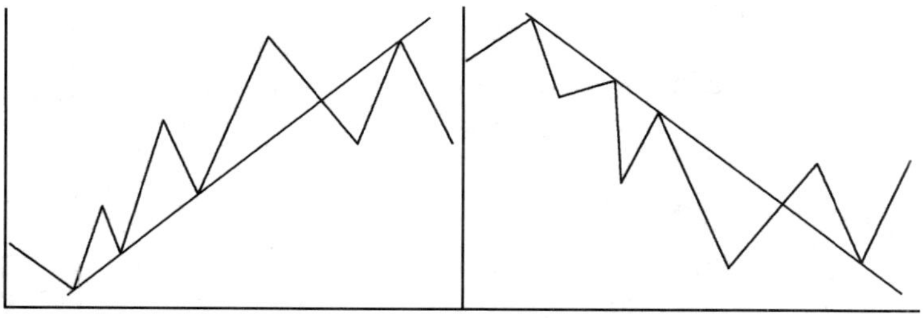

图 5－41　趋势线的作用

3. 趋势线的实例

[**例 24**] 图 5－42 是东晶电子（002199）2008 年 10 月至 2013 年 6 月的日 K 线图，其中 2008 年 10 月 22 日从 2.34 元附近走出上升趋势，见上升趋势线，2011 年 3 月 31 日跌破上升趋势线下行，股价从高点 16.31 元走出下跌趋势，见下跌趋势线。

图 5－42　东晶电子趋势线实例

[**例 25**] 图 5－43 是航天长峰（600855）2012 年 11 月到 2013 年 11 月的日 K 线图。该股票在此期间一直呈下降趋势，见下降趋势线，2013 年 9 月向上突破下降趋势线，股价开始向上飙升。

（二）轨道线

1. 轨道线的画法

轨道线又称通道线或管道线，是基于趋势线的一种支撑阻力线。在得到趋势线后，通过第一个峰和谷可以作出这条趋势线的平行线，这条平行线就是轨道线，两条平行线组成一个轨道。如图 5－44。

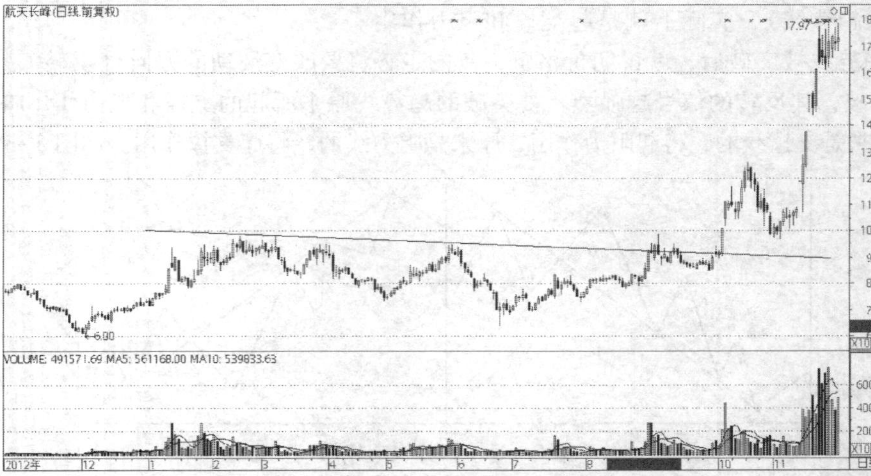

图 5－43　航天长峰趋势线实例

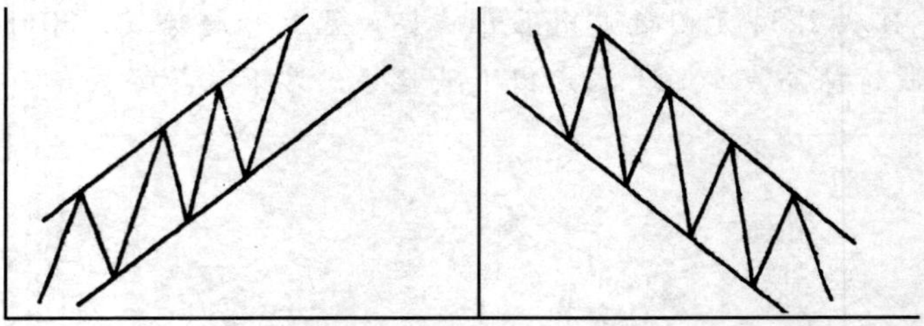

图 5－44　轨道线

2. 轨道线的突破

与突破趋势线不同，对轨道线的突破并不是趋势反向的开始，而是原来趋势加速的开始，即原来的趋势线的倾斜度将会增加，趋势线的方向将会更加陡峭。如图 5－45 所示。

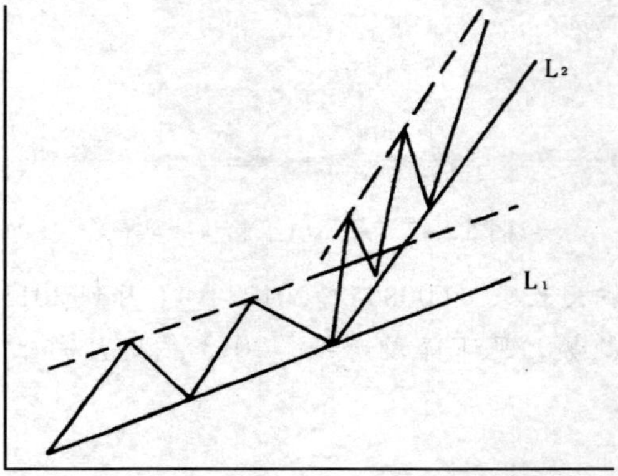

图 5－45　轨道线的突破

3. 轨道线的作用

轨道线的作用是限制价格的变动范围，一个轨道一旦得到确认，价格将在这个通道里变动。价格如果得到支撑或受到阻力而在轨道线处掉头，并一直走回趋势线上，这条轨道线就可以被确认。轨道线被触及的次数越多，延续的时间越长，其被认可的程度就越高。轨道线的另一个作用是提出趋势转向的预警，如果在一次波动中未触及轨道线，离得很远就开始掉头，这往往是原有趋势将要改变的信号。

轨道线和趋势线是相互合作的一对，很显然，先有趋势线，后有轨道线。趋势线可以独立存在，轨道线则不能。由于有了轨道，就有宽窄问题，价格轨道宽窄不可能统一。就同一股票而言，其轨道有宽窄之分。一般情况下，价格沿趋势线运动，但在轨道线上有时不守规矩，形成轨道。如图 5－46 所示。

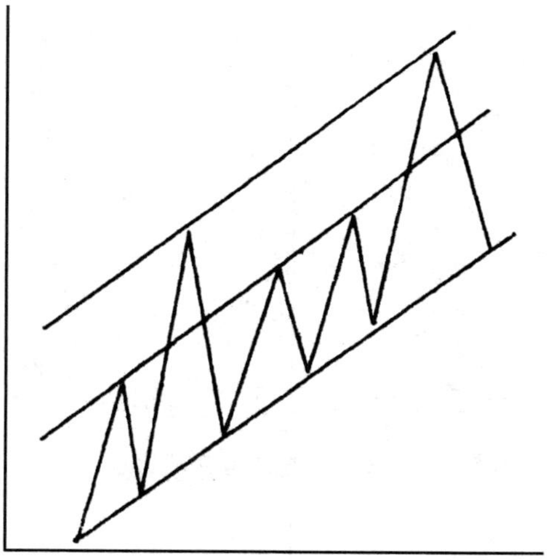

图 5－46　轨道线的宽窄

4. 轨道线的实例

[**例 26**] 图 5－47 是白云山 A（000522）2011 年 9 月至 2012 年 7 月的日 K 线图。其中，从 2012 年 1 月至 2012 年 7 月，该股票走在上升通道，并形成了宽窄不同的轨道。

图 5－47　白云山 A 轨道宽窄的实例

[例27] 图5-48是金亚科技（300028）2012年3月至2013年11月的日K线图。2012年4月至11月，该股一直走在下降通道中。2013年1月股价开始上升，并形成相应的轨道，2013年4月向上突破轨道线使上升趋势加速。

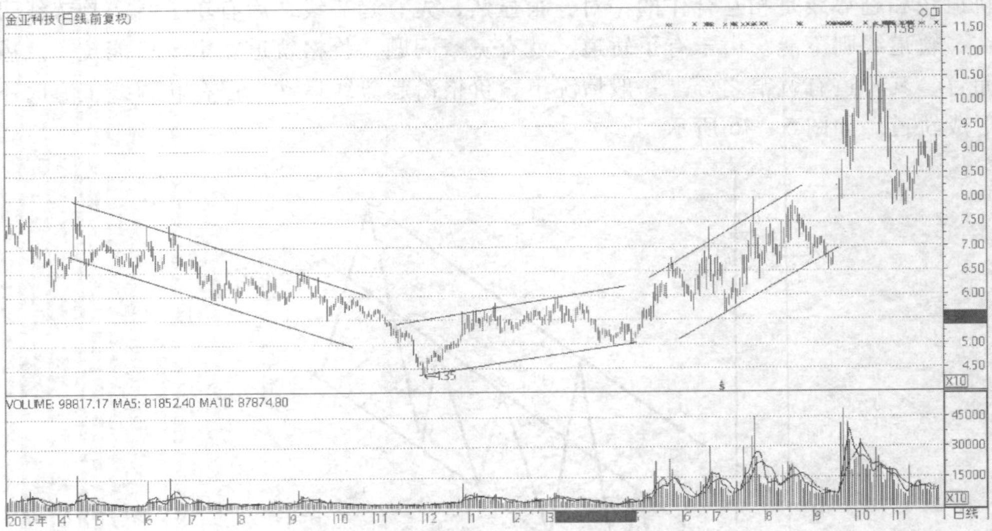

图5-48 金亚科技轨道突破加速实例

三、支撑线与阻力线

（一）支撑和阻力

1. 支撑线

支撑线又称为抵抗线，当价格下降到某个价位附近时，价格停止下跌，甚至回升，这是多方在这一价位附近买入形成的，这个位置对价格继续下降起到了迟滞作用。这个阻止证券价格继续下降或暂时阻止价格继续下降的价格区域就是支撑线所在的位置。

2. 阻力线

阻力线又称为压力线，当价格上涨到某个价位附近时，价格停止上涨，甚至回落，这是空方在这一价位上卖出形成的，这个位置对价格继续上涨起到阻止作用。这个起着阻止或暂时阻止价格继续上升的价位就是阻力线所在的位置。

（二）支撑线与阻力线的作用

支撑线和阻力线会阻止或暂时阻止价格沿原来的方向继续运动。价格的变动是有趋势的，要维持这种趋势，保持原来的变动方向，就必须冲破阻止其继续向前的障碍。支撑线和阻力线有被突破的可能，它们不可能长久地阻止价格保持原来的变动方向，使之在一个区间永远地待下去，只不过使之暂时停止而已。

同时，支撑线和阻力线又有彻底阻止价格沿原方向变动的可能。当一个趋势终结，它就不可能再创出新的低价或高价，这时的支撑线与阻力线就显得十分重要，是取得巨大利润的地方。当然，趋势的终结是相对的，没有不可能被突破的高点或低点，突破只是时间问题。

在上升趋势中，如果价格下一次未创出新高，即未突破阻力线，则上升趋势就已经处在关键的位置上了，如果后边的价格又向下突破了这个上升趋势的支撑线，就产生了一个趋势有变的强烈警告信号，通常意味着这轮上升趋势已经结束，未来行情将下跌。在下降趋势中，如果价格下一次未创新低，即未突破支撑线，则下降趋势就已经处在关键的位置上了，如果后边的价格又向上突破了这个下降趋势的阻力线，就发出了一个下降趋势将结束的强烈信号，价格的下一步将是上升的趋势。如图 5－49 所示。

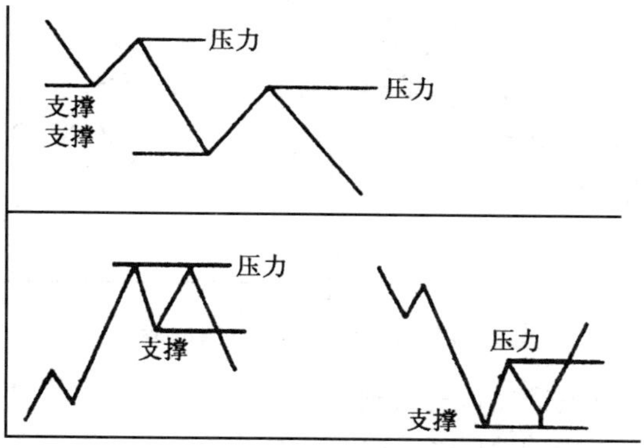

图 5－49 支撑与阻力的突破

（三）支撑线和阻力线的相互转换、确认和修正

1. 支撑线和阻力线的相互转换

支撑和阻力是可以相互转换的，一个支撑如果被突破，则这个支撑将成为今后的阻力；一个阻力被突破，则这个阻力将成为今后的支撑。如图 5－50 所示。

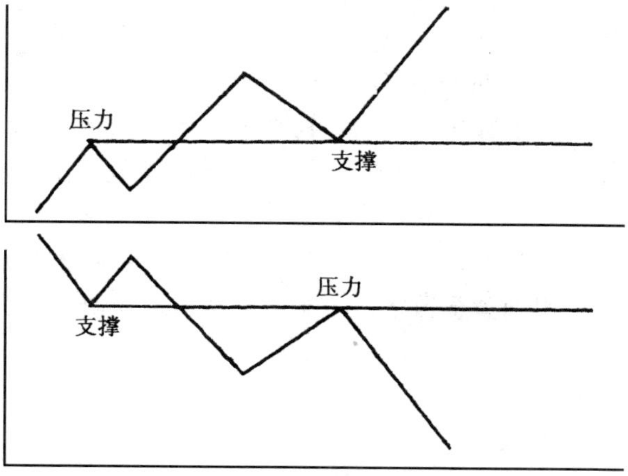

图 5－50 支撑与阻力的转换

2. 支撑线和阻力线的确认与修正

每一条支撑线和阻力线的确认都是人为主观判断的，主要是根据价格变动所画出的图表。

一般来说，一个支撑线或阻力线对当前影响的重要性从三个方面来考虑：第一，价格在这个区域停留时间的长短；第二，价格在这个区域伴随成交量大小；第三，支撑区域或阻力区域发生的时间离当前时期的远近。显然，价格停留的时间越长，伴随的成交量越大，离现在越近，则支撑区域或阻力区域对当前的影响就越大；反之就越小。

上述三个方面是确认一个支撑或阻力的重要识别手段。由于价格变动，会发现原来确认的支撑或阻力并不真正具有支撑或阻力作用，这时，就有一个对支撑线和阻力线进行调整的问题，这就是支撑线和阻力线的修正。如图5－51所示。

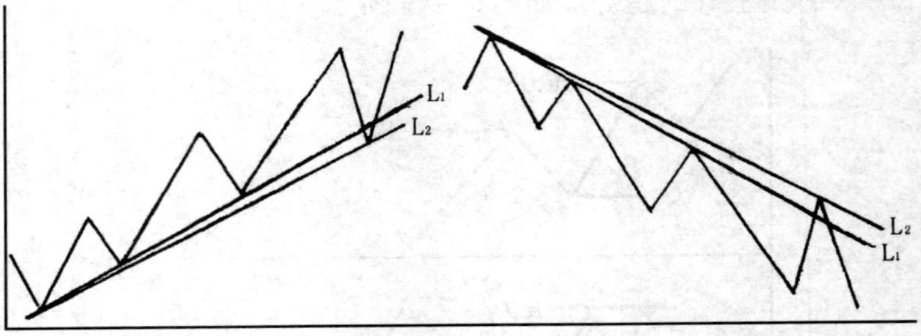

图5－51 支撑线与阻力线的修正

对支撑线和阻力线的修正过程实际是对现有的支撑线和阻力线重要性的确认过程。每个支撑区域和阻力区域在投资者心目中的地位是不同的，但投资者不会凭直觉进行买卖决策。

（四）支撑线和阻力线的方向

支撑线和阻力线分为水平和倾斜两种，最初的支撑线和阻力线都是水平的，在实际中，倾斜的居多数。下面将要介绍的黄金分割线和百分比线是水平的支撑阻力线，其余的基本都是倾斜的。

四、黄金分割线与百分比线

黄金分割线与百分比线这两种支撑阻力线是水平的，它们注重的是支撑线和阻力线所在的价位，而对什么时间达到这个价位并不关心。对水平直线来说，支撑和阻力位置相对固定，为弥补它们在时间上考虑不够这一因素，往往要多画几条水平直线。就是说，同时提供几条支撑线和阻力线，并希望最终有一条直线能起到支撑或阻力作用。

（一）黄金分割线

黄金分割是一个古老的数学方法，它具有神奇的魔力。在技术分析中，有一个重要的分析方法——波浪理论——要用到黄金数字。黄金分割线分为单点黄金分割线和两点黄金分割线两种。

1. 单点黄金分割线

（1）单点黄金分割线的画法。

第一步，记住以下几个特殊的黄金数字。

0.191	0.382	0.618	0.809	1.000
1.191	1.382	1.618	1.809	2.000
2.618	4.236	6.854		

可以看出，第一行的数字比1小，第二行和第三行的数字比1大。在这些数字中，下面5个数字最重要。价格运动过程中，极容易在这5个数字产生的黄金分割线处产生支撑和阻力。

0.382　0.618　1.618　2.618　4.236

第二步，在价格波动图中找到一个点，这个点是显著的高点或低点，这个点是上升行情结束，调头向下的最高点；或者是下降行情结束，调头向上的最低点。当然，这个高点或低点是相对一定范围而言的，是局部的。这个点一经确定，就可以很容易地画出黄金分割线。

第三步，计算出黄金分割线的位置。分为上升行情和下降行情两种情况。

①上升行情。当上升行情进行了很长时间后，价格已经上涨了很多。投资者则关注上升趋势将在什么位置遇到阻力，用本次上升开始的低点价位分别乘以上面特殊数字中比 1 大的数字，就得到单点黄金分割线提供的未来可能成为阻力的几个价位，如图 5－52 所示。

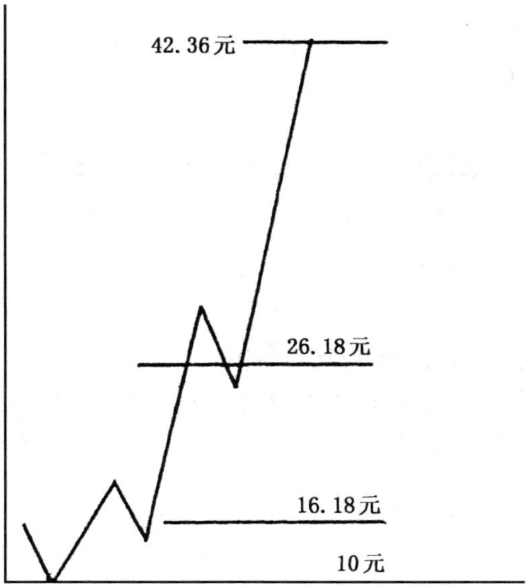

图 5－52　上升行情的单点黄金分割线

例如，本次上升的低点价格为 10 元，则：

$10\times1.191=11.91$　　$10\times1.382=13.82$　　$10\times1.618=16.18$

$10\times1.809=18.09$　　$10\times2.000=20.00$　　$10\times2.618=26.18$

$10\times4.236=42.36$　　$10\times6.854=68.54$

这些价位可能成为未来的阻力位，其中 16.18 元和 26.18 元成为阻力线的可能性最大。我国股票市场股价波动范围比较小，一般情况下单点黄金分割线成功的概率很高，但若市场极度活跃，则该法判断易失误。

②下降行情。当下降行情进行了很长时间后，价格已经下降了很多。投资者则关注下降趋势将在什么位置遇到支撑，用下降开始的高点价位分别乘以上面特殊数字中比 1 小的数字，就得到单点黄金分割线提供的未来可能成为支撑的几个价位，如图 5－53 所示。

例如，本次下降的高点价格为 10 元，则：

$10\times0.809=8.09$　　$10\times0.618=6.18$

$10\times0.382=3.82$　　$10\times0.191=1.91$

这些价位有可能成为今后的支撑，其中 6.18 元和 3.82 元的可能性最大。

（2）单点黄金分割线的适用条件。单点黄金分割线针对的是经过长时间上升或下降趋

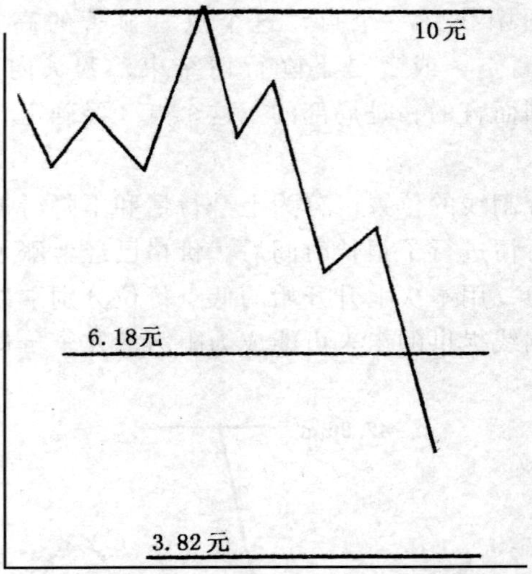

图 5－53　下降行情的单点黄金分割线

势的波动，对于价格在某个趋势早期是没有用的。

（3）单点黄金分割线的实例。

[**例 28**] 图 5－54 是新华医疗（600587）2010 年 7 月至 2012 年 8 月的日 K 线图。2010 年 7 月的股价从局部低位 13.13 元走出上升行情，在 1.382、1.618、2、2.382、2.618 的黄金分割线都形成了阻力位。其中，在 34.37 元（13.13 元的 2.618 倍）卖出获利最大。

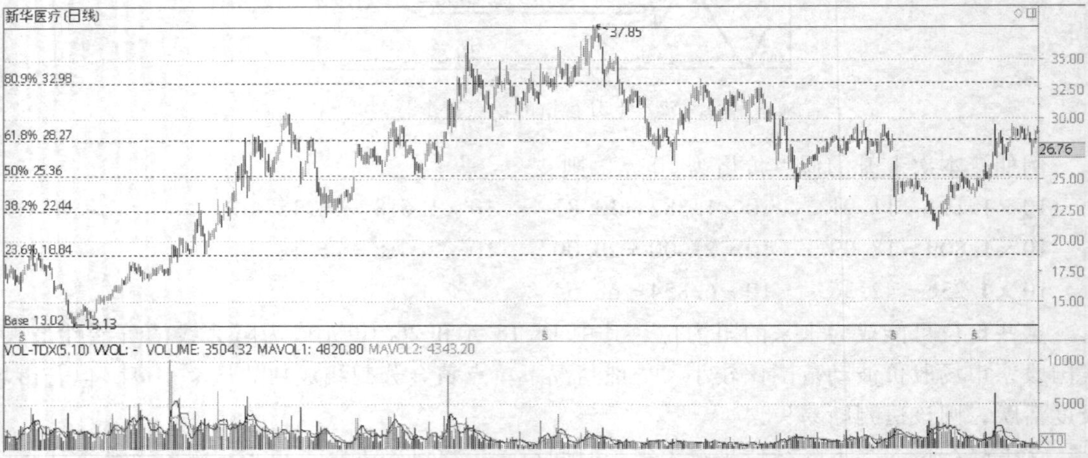

图 5－54　新华医疗单点黄金分割实例

[**例 29**] 图 5－55 是丽珠集团（000513）2010 年 11 月至 2012 年 7 月的日 K 线图。2010 年 3 月股价从局部高点 46.56 元开始下跌，黄金分割线提供的买点为 46.56 元 ×0.618 = 28.77，46.56 ×0.5 = 23.28 元，46.56 元 ×0.382 = 17.78 元，其中，在 17.78 元以下买入获利最大。

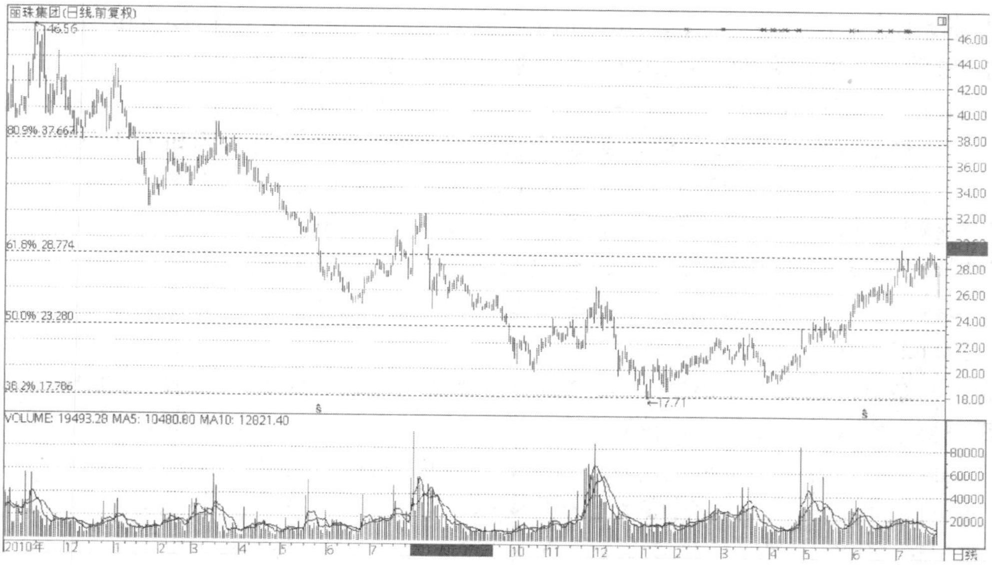

图 5-55 丽珠集团单点黄金分割实例

2. 两个点黄金分割线

两个点黄金分割线实际上是百分比线的一个特殊情况，将在后边介绍。

（二）百分比线

1. 百分比线

（1）百分比线的画法（百分比线如图 5-56 所示）。下面以上升过程中的回落为例说明百分比线的画法。对于下降反弹也可以类似计算。价格持续向上，涨到一定程度会遇到阻力，价格回落，回落的位置很重要。单点黄金分割线可以提供几个价位，百分比线同样也可以提供几个价位。

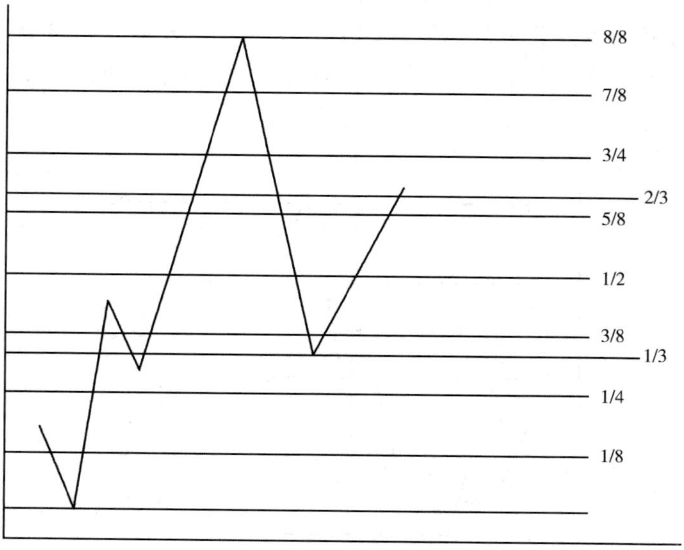

图 5-56 百分比线的画法

先确定本次上涨开始的最低点和开始向下回落的最高点，然后得到两者之间的差，分别乘以几个特定的百分比数，就可以得到未来支撑可能出现的位置。这些百分数共有9个，它们是：

1/8，1/4，3/8，1/2，5/8，3/4，7/8，1/3，2/3

例如，设最低点是10元，最高点是22元。按上面所述方法将得到如下9个价位：

$1/8\times(22-10)+10=11.5$　　$1/4\times(22-10)+10=13$

$3/8\times(22-10)+10=14.5$　　$1/2\times(22-10)+10=16$

$5/8\times(22-10)+10=17.5$　　$3/4\times(22-10)+10=19$

$7/8\times(22-10)+10=20.5$　　$1/3\times(22-10)+10=14$

$2/3\times(22-10)+10=18.0$

在这9条百分比线中，1/2、1/3、2/3这三条线最重要，即14元、16元和18元这三个价格最重要。在很大程度上，回落到1/2、1/3、2/3是人们的一种心理倾向。

上面的9个特殊数字都可以用百分比来表示，用分数表示是为了突出整数：

1/8 = 12.50%　　1/4 = 25.00%　　3/8 = 37.50%

1/2 = 50.00%　　5/8 = 62.50%　　3/4 = 75.00%

7/8 = 87.50%　　1/3 = 33.33%　　2/3 = 66.67%

对于下降行情中向上反弹，百分比线同样适用，其方法与上升情况相同。

（2）百分比线适用条件。百分比线针对的是趋势中途出现的反向运动，属于技术分析中计算开始回落和开始反弹的位置和方法。在使用百分比线之前，必须假设当前的市场波动是原来趋势的回落或反弹，而不是趋势的反转。如果趋势发生了反转，使用百分比线将使投资者在不合适的位置采取行动而带来灾难。

（3）百分比线的原理。百分比线考虑问题的出发点是多空双方力量对比的转化，以及人们在心理上对整数的分界点的重视。

2. 两点黄金分割

从计算的观点看，如果将百分比数字取为特殊的61.8%和38.2%，而严格按照计算百分比线的方式进行，就得到两点黄金分割线，这是另一种黄金分割线，如图5－57。在实际中，两点黄金分割线使用很频繁，差不多已经取代了百分比线的地位，但仍是百分比线的特例。

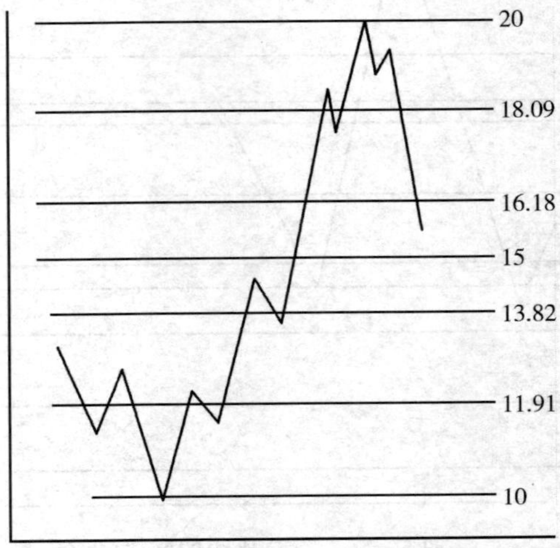

图5－57　两点黄金分割示意图

3. 百分比线的实例

［**例 30**］图 5－58 是中关村（000931）2011 年 1 月至 2012 年 7 月的日 K 线图。2011 年 1 月股价从局部低点 4.5 元开始上升，2012 年 4 月到达局部高点 7.72 元后下落回调，在高低点差价的 1/2、1/3 和 1/4 处获得支撑，在高低点差价 1/4 处即 5.3 元买入获利较大。若以黄金分割数 0.382、0.5 等代替百分比数，就得到两点黄金分割线提供的买入点。

图 5－58　中关村百分比线及两点黄金分割线实例

［**例 31**］图 5－59 是鹏博士（600804）2011 年 10 月至 2012 年 8 月的日 K 线图。2011 年 11 月股价从局部高点 8.73 元开始下跌，2012 年 1 月到达局部低点 5 元后向上反弹，3 月 7 日在高低点差价的 2/3（0.667）处受到阻力，即 7.48 元处卖出获利较大。若以黄金分割数 0.382、0.5、0.618 等代替百分比数，就得到两点黄金分割线提供的卖点，黄金分割点 0.618 处的卖价 7.30 元与 0.667 百分比数的卖点 7.48 元接近。

图 5－59　鹏博士百分比线及两点黄金分割线实例

五、扇形线、速度线与甘氏线

扇形线、速度线与甘氏线这三种直线的共同特点是找到一点（一般是下降的低点或是上升的高点）。然后以此为基础，向后画出很多条射线，这些线就是未来可能成为支撑线或阻力线的直线，在使用中技术要求比较高。

（一）扇形线

扇形线与趋势线有密切的联系，初看起来像趋势线的调整。扇形线丰富了趋势线的内容，明确给出了趋势反转（不是局部短暂的反弹）的信号。

趋势要反转必须突破层层阻力，要反转向上必须突破很多条阻力线；要反转向下必须突破多条支撑线。暂时突破不能被认为是反转的开始，必须消除所有的阻止反转力量，才能最终确认反转的来临。

下面以上升为例说明扇形线的画法。在上升趋势中，先以两个低点画出第一条上升趋势线，如果价格向下回落，跌破了刚画出的第一条上升趋势线，则以新出现的低点与原来的第一个低点连接，画出第二条上升趋势线。如果第二条趋势线又被向下突破，则同前边一样，用新的低点与最初的低点连接，画出第三条上升趋势线。依次变得越来越平缓的这三条直线形状如同张开的扇子，扇形线和扇形原理由此得名。对于下降趋势也如此，只是方向相反。如图5－60所示。

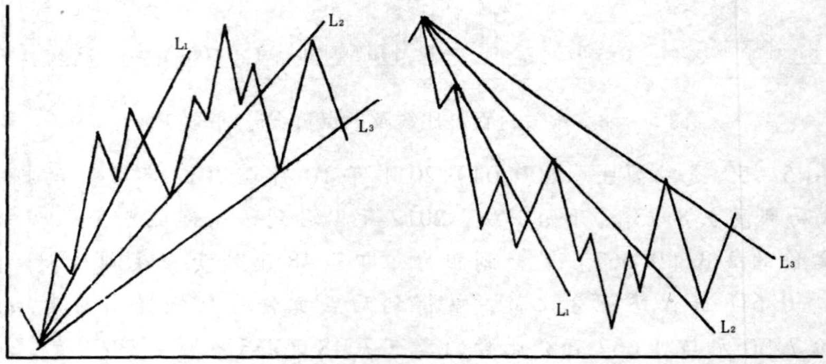

图5－60 扇形线

图中连续画出的三条直线一经被突破，它们的支撑和阻力角色就会相互转换，这一点符合支撑线和阻力线相互转化的普遍规律。

扇形原理可以简单地说，如上所画的三条趋势线一经被突破，则趋势将反转。

（二）速度线

同扇形原理考虑的问题一样，速度线也是用来判断趋势是否将要反转。不过，速度线给出的是固定的直线，而扇形原理中的直线是随着价格的变动而变动的。另外，速度线又具有一些百分比的思想，它将每个上升或下降的幅度分成三等分进行处理。

速度线的画法分两个步骤。第一步，找到一个上升或下降过程的最高点和最低点，然后将高点和低点的垂直距离三等分；第二步，连接高点（在下降趋势中）与分界点，或连接低点（在上升趋势中）与1/3和2/3分界点，得到两条直线。这两条直线就是速度线。如图5－61所示。

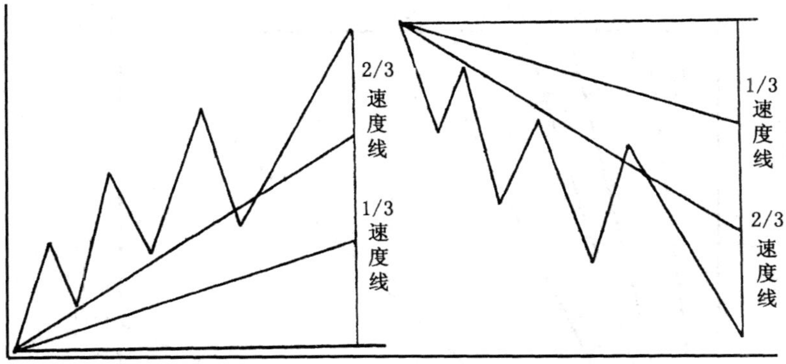

图 5-61　速度线

速度线可以随时变动，一旦有了新高和新低，速度线将随之发生变动，尤其是新高和新低与原来的高点和低点相距很近时更是如此，原来的速度线就没用了。

速度线一经被突破，其原来的支撑线和阻力线的作用将相互变换位置，这也符合支撑线与阻力线相互转化的一般规律。

速度线最为重要的功能是判断一个趋势是被暂时突破还是长久突破（转势），其主要内容如下。

1. 上升趋势向下调整

在上升趋势向下调整中，如果向下折返的程度突破了位于上方的2/3速度线，则价格将试探下方的1/3速度线。如果1/3速度线被突破，价格将一泻而下，预示这一轮上升的结束，也就是转势。

2. 下降趋势向上调整

在下降趋势向上调整中，如果向上反弹的程度突破了位于下方的2/3速度线，则价格将试探上方的1/3速度线。如果1/3速度线被突破，价格将一路上行，标志这一轮下降的结束，价格进入上升趋势。

速度线使用也有很高的难度，画起来比较麻烦，而且突破1/3速度线才开始行动也不是最好的时机。

（三）甘氏线

甘氏线分上升甘氏线和下降甘氏线两种。它是由 William D. Gann 创立的一套独特的理论。甘氏线是 Gann 将百分比原理和几何角度原理结合起来的产物。甘氏线是从一个点出发，依一定的角度向后画出的多条射线，所以甘氏线包含了角度线的内容。图 5-62 是一幅射线方向朝上的上升甘氏线各个角度的直线图，这个图形也叫江恩正方。此外还有射线方向朝下的下降甘氏线。

图 5-62 中的每条直线都有一定的角度，这些角度的得出都与百分比线中的那些数字有关，每个角度的正切或余切分别等于百分比数中的某个分数（或者说是百分数）。每条直线都有支撑和压力的功能，但最重要的是 1×1、2×1 和 1×2。其余角度虽然在价格波动中也能起一些支撑或阻力作用，但重要性都不大，很容易被突破。

画甘氏线时首先找到一个点，然后以此为起点，按照图 5-62 的方式将各条直线直接画到图上即可。被选择的点同大多数选点的方法一样，一定是显著的高点和低点，如果刚被选

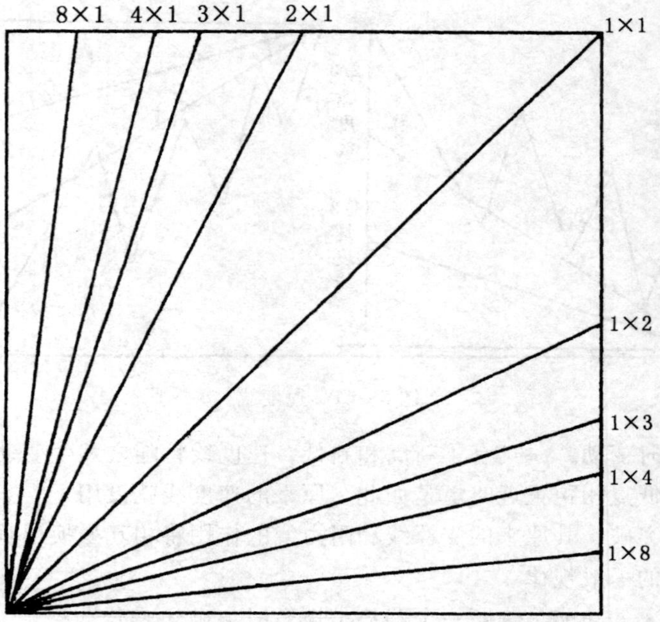

图 5－62　甘氏线

中的点就被新的高点和低点所代替，则甘氏线的选择也随之变更。

如果被选到的点是高点，则应画下降甘氏线；如果被选到的点是低点，则应画上升甘氏线，这些线将在未来起支撑和阻力作用。

甘氏线是比较早期的技术分析工具，在使用时会遇到两个问题。第一，受到技术图表使用的刻度的影响，选择不同的刻度将影响甘氏线的作用。只有不断地调整刻度，才可以使甘氏线达到“准确预报”的效果。第二，甘氏线提供的不是一条或几条线，而是一个扇形区域。在实际应用中有相当的难度。

六、应用切线应注意的问题

1. 支撑和阻力是否会突破

支撑线和阻力线有突破和不突破两种可能性。在实际应用中常常会出现这样的问题，如上升过程中，得到某个支撑线，支撑住了就可以买入；向下突破就不应该买入，甚至要“逃命”。这个问题就是支撑阻力是否会被突破。因此，投资者认为价格真的到了事先计算的支撑价位，即使有下降的可能，有时也可以买入的。因为可以认为下降的空间已经不大了，冒险也是值得的。如果等待可能会失去机会。

2. 支撑线和阻力线的多样性

用各种方法得到的直线都提供了支撑和阻力可能出现的位置，在实际投资中，究竟应该相信其中哪一条呢？实际投资中只有一个支撑线或阻力线，一般触及越多越有效，而且有时支撑与阻力会发生转换。这些方法仅仅是参考，不能当成万能工具，支撑线和阻力线仅是市场中分析的手段之一，要同时考虑多种因素才能提高投资的正确概率。

3. 使用黄金分割线和百分比线的主观因素

具体使用这两种支撑阻力线的时候，受使用者的主观因素影响。第一，高点和低点的选择。价格波动会出现多个高点和低点，对单点黄金分割，低点是行情发动之初的低点，应选择成交密集区的低点，时间可稍长；高点应等到已经下降了相当程度之后再确定，不要求在高点有成交密集区。第二，数字的选择。这里没有确切的答案，市场千姿百态，应结合其他方法根据实际情况处理。第三，资金投入量比例的选择。在你认为可信的线上使用比较大的资金比例，在把握不大的线上使用比较小的资金比例。

4. 扇形线、速度线和甘氏线的实际应用

这三种线画法较复杂，对使用的技术要求比较高，对不是专门研究的投资者，了解不够深入的情况下，最好不要使用。

第三节 缺口原理与应用

在K线理论的一些组合形态中，涉及缺口的概念，比如射击之星。与缺口相关的一个概念是跳空和岛形反转。在实际的分析中，缺口的作用比较大。

一、缺口的含义与种类

缺口本意是表示两个物体之间存在空隙，在此表示两个交易日的价格交易区域之间存在空隙。

（一）缺口的含义

1. 缺口的含义

这是传统意义的缺口，表明存在一段没有交易的价格区域，也就是价格交易的“真空地带”。具体地说，如果某个交易日证券交易的最低价格高于前一个交易日的最高价格，就形成向上缺口；如果某个交易日证券交易的最高价格低于前一个交易日的最低价格，就形成向下缺口。

从K线图上看，如果连续两个交易日的K线的上影线和下影线之间不重合，就会出现缺口。在市场分析的术语中，把这个现象称为跳空。跳空分为向上跳空和向下跳空两个方向。如图5－63所示。

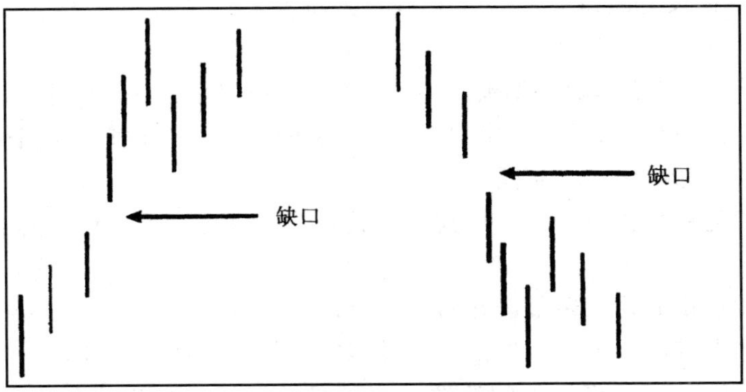

图5－63 缺口

在周线中缺口的数量肯定比日线中缺口少，如果使用月线，则几乎没有缺口，除非正好碰到价格在月末跳空。

2. 缺口的回补

假设在某一天价格形成缺口，如果后期价格波动回转并重新经过该缺口所留下的价格区域，就称为缺口被回补。回补有可能使得缺口完全被封闭或部分被封闭。从实际情况看，有些缺口将会在短时间内很快被回补，而有些缺口将会在很长时间之后被回补，有些甚至永远无法回补。

（二）缺口的种类

从是否有分析意义的角度进行划分，缺口可以分为两大类——有分析意义的缺口和无分析意义的缺口。

无分析意义的缺口是指对进行市场分析的指导作用不大的缺口。这样的缺口包括跳空幅度小、出现频率大的缺口；此外还有除权缺口。前者的跳空程度小，在图表中不引人注意；除权缺口从根本上讲，不算缺口。除权除息所造成的缺口不是这里所定义的缺口，如果调整则不会有缺口。

有分析意义的缺口是对进行市场分析有指导意义的缺口。按照经典的缺口划分方法，这样的缺口共有四种，分别是普通缺口（或区域缺口）、突破缺口、中继缺口（或持续缺口、度量缺口）、竭尽缺口。

1. 普通缺口（或区域缺口）

普通缺口是出现在一个交易区域或价格持续形态之内的缺口。持续形态的特点之一是成交量逐渐减少。普通缺口通常在短时间内被回补，例外的情况是，在持续形态接近突破的时候，价格最后一次在该形态中波动，此时的缺口具有突破缺口的特征，在长时间内不被回补，也没有理由认为缺口应该被回补。

普通缺口没有度量的意义，它的作用在于帮助识别一个正在形成的持续形态。

2. 突破缺口

突破缺口在价格突破持续整理形态后出现。在对水平持续形态边界的突破口处，几乎都会产生突破缺口。此外，价格脱离反转形态或持续形态的时候也会产生突破缺口。

突破缺口对是否反转有预测功能。首先，它强调了突破的事实，当价格脱离某个持续形态并伴随明显的缺口的时候，预示一次真正的突破已经出现。其次，有缺口的买方（卖方）上升（下降）力量比没有缺口的上升（下降）力量要大，尽管在两种情况下都是买方（卖方）占优势。

在大多数情况下，突破缺口是不被回补的，例外的情况是，如果离开缺口的价格波动过程成交量是逐步减少的，此时大约有一半的机会在未来的局部回落中使得价格回到缺口的位置。

3. 中继缺口（或持续缺口、度量缺口）

中继缺口出现的机会比较小，但是其技术预测的价值比较大。它产生于猛烈的直线式的上升或下降之中。

当一个剧烈的价格波动从聚集区开始的时候，为了后面更长时间的加速运动，价格的上升速度很慢。例如上升趋势中，在价格上升过程中盈利越来越大的时候，卖方会增加，并使得价格运动速度减慢；当价格运动的速度减少到最低时，成交量将再次放大并形成价格回转，回转过程中将可能形成缺口，这个缺口就是中继缺口。当缺口发生在较高的位置时，容易形成比较宽的缺口。

中继缺口又称持续缺口或度量缺口，可以为价格的波动界线提供大致的预测位置，价格运动在未来距离中继缺口的垂直距离将等于从此次运动的起点到中继缺口的垂直距离。

4. 竭尽缺口

突破缺口标志运动的开始，中继缺口表示运动在中途附近，竭尽缺口则表明原来运动的结束，竭尽缺口与迅速而猛烈的大规模上升或下降有密切关系。

竭尽缺口的特征之一是直线型的上升或下降，另一个判断竭尽缺口的标准是成交量。如果缺口形成后的成交量异常大，而缺口之前的成交量没有与价格的上升配合，那么该缺口为竭尽缺口的可能性就很大。此外，如果缺口的位置已经达到由某个技术预测的方法所指出的预测位置的时候，或者是某个重要的支撑阻力位置，则该缺口称为竭尽缺口的概率加大。

在多数情况下，竭尽缺口之后是另一个方向运动的开始，也就是趋势的反转。但是，竭尽缺口并非一定是反转的开始，竭尽缺口所表示的肯定是原来运动的停止，竭尽缺口之后有可能出现的是长时间的持续形态。

二、岛形反转

岛形反转是一紧密的交易区域。以岛形顶部为例，如图 5－64，它的左边由一个竭尽缺口与之前的上升趋势所“隔离”；在它的右边，一个突破缺口使其与前面的上升方向相反的下降趋势所“隔离”。岛形反转持续的时间可长可短，此间的成交量总是比较大的。

只有在个别情况下，岛形反转右边的突破缺口才有可能在几天内被一次短暂的反弹或回落所回补，但通常是不被回补的。岛形反转将使价格完全回复到竭尽缺口之前的小幅度运动的出发起点。

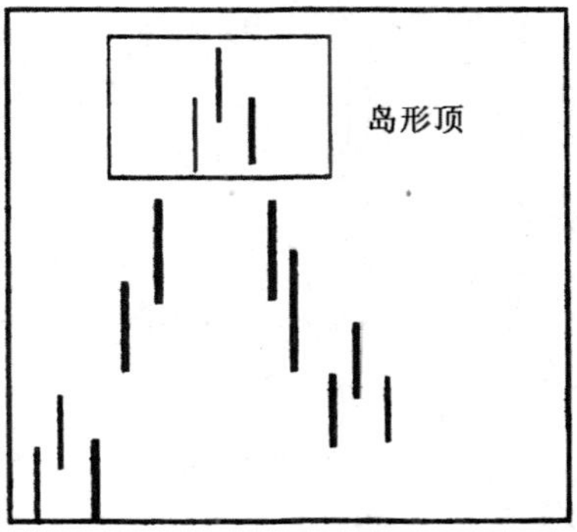

图 5－64　岛形反转

图 5－65 是缺口和岛形反转的完整示意图。

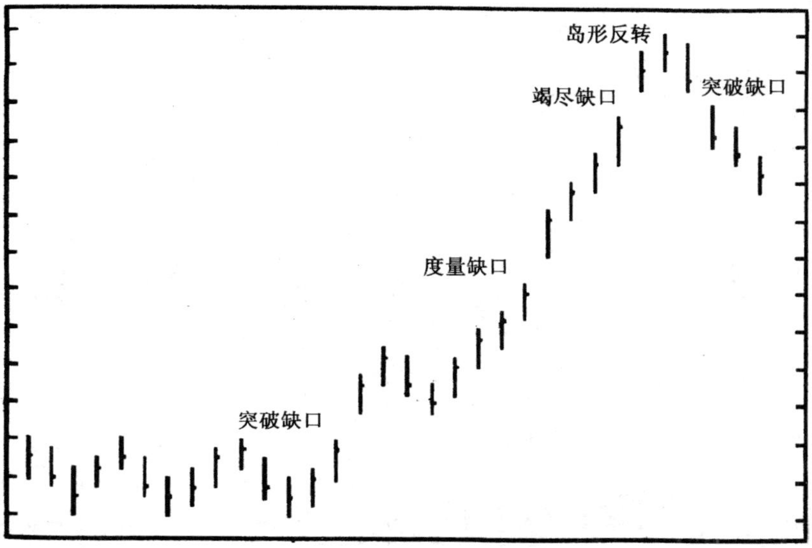

图 5－65　缺口和岛形反转示意图

三、缺口和岛形反转的应用

[例32] 图5－66是香雪制药（300147）2011年9月至2012年1月的日K线图。股价2011年10月24日从整理状态向上，2011年11月12日形成度量缺口，2011年11月14日向上形成竭尽缺口，最后股价达到最高点12.89元，在2011年11月18日下跌留下突破缺口，形成岛形反转。

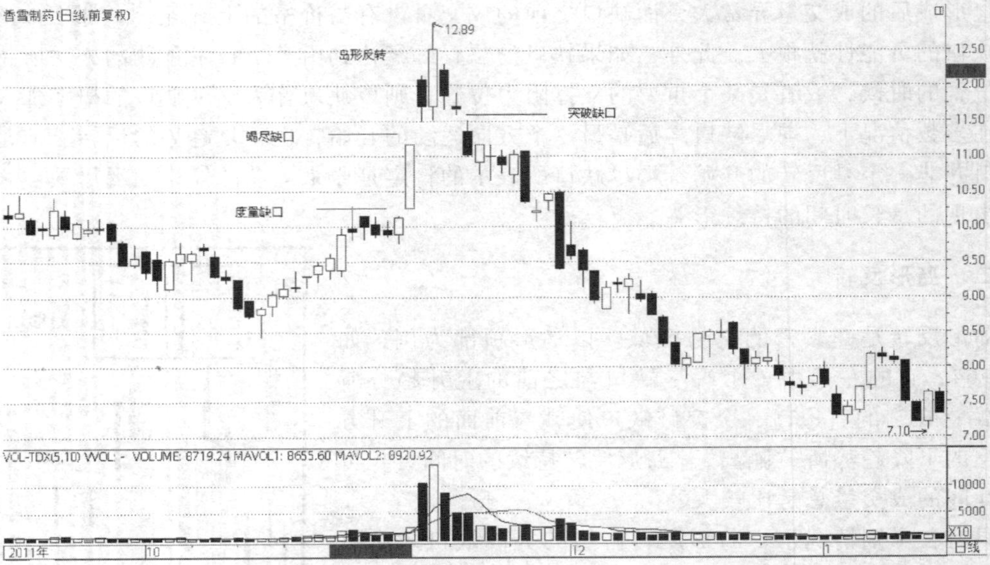

图5－66　香雪制药缺口及岛形反转实例

[例33] 图5－67是罗牛山（000735）2012年3－6月的日K线图。股价在2012年4月26日达到最高点6.63元，当日迅速下跌，形成单日岛形反转。

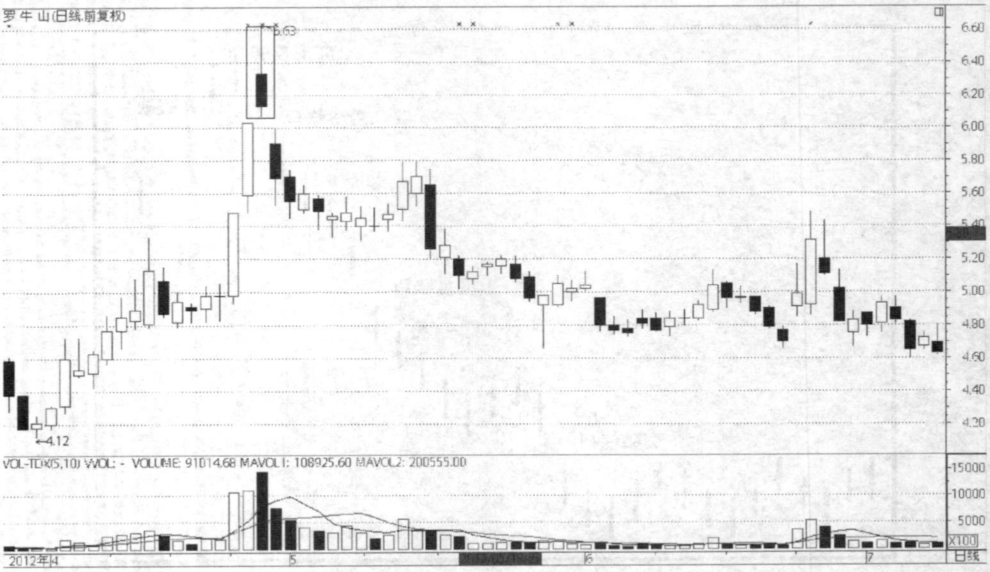

图5－67　罗牛山单日岛形反转实例

【知识小结】

本章主要阐述了切线理论、形态理论、缺口理论等技术分析方法。切线理论主要运用支撑线和阻力线作为依据，判断总体趋势是维持原方向运行还是掉头反向运行。形态理论研究价格波动的轨迹，揭示多方和空方力量对比的结果，从而发现价格未来运动的方向。缺口理论以股价变动的跳空缺口为依据，识别判断行情发展的不同阶段。

训练设计

1. 如何用轨道线和趋势线描述价格波动的趋势？
2. 支撑线和阻力线起什么作用？
3. 在什么情况下可以使用黄金分割线指导投资者进行买卖？
4. 形态规模的大小对今后的预测有什么影响？
5. 三角形形态各有什么特点？有什么功能？
6. 反转形态的几种图形如何测高？
7. 在什么情况下倾向于将三角形当成反转形态？
8. 怎样处理圆弧顶和圆弧底？

第六章

K 线形态

学习目标

本章主要介绍了K线的含义和画法、单根K线的14种形状和多空含义、K线的组合形态、K线的实际应用及应注意的问题。K线形态是证券投资分析中独具特色的技术分析方法，它简明直观，立体生动，非常适合短线投资者使用，是证券市场中投资者使用最多的一种技术分析工具。

【导读案例】

乐视网（300104）的送配炒作

乐视网（300104）注册地在北京，是中国领先的视频领域跨平台服务提供商，中国最大的影视剧互联网发行门户，以及中国领先的3G手机电视门户。乐视网于2010年8月12日在创业板上市。乐视网在上市初期是A股中唯一的视频公司，也是一个新庄股和重组概念股。

公司2013年3月8日公布年报，每股收益0.46元，每股净资产2.98元，每股资本公积金1.05元，年度分配预案为资本公积金每10股转增9股。

当天股价下跌5%，收盘价26.2元，K线为带上下影线的阴线，预示洗盘强劲，股价将会横盘整理一段时间。刘先生一直观望，等到股价向上突破时以30元买入，一个月后在46.36元卖出，收益率54.5%。当日K线为带上下影线的十字星，但成交量并没有放大。

股价在调整了5个交易日后再次启动，在6月5日除权日的第二天从20.74元开始放量上涨，随后股价一路上扬，刘先生踏空了填权行情。到6月17日股价已涨到29.86元，较除权时上涨44.7%，成交量放大。第二天低开高走，K线组合为高位反转形态。此后股价连续下跌，并进入一长期整理平台。经过几个月的震荡后于10月8日涨停突破平台（如图6-1）。

从该股走势中可得到如下启示：

（1）总股本和流通股本小、每股净资产和每股公积金高的股票，股本扩张潜力大。

（2）庄家操作的个股走势有时会独立于大盘，不受大盘涨跌的影响。投资者一旦发现股票启动，可迅速出击，跟随持股。

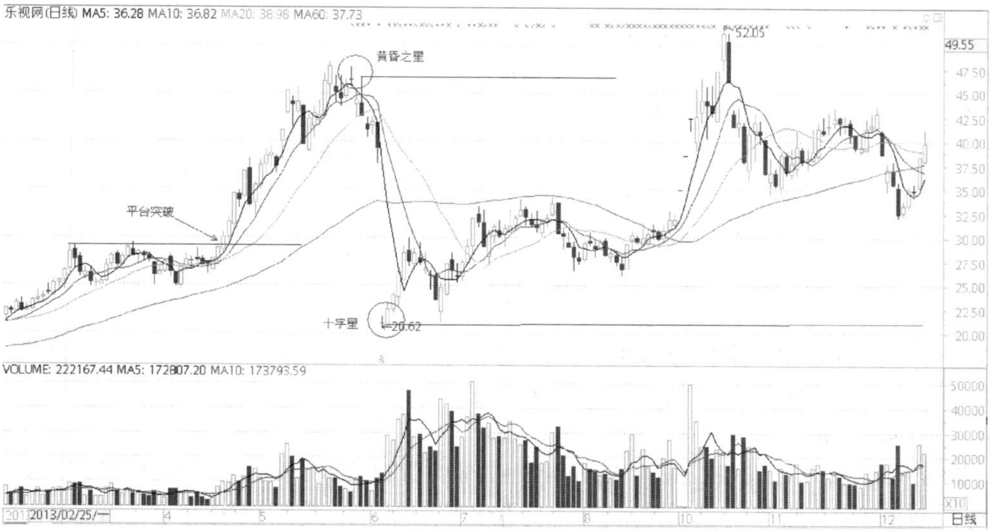

图 6－1　乐视网日 K 线走势图

(3) 使用 K 线图形进行投资时还要考虑均线系统和量价关系，按技术提示进行操作。

(4) 当股价涨幅已高时，送配股经常是庄家出货的机会，投资者此时应果断抛出股票，获利离场。

问题：

1. 投资者如何参与送配题材股的炒作？

2. 很多人赚钱的股票拿的时间太短，赔钱的股票持有时间太长，请分析原因。

第一节　K 线的起源和画法

K 线又称日本线，英文名称是蜡烛线（candlestick），起源于日本德川幕府时代大阪堂岛的米市交易，距今已有两百多年历史。它采用图示的方法来计算米价每日的涨跌。其创始人本田宗久创立的“酒田战法”曾在米市中取得过连续 100 笔盈利的记录。后经过投资者的深入研究和改进，将其引入证券市场，出现了多种适合投资者买卖参考的 K 线图形，逐渐成为投资者广泛使用的短线操作工具。

K 线是将每日的开盘价、收盘价、最高价、最低价用蜡烛型图案连接起来的图形。K 线由影线和实体组成，实体上方的影线部分叫上影线，下方的部分叫下影线，实体分阳线和阴线，又称红线和黑线。如图 6－2 所示。

开盘价是指某个交易日第一笔成交的价格，是采用集合竞价的方式产生的。

最高价和最低价是某个交易日中曾经出现过的最高和最低一笔价格。它们反映的是当天股票价格上下波动的幅度。如果这两个价格相差悬殊，说明当天市场交易活跃，买卖双方争夺激烈。

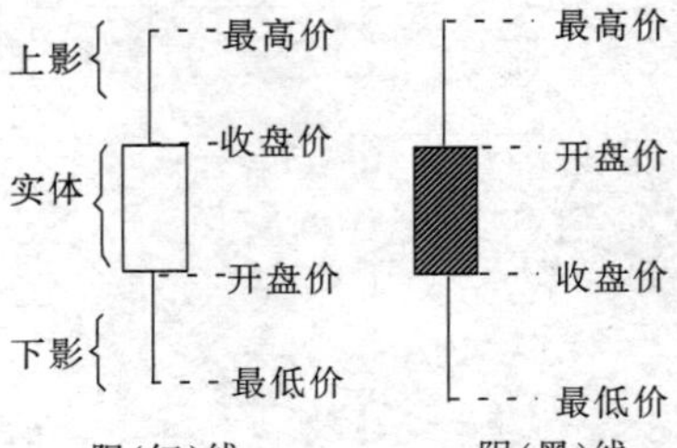

图6－2　K线形状

收盘价在沪市是指某个交易日中最后一笔成交价格，反映的是多空双方交战的结果。收盘价上涨，代表多方占优，收盘价下跌，表示空方暂时获胜。收盘价是最重要的价格指标，技术分析中所使用的价格，通常指的都是收盘价。

一根K线记录的是股票在一个交易单位时间内价格变动情况。若将每个交易时间的K线按时间顺序排列在一起，就组成该股票的历史变动图形，即K线图。

分析K线图所表现的市场交易动态，可以看出买卖双方供求力量的强弱及竞争的态势，并反映出涨、跌、盘三种基本行情变化的信息。投资者通过研究K线图，可以比较准确地判断股价的后期走势，进而决定自己的操作方向及买卖时点。

第二节　K线的基本形态

单一K线有多种变形，投资者可依据实体的长度和上下影线的长短对多空力量进行衡量。

一般说来，阳线实体越长，越说明多方占优，阳线实体越短，越有利于空方抵抗；阴线实体越长，越说明空方占优，阴线实体越短，越有利于多方反击。

影线的情况稍微复杂。通常上影线越长，下影线越短，越有利于空方；上影线越短，下影线越长，越有利于多方。

单根K线主要有14种基本形状。

一、光头光脚大阳线（图6－3）

开盘价为最低价，收盘价为最高价，表示多方势头强大，空方毫无抵抗。经常出现在股价脱离底部的初期、回调结束后的再次上升及高位的拉升阶段，有时也在股价严重超跌后的强劲反弹中出现。

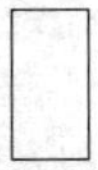

图6－3　光头光脚大阳线

二、光头光脚大阴线（图6－4）

开盘价为最高价，收盘价为最低价，表示卖方占绝对优势，多方毫无抵抗。经常出现在头部形成后跌势的初期、反弹结束后，或最后的打压过程中。

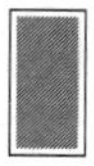

图 6-4　光头光脚大阴线

三、光头光脚小阳线（图 6-5）

没有上下影线，股价窄幅波动，表示买方力量逐步增加，多头暂占优势。此形态经常在上涨初期、回调结束或横盘的时候出现。

图 6-5　光头光脚小阳线

四、光头光脚小阴线（图 6-6）

没有上下影线，价格波动幅度有限，表示卖方力量有所增加，空方力量略占优势。此形态常在下跌初期、反弹结束或盘整时出现。

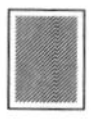

图 6-6　光头光脚小阴线

五、带上影线的阳线（图 6-7）

带上影线的阳线是上升受阻型，表示多方在上攻途中遇到阻力。此形态常出现在上涨途中、上涨末期，或股价从底部启动后遇到成交密集区。上影线越长，表示上档压力越大，阳线实体越长，表示多方力量越强。

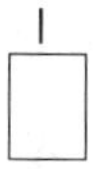

图 6-7　带上影线的阳线

六、带上影线的阴线（图 6-8）

带上影线的阴线表示股价先涨后跌。阴线实体越长，表示空方势力越强。常出现在阶段性的头部、庄家拉高出货或震仓洗盘时。

图 6-8　带上影线的阴线

七、带下影线的阳线（图 6-9）

带下影线的阳线表示股价先跌后涨，股价在低位获得买方支撑，卖方力量受阻。常出现在市场底部区域或市场调整结束时。

图6-9　带下影线的阳线

八、带下影线的阴线（图6-10）

带下影线的阴线即下跌抵抗型，股价下跌后获得支撑，表示股价急跌后受到买方的抵抗，可能会有反弹。常出现在下跌中途，或市场顶部附近。

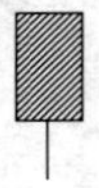

图6-10　带下影线的阴线

九、带上下影线的阳线（图6-11）

带上下影线的阳线表示上有压力，下有支撑，但买方力量占优。常出现在市场的底部或股价上升途中。上影线长，说明上方阻力大；下影线长，说明下档支撑强。

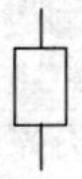

图6-11　带上下影线的阳线

十、带上下影线的阴线（图6-12）

带上下影线的阴线表示上有抛压，下有接盘，但空方占优。常出现在市场顶部，或股价下跌途中。阴线实体越长，表示空方做空的力量越大。

图6-12　带上下影线的阴线

十一、十字星形（图6-13）

十字星形指开盘价等于收盘价，并处于交易区间的中间。表示多空双方争夺激烈，即将分出胜负。经常出现在市场的底部或顶部，是市场将要出现转折点的典型形态。

图6-13　十字星形

十二、T 字形（图 6－14）

T 字形又称蜻蜓线或锤头线。开盘价和收盘价为全日最高价，下影线表示下方有一定的支撑。该图形经常出现在市场的底部，有时也会出现在市场的顶部，是市场的转折信号。

图 6－14　T 字形

十三、⊥字形（图 6－15）

⊥字形又称墓碑线或倒锤头。开盘价与收盘价为全日最低价，上影线表示上方有一定的压力。如果上影线很长，则有强烈的下降含义。常出现在市场的顶部，偶尔也会出现在市场的底部。

图 6－15　⊥字形

十四、一字形（图 6－16）

开盘价、收盘价、最低价、最高价都相同时，就会出现这种图形，一般出现在开盘后直接达到涨停或跌停时，表示多方或空方力量绝对占优，涨跌停板全天未被打开。

图 6－16　一字形

投资者如果从涨跌机率的角度对单一 K 线进行归类，可将其分为两类：一为上涨形态，即后市有可能上涨的 K 线形态是光头光脚大阳线、带下影线的阳线、带下影线的阴线、T 字形、十字星形和一字形；二为下跌形态，即后市有可能下跌的 K 线形态是光头光脚大阴线、带上影线的阳线、带上影线的阴线、⊥字形、十字星形和一字形。

第三节　K 线的组合形态

单根 K 线只反映股票单日的交易情况，不能充分说明市场趋势的持续和转折信息。实践中，投资者还需要研究 K 线组合形态，即通过观察几根 K 线组成的复合图形，来分析市场多空力量强弱，判断股价的后期走势。K 线组合形态分为反转组合形态和持续组合形态。这里只列举 12 种典型的反转组合形态和 4 种持续组合形态。

一、早晨之星（图 6－17）

早晨之星是典型的底部反转形态，通常出现在股价连续大幅下跌或数浪下跌的中期底部或大底部。

早晨之星由三根K线组成。第一根为长阴线，为下降趋势的继续。第二根是带上下影线的十字星，与第一根之间有一向下跳空缺口，收盘价与开盘价持平。第三根是长阳线，实体长度已上推到第一根阴线实体之内。

早晨之星的含义是黑暗已经过去，曙光已经来临，多空力量对比已开始发生转变，一轮上升行情将要展开。

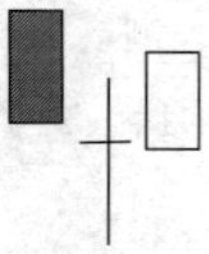

图6-17 早晨之星

二、黄昏之星（图6-18）

黄昏之星与早晨之星正好相反，是典型的顶部反转形态，通常出现在股价连续大幅上涨或数浪上涨的中期顶部和大顶部。

黄昏之星也由三根K线组成。第一根是长阳线，为上升趋势的延续。第二根是带上下影线的十字星，通常伴随着向上跳空缺口。第三根是长阴线，实体已插入到第一根阳线实体的内部。

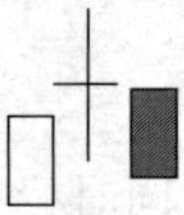

图6-18 黄昏之星

黄昏之星的出现预示着黑暗已经降临，一轮上涨行情即将结束，投资者应尽快抛股离场。

三、射击之星（图6-19）

射击之星是指一个小实体，上面有一根长长的上影线，似古人拉弓射箭的形状。射击之星常出现在连续上涨之后，是市场见顶的信号。

射击之星是在上升趋势中，市场跳空向上开盘，出现了新高点，最后收盘在较低的位置，留下长长的上影线，上影线长度是实体长度的三倍以上。

射击之星是市场失去上升动能的表现，是主力出货的常见图形。一般说来，后势要想突破射击之星创出的高位，往往需要相当长的时间。投资者应退场观望，以免高位长久被套。

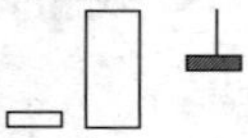

图6-19 射击之星

四、锤头（图6-20）

锤头是一个小实体下面带有长长的下影线，似锤子带着锤把的形状。锤头的出现预示着下跌趋势即将结束，表示市场在用锤子夯实底部，是比较可靠的底部形态。

锤头是在下降趋势中，市场跳空向下开盘，疯狂卖出被遏制，市场又回到或接近当日最高点，留下长长的下影线。小实体在交易区域的上面，上影线没有或很短。常伴有底部放量，放量越明显，信号越强烈。

图 6－20 锤头

五、吊颈（图 6－21）

吊颈是在高位出现的小阴实体，并带有长长的下影线，形状像一具上吊的尸体。吊颈的出现表示上涨趋势已经结束，主力正在出货。

吊颈是在上涨趋势中，当天股价高开低走，盘中出现长阴，主力尾市将股价拉起，几乎以最高点收盘，留下较长的下影线。吊颈欺骗性强，杀伤力很大，许多投资者会误认为下档有较强支撑，从而买入被套。

吊颈形态出现的第二天多为阴线，且开盘价较低。阴线的长度越长，新一轮跌势出现的概率越大。

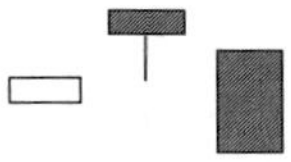

图 6－21 吊颈

六、穿头破脚（图 6－22）

穿头破脚有底部和顶部两种形态，是市场中最强烈的反转信号。顶部类似于“崩盘”，而底部多为“井喷”。

顶部穿头破脚是指股价经过较长时间上升后，当天股价高开低走，收出一根长阴线，并将前日阳线全部覆盖。顶部穿头破脚表示主力将股价推至高处后，高开制造假象，吸引跟风盘，随后大肆出货，将跟风者一网打尽。

底部穿头破脚是指股价经过一段时间下跌后，当日股价底开高走，收出长阳，这根长阳线将前日阴线全部覆盖。底部穿头破脚表示股价跌至低位后，再次杀跌引出割肉盘，随后将股价推高，一举收复前日失地，市场开始快速攀升。

(顶部) (底部)

图 6－22 穿头破脚

七、乌云盖顶（图 6－23）

乌云盖顶也属于拉高出货的顶部反转形态，预示在暴风雨即将来临的前夜，乌云压城城欲摧。乌云盖顶与顶部穿头破脚类似，只是在图形上阴线的收盘仅切入到阳线的 2/3 处，具有一定的不确定性，杀伤力也次于穿头破脚。

乌云盖顶是在市场上升后期，出现了一根长阳线，第二天股价跳高开盘，收盘价却下降到阳线实体中间之下。表示趋势反转已经发生，随后将出现较长时间的下跌，投资者应迅速离场。通常第二根阴线刺入前日阳线的程度越深，顶部反转的可能性越大。

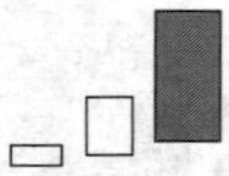

图 6－23 乌云盖顶

八、双飞乌鸦（图 6－24）

双飞乌鸦是指在市场的高位出现了两根并排的阴线，像两只乌鸦在摇摇欲坠的枯树枝上乱叫，预示“祸不单行”，市场将大幅下跌。

双飞乌鸦是在股价连续大幅上升之后，第一天是长阳线，第二天高开收出带上升缺口的阴线，表示向上攻击失败，第三天再次跳高开盘，收出阴线，收盘比前一日阴线低，但仍高于第一天阳线的收盘价。双飞乌鸦说明上升势头已被遏制，股价将下跌。

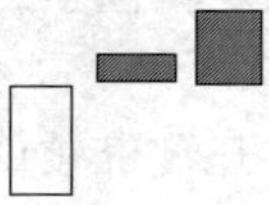

图 6－24 双飞乌鸦

九、双针探底（图 6－25）

双针探底是指两根有一定间隔的 K 线，都带有较长的下影线，下影线的位置非常接近，是常见的底部反转形态。

双针探底出现在股价连续下跌之后，表示股价已经过二次探底，下档有较强的支撑，底部确认有效。双针探底经常由一个底部十字星和一个锤头组成，第二根 K 线的低点常比第一根 K 线低点高。

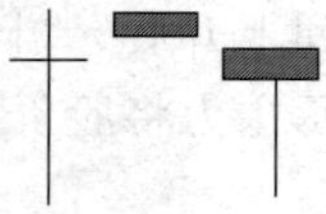

图 6－25 双针探底

十、身怀六甲（图 6－26）

身怀六甲是指在高位长阳线或低位长阴线之后，在实体中间部位出现的小阳或小阴线，好像前日 K 线怀中的胎儿。人们常把小阳线称为上涨孕，小阴线称为下跌孕。一般预示着市场上升或下跌的力量已经衰竭，市场已有改变既有趋势的迹象。

身怀六甲常出现在涨势或跌势的后期。由于反转的速度较慢，许多投资者会以为市场处于休整状态而未能及时采取措施。投资者此时可观察成交量，如果前日成交量放大后又突然急剧萎缩，市场反转的可能性大。

图 6－26 身怀六甲

十一、三个白武士（图6－27）

三个白武士又被称为红三兵，是指三根连续上升的小阳K线，收盘价一日比一日高。表示多头力量聚集，武士稳扎稳打，步步进逼。

三个白武士一般出现在市场见底回升的初期。每日收盘价虽为当天最高点，但开盘价均在前一天的实体之内。因而总体升幅不大，是稳步向上推高。投资者应逢低建仓，及时跟进以免踏空。市场底部出现此形态，常表示后势将加速上涨。

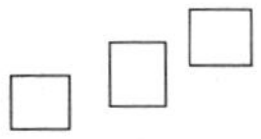

图6－27 三个白武士

十二、三只黑乌鸦（图6－28）

三只黑乌鸦是红三兵的反面“副本”，是指三根连续下跌的阴K线，收盘价一日比一日低，表示空方力量在逐步加强，后势看淡。

三只黑乌鸦一般出现在市场见顶之后，每日的收盘均出现新低点，而每日的开盘价却在前一日的实体之内。下跌的节奏较为平和，空方在缓慢杀跌，后势有可能加速下滑。投资者应果断决策，争取在第一时间平仓离场。

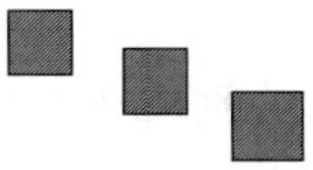

图6－28 三只黑乌鸦

十三、上升三部曲（图6－29）

上升三部曲是持续组合形态，指一根长阳线后接三根较小阴线，再接一根大阳线的组合。这是典型的震荡洗盘手法，表示后市将会继续上涨。

上升三部曲不是转势信号，而是表明升势将继续的持续整固信号。通常第一天为急升长阳，随后是三根小阴，实体都包含在第一天阳线之内，成交量萎缩，接着又一根阳线拔地而起，收盘价创出新高，市场重归升途。投资者应在整理结束时建仓或加码买进。

图6－29 上升三部曲

十四、下跌三部曲（图6－30）

下跌三部曲也是持续组合形态，是指一根长阴线后接三根小阳线，再接一根大阴线的组合。下跌三部曲反映市场极度虚弱，股价大跌小涨，空方占有绝对优势的情况。

下跌三部曲发生在市场下跌途中，第一天为急跌长阴，随后出现三根细小的反弹阳线，实体都包含在第一根阴线之内，接着又一根阴线破位而下，击穿市场多日形成的盘整巩固区间，市场重新纳入下跌的轨道。

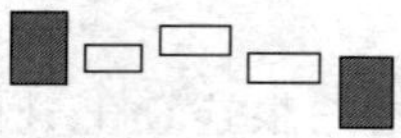

图 6－30　下跌三部曲

十五、两阳夹一阴（图 6－31）

两阳夹一阴属上升中继形态，是指在上升途中一根阴线夹在两根阳线中间，主力震荡洗盘的图形。

两阳夹一阴是常见的上升形态，表示股价在盘升过程中，不断遭到卖方打压，但逢低介入的买方众多，股价回档有限，且顽强上涨。擅长短线操作的投资者可利用冲高和回档之际做短差，但前提是不能丢掉筹码。

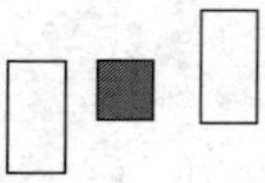

图 6－31　两阳夹一阴

十六、两阴夹一阳（图 6－32）

两阴夹一阳属下跌抵抗形态，是指在下跌途中一根阳线夹在两根阴线之间，主力震荡出货的图形。

两阴夹一阳是常见的下跌形态，表示股价在下跌过程中，不断受到买方抵抗，但逢高出货的卖方众多，股价反弹高度有限，且跌势不止。投资者应利用反弹机会逢高卖出，待股价跌到底部后，再重新进场承接。

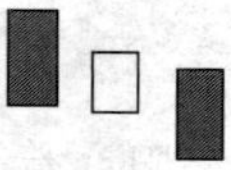

图 6－32　两阴夹一阳

K 线组合比单一 K 线有更强的实战意义。投资者既可将 K 线组合划分为反转组合形态和持续组合形态，也可以将 K 线组合归纳为上涨形态和下跌形态。上涨形态主要有早晨之星、锤头、底部穿头破脚、双针探底、身怀六甲、三个白武士、上升三部曲、两阳夹一阴。下跌形态主要有黄昏之星、射击之星、吊颈、顶部穿头破脚、乌云盖顶、双飞乌鸦、身怀六甲、三只黑乌鸦、下跌三部曲、两阴夹一阳。

第四节　K 线的实际应用及应注意的问题

一、K 线的实际应用

K 线图表简洁直观，立体感强，而 K 线组合形态信息明确，判断后市准确率较高，故 K

线理论在股市中深受投资者的欢迎，使用者众多。但在实践中投资者要做到精通 K 线，利用 K 线跑赢市场，战胜庄家，并不是一件容易的事，需要有扎实的功底和娴熟的使用技巧。因此，投资者应在实践中不断学习，通过实战训练，提高自己解析图表，把握大势的能力。

（一）利用 K 线组合判断大势走向（图 6－33）

上证指数自 2012 年 1 月 6 日开始走出一波上涨行情，经过 32 个交易日，从 2132.03 点上涨到 2478.38 点。当天大盘以高开震荡回落走势，走出一根带长上影线的十字星，该点构成了顶部，随后几天股市开始走低。

经过 7 日震荡下跌，大盘探底 2388.52 点开始反弹，在 6 个交易日后达到第二个高点 2476.22 点，该位置成交量出现天量，一根大阴线吃掉 6 根反弹阳线，技术指标也出现顶背离。当日的 K 线组合为顶部穿头破脚形态，长阴线将前日阳线全部覆盖，表明主力再次大肆出货，散户可跟风杀跌。

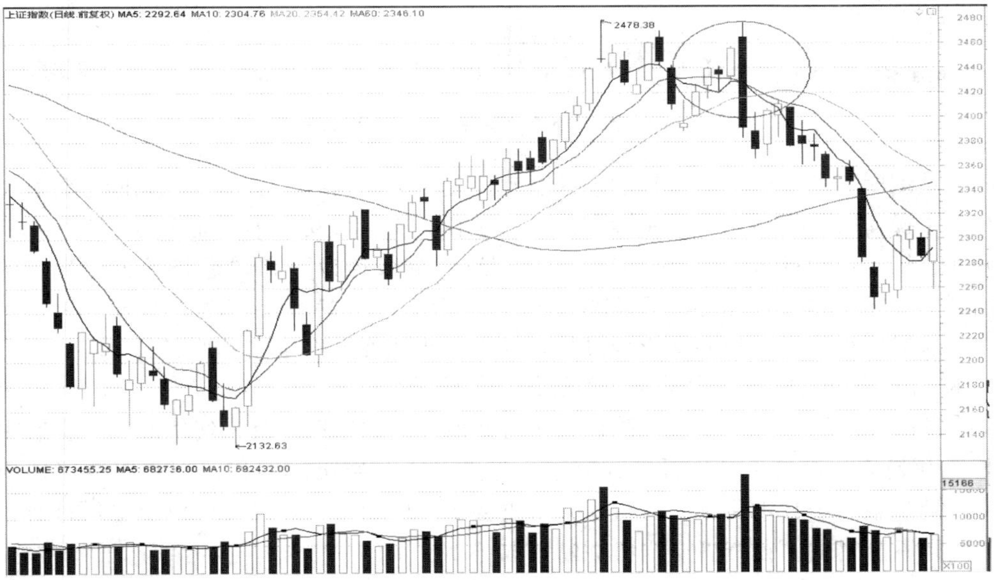

图 6－33　上证指数 K 线形态分析图

（二）利用 K 线组合判断个股走势（图 6－34）

南京高科（6000064）在经过前期大幅上涨后，2013 年 2 月 1 日以较大的成交量拉出一根大阳线，第二天高开并创出阶段性高点 13.40 元，收盘价 12.83 元，为一根带长上影线的阴线，是典型的射击之星反转形态，随后股价开始了三个月的持续下跌。

二、应用 K 线应注意的问题

K 线表现市场有很强的视觉效果，是最能表现市场行为的图表之一。但是，由于 K 线是依靠人类的主观印象建立起来的，是人们对历史走势形态的一种归纳和表达方法，并没有严格的科学逻辑，因此它也并非是一种完美的技术，也存在着一些缺陷。投资者在应用时应注意以下几点。

1. 单根 K 线分析的出错率是比较高的

K 线是一种短线分析方法，是试图用昨天的 K 线特征去预测今天的走势，再以今天的 K

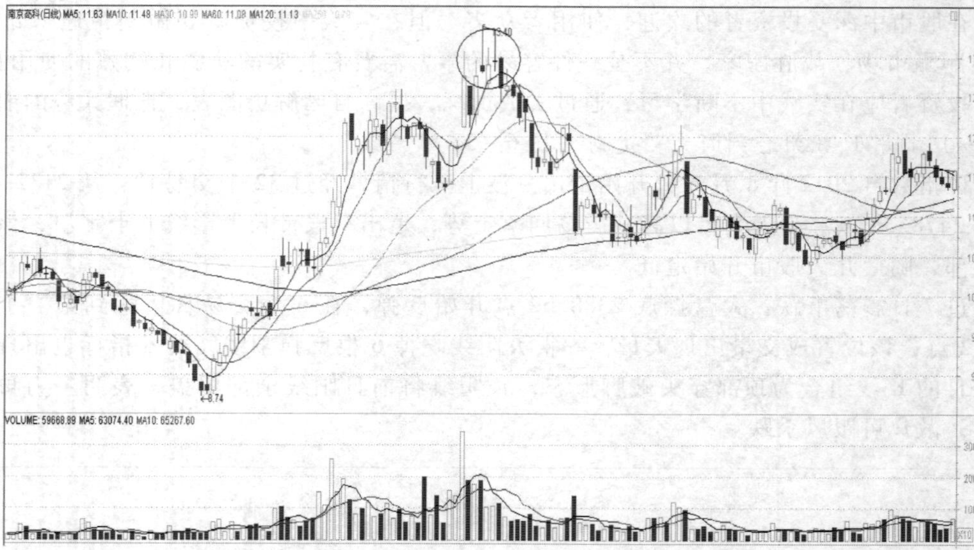

图6－34　南京高科K线形态分析图

线特征去预测明天的走势。而市场的实际变动是复杂的，与投资者的主观判断经常会出现偏差。在盘中操作时依据想像的、不确定的结果进行买卖，成功率不可能很高。

另外，用收市后的K线结果作依据，会导致“顺势难为”和“逆势是否能为”的两难选择。例如对于已涨停的股票，不到收市前不能确定K线的性质，确定了K线的性质又买不进去，若涨停板打开又担心上影线过长，且进一步演变成射击之星形态。

2. K线方法只能作为战术手段，不能作为战略手段

K线方法常常用于战术决策，并且是作为其他理论的辅助工具来使用的。在实践中，如果将K线和趋势分析与指标分析结合使用，优点会十分突出。例如，当使用波浪理论计算目前价位到了某一个技术目标，且恰逢某个重要的时间窗口，K线又发出卖出信号时，这时卖出一般是不会错的，投资者应当机立断采取行动。

3. 投资者要善于使用周K线，周K线对于指导中线投资者操作有比较好的效果

在股市中，多数投资者都看日K线，用日K线指导操作。但日K线容易出错，且经常被庄家操纵做出骗线。而周K线反映的是中级行情，时间周期长，庄家做骗线的难度非常大，所以周K线的准确性远高于日K线。例如，当日K线是底部形态，而周K线是持续下跌形态时，说明股价并未见底。

在股市中，一般大周期管中周期，中周期管短周期，因此周K线管日K线。只有当周K线见顶或见底，日K线也见顶或见底时，这个顶部或底部才真实可靠。

4. K线组合分析要根据实际情况进行修改和调整

K线组合形态是总结历史经验的产物。在实际市场中，完全符合前面所介绍的组合形态的情况并不多见，如果一成不变的照搬组合形态，有可能会错失买入或卖出的良机。而当K线组合出现平顶、圆顶或塔形顶时，投资者同样应迅速采取行动。所以，投资者在实战中要根据具体情况灵活地调整操作策略。

【知识小结】

本章主要介绍了 K 线的含义和画法，单一 K 线的形状及多空含义，K 线组合的主要形态及意义，以及应用 K 线应注意的问题。投资者在使用 K 线分析进行专卖操作时，要结合实际情况加以灵活掌握。

训练设计

1. 简述 K 线的含义和画法。
2. 简述 K 线的基本形态及所表示的多空含义。
3. 试对 12 种 K 线反转形态和 4 种 K 线持续形态进行判断和分析。
4. 简述 K 线分析应注意的问题。

第七章

移动平均线

学习目标

移动平均线的建立、计算和应用比较简洁，很受广大投资者欢迎，是实际操作中常用的技术分析方法之一。本章对移动平均线的基本情况作介绍，其中葛兰维尔八大法则是移动平均线实用性较强的组成部分，投资者结合其他指标或形态对大势和个股的走势进行判断，可以提高研判的准确性。

【导读案例】

苏宁云商（002024）移动平均线分析

图 7－1 是苏宁云商（002024）2013 年 5 月至 2013 年 11 月的日 K 线图。苏宁云商股价从 6 月 5 日的最低点 4.56 元开始启动，至 8 月下旬，股价线陆续上穿了 MA（5）、MA（10）、MA（20）、MA（60）、MA（120）、MA（250），移动平均线也完成了黄金交叉和多头排列，股价开始快速上行。至 10 月 10 日，股价最高到达 14.33 元，涨幅已超过 300%。之后股价开始下跌，到 11 月份，移动平均线陆续开始死叉，股价步入下跌趋势中。

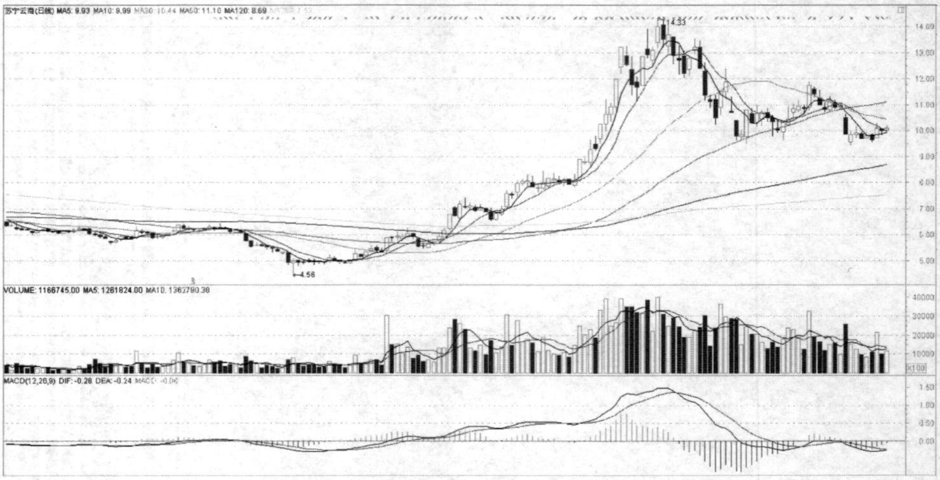

图 7－1　苏宁云商 MA 实例

问题：

1. 观察图中短、中、长期移动平均线对股价走势所起的作用。
2. 指出图中移动平均线的交叉方式与排列方式。
3. 运用葛兰维尔八大法则确定该股票的买卖时机。

第一节 移动平均线的含义和制作方法

一、移动平均线的含义

市场股票价格不断地变化，有时波动较大，在一段时间内很难看出价格走势，运用移动平均线可以得到一段时间内股票的平均价格。

移动平均线（MA）是利用统计学移动平均原理，将一定时间内的股价加以平均，连接成线，用以观察股价走势。移动平均线将著名的道氏理论具体化、数字化，而且引申出很多技术分析指标。

二、移动平均线的绘制

移动平均线的计算与绘制如下。

1. 算术移动平均数

$$A_n = (P_n + P_{n-1} + \cdots\cdots P_1)/n$$

式中：n 为设定的时间跨度，即交易日数；P 为收盘价（指数）。

2. 线性加权移动平均数

$$A_n = (a_1P_n + a_2P_{n-1} + \cdots\cdots a_nP_1)/(a_1 + a_2 + \cdots\cdots a_n)$$

式中：$a_1\cdots\cdots a_n$ 为天数（第 1 天，第 2 天……）。

例如，5 日加权移动平均，第 1 天收盘价乘以 1，第 2 天乘以 2，以此类推至第 5 天乘以 5，然后计算总和除以（1 +2 +3 +4 +5）即为加权移动平均数。

3. 阶梯式加权移动平均数

$$A_n = [a(P_n + P_{n-1}) + b(P_{n-2} + P_{n-3}) + \cdots\cdots)]/(2a + 2b + \cdots\cdots)$$

以 5 日平均数，阶梯方式 2 为例：第 5 天收盘价加上第 4 天收盘价后乘以 5，第 4 天收盘价加第 3 天收盘价后乘以 4……然后计算总和再除以 2（1 +2 +3 +4 +5）。

移动平均线的绘制：在坐标纸上，纵坐标表示价位，横坐标表示时间，将移动平均数画在坐标内，然后按顺序连线即为移动平均线。移动平均线多与 K 线配合使用。

三、移动平均线的分类

移动平均线根据计算期间可以分为短期移动平均线、中期移动平均线和长期移动平均线。短期移动平均线以半月以内为主，5 日、10 日移动平均线即为周线、半月线；中期移动平均线以 20 日移动平均线（月线）和 60 日移动平均线（季线）为主；长期移动平均线主要是 120 日移动平均线（半年线）和 240 日移动平均线（年线）。

各类移动平均线如图 7－2 所示。

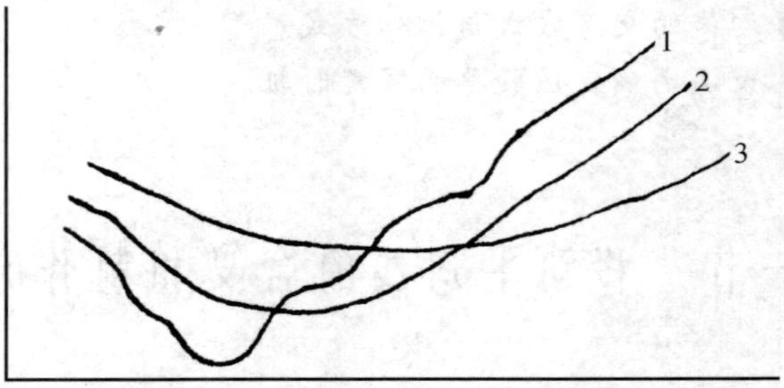

图 7－2　移动平均线的种类

四、移动平均线的作用

移动平均线最根本的宗旨是消除偶然性因素的影响，并且能显示平均成本价格。

（一）助涨、助跌作用

1. 助涨作用

股价从平均线下方向上突破，平均线也开始向右上方移动，可以看作是多头支撑线；股价回跌至平均线附近，自然会产生支撑力量，此时有助涨作用。当股价上升缓慢和回跌时，平均线也开始减速移动，股价再回至平均线附近，平均线失去助涨作用。

2. 助跌作用

股价从平均线上方向下突破，平均线也开始向右下方移动，可以成为空头阻力线；股价回升至平均线附近，自然产生阻力，此时有助跌作用。直到股价下跌缓慢或回升，平均线开始减速移动，股价若再与平均线接近，平均线失去助跌作用。

（二）趋势作用

移动平均线能够表示股价趋势方向，并沿趋势发展。一般在股价走势图中能找出上升或下降趋势线，那么移动平均线将保持与趋势线方向一致，并可以消除股价的起伏。

（三）引力作用

当股价远离移动平均线时，移动平均线又有引力作用，它会把股价再拉回移动平均线附近。当股价在移动平均线上方时，股价上涨，但涨到高位时，移动平均线又把股价拉回来，说明当股价远离移动平均线时则发出信号：股价将下跌，投资者应该卖出股票。当股价在移动平均线下方时，股价下跌，但跌到一定程度时，移动平均线又把股价拉回来，说明当股价远离移动平均线时则发出信号：股价将上涨，投资者应该买进股票。

第二节　移动平均线的运用原则与分析方法

一、葛兰维尔八大法则

如何运用移动平均线？以技术大师葛兰维尔（Joseph Granville）的“移动平均线八大法

则”最为著名，如图 7－3，其内容如下。

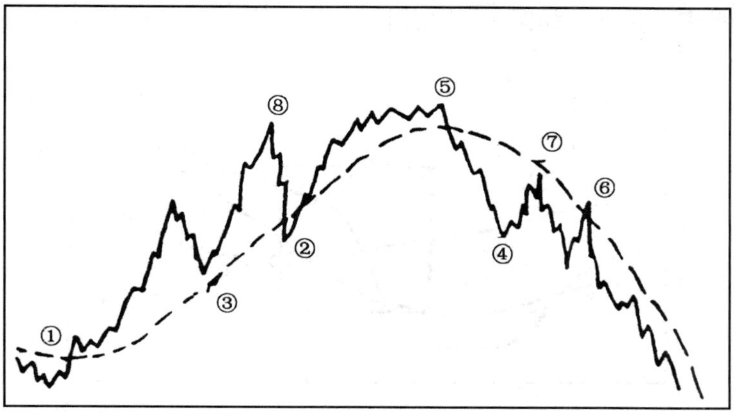

图 7－3　葛兰维尔法则

（一）买入法则

（1）移动平均线从下降开始走平，股价从下上穿移动平均线时，为买进信号①（K 线打底）。

（2）股价虽然跌入移动平均线下，而移动平均线仍保持上行，股价很快又回到移动平均线之上时，为买进信号②（K 线探底）。

（3）股价在移动平均线之上，突然下跌，但未跌破移动平均线，股价又继续上升时，为买进信号③（K 线为大涨小回）。

（4）股价在移动平均线下突然暴跌，远离移动平均线之时，极有可能再趋向移动平均线，为买进信号④（K 线弹升）。

（二）卖出法则

（1）移动平均线从上升逐渐走平，而股价从平均线上方下穿移动平均线时，为卖出信号⑤（K 线作头）。

（2）股价虽然上升突破移动平均线，但立刻又回到移动平均线之下，而且移动平均线仍继续下行时，为卖出信号⑥（K 线探头）。

（3）股价在移动平均线之下，股价上升但未达到移动平均线又告回落时，为卖出信号⑦（K 线为大跌小涨）。

（4）股价在上升中并且在移动平均线之上，突然暴涨，远离移动平均线之时，极有可能向移动平均线回归，为卖出信号⑧（K 线连续红线回落）。

葛兰维尔八大法则中买入法则和卖出法则是一一对应的，其中法则一、三、四和法则五、七、八分别对应的是多头市场和空头市场的顺势而为的情况，这是普通投资者可以遵循的。但是，法则二和六却反映的是一种逆向操作，具有一定的风险。

二、移动平均线组合与股价走势组合的效用

短期、中期、长期移动平均线的组合不同，对股价走势预测极为有效。

（一）各移动平均线、股价走势线运行方向趋于一致

1. 多头排列

当股价走势线，短期、中期、长期移动平均线全部向上，且短期、中期、长期移动平均

线从上至下依次排列，表示在一段时间，股价上涨趋势已经得到确认，行情会继续走高。此时的移动平均线呈多头排列，如图 7－4 所示。

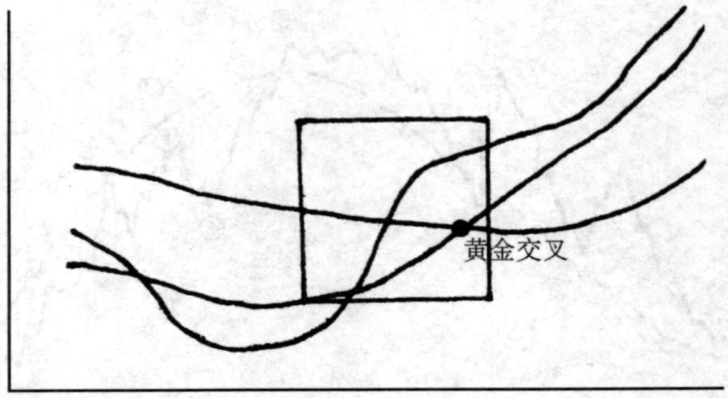

图 7－4　多头排列与黄金交叉

2. 空头排列

当股价走势线，短期、中期、长期移动平均线全部向下，且短期、中期、长期移动平均线依次从下至上排列，表示在一段时间，股价下跌趋势已经得到确认，行情会继续走低。此时的移动平均线呈空头排列，如图 7－5 所示。

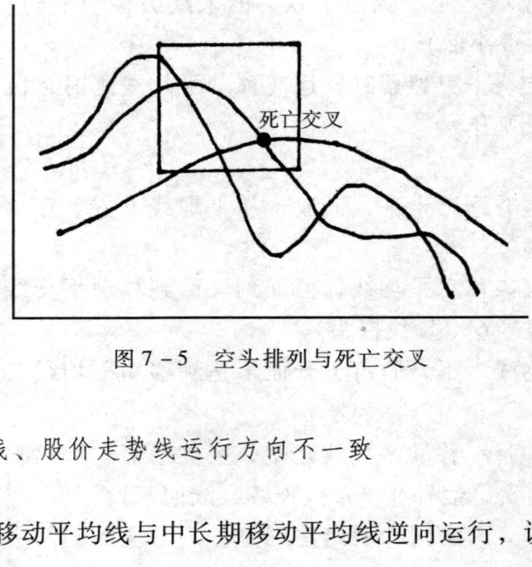

图 7－5　空头排列与死亡交叉

（二）各移动平均线、股价走势线运行方向不一致

1. 逆向运行

股价走势线、短期移动平均线与中长期移动平均线逆向运行，说明行情仅属于回档或反弹，其两种形态：

（1）股价走势线、短期移动平均线向下，中长期移动平均线向上，说明行情涨势尚未结束，仅为回档；

（2）股价走势线、短期移动平均线向上，中长期移动平均线向下，说明行情跌势尚未结束，仅为反弹。

2. 缠绕运行

股价走势线、短期与中长期移动平均线相互交错，不断交换上下位置，说明行情进入盘局，将持续一段时间，直至打破僵局。多空双方中一方取得优势，再展开新一轮的涨跌。

（三）各移动平均线、股价走势线相互交叉

1. 黄金交叉（金叉）

黄金交叉是指股价走势线、短期移动平均线、中期移动平均线依次由下上穿短期移动平均线、中期移动平均线、长期移动平均线形成交叉。其中，最有意义的是股价走势线分别与短期、中期、长期移动平均线呈黄金三角状交叉，预示着可能会出现短期、中期反弹或反转上升；若形成黄金交叉后股价向上有效突破移动平均线，则是风险较小的买点。黄金交叉是移动平均线多头排列，确立多头行情成立不可缺少的步骤。如图 7－4 所示。

2. 死亡交叉（死叉）

死亡交叉是指股价走势线、短期移动平均线、中期移动平均线依次由上下穿短期移动平均线、中期移动平均线、长期移动平均线形成的交叉。其中，最有意义的是股价走势线分别与短期、中期、长期移动平均线呈死亡三角状交叉，预示着可能会出现不同期限的回档或反转下跌；若形成死亡交叉后股价向下有效突破移动平均线，则是风险较小的卖点。死亡交叉是移动平均线空头排列，确立空头行情成立不可缺少的步骤。如图7－5 所示。

第三节 移动平均线的实战运用

一、运用移动平均线判断大市和个股走势

利用移动平均线的排列与组合、交叉及葛兰维尔法则，可以帮助投资者对大势或个股涨跌进行研判，并判断买点或卖点以获取利润及减少投资损失。

［例 1］ 图 7－6 是上证指数 2008 年 10 月至 2009 年 7 月的日 K 线图，图中 4 条移动平均线 MA 的参数分别为 5、10、20、60。局部低点为 1664.93，最高点为 3478.01。2009 年 1 月 5 日至 1 月 19 日，MA（5）、MA（10）、MA（20）分别调头向上，指数线上穿 MA（5）、MA（10）、MA（20）、MA（60），MA（5）上穿 MA（10）、MA（20）、MA（60），MA（10）上穿 MA（20）、MA（60），MA（20）上穿 MA（60），出现黄金交叉，形成多头排列，MA（60）走平于 2 月 3 日上翘，各移动平均线在指数线下方运行，起着支撑上升的作用，指数走出不断上升的行情。

［例 2］ 图 7－7 是上证指数 2012 年 4 月至 11 月的日 K 线图，图中 4 条移动平均线 MA 的参数分别为 5、10、20、60。局部最高点为 2453.73，最低点为 1961.82。2012 年 5 月 9 日至 6 月 4 日，MA（5）、MA（10）、MA（20）、MA（60）分别调头向下，指数线下穿 MA（5）、MA（10）、MA（20）、MA（60），MA（5）下穿 MA（10）、MA（20）、MA（60），MA（10）下穿 MA（20）、MA（60），MA（20）下穿 MA（60），出现死亡交叉，形成空头排列，各移动平均线在指数线上方运行，起着阻力作用，指数走出不断下跌的行情。

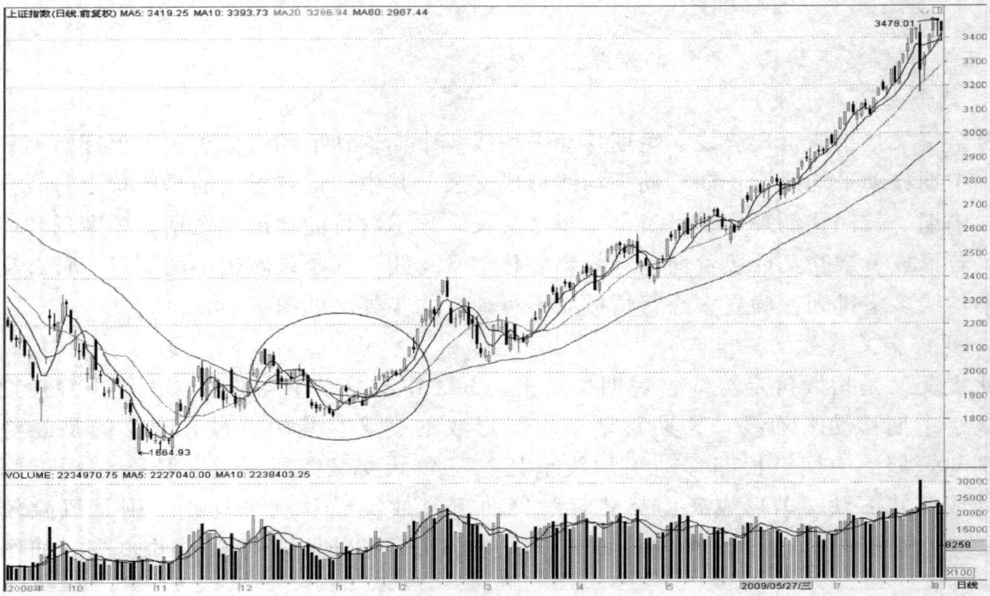

图 7－6　上证指数 MA 实例（一）

图 7－7　上证指数 MA 实例（二）

［**例 3**］图 7－8 是盐田港（000088）2013 年 7 月至 2013 年 3 月的日 K 线图。图中 4 条移动平均线 MA 的参数分别为 5、10、20、60。局部最低点为 3.03 元，最高点为 6.85 元。2013 年 7 月 29 日至 2013 年 11 月 25 日，MA（5）、MA（10）、MA（20）、MA（60）分别调头向上，股价上穿 MA（5）、MA（10）、MA（20）、MA（60），MA（5）上穿 MA（10）、MA（20）、MA（60），MA（10）上穿 MA（20）、MA（60），MA（20）上穿 MA（60），出现黄金交叉，形成多头排列，各移动平均线在股价下方运行，起着支撑上升的作用，股价走出不断上升的行情。

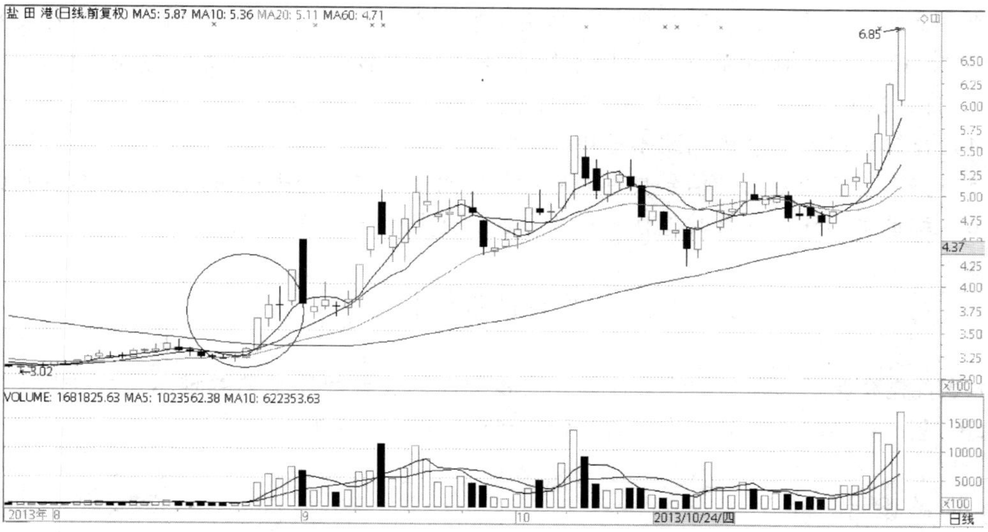

图 7-8　盐田港 MA 实例

[例 4] 图 7-9 是辽通化工（000059）2013 年 1 月至 2013 年 7 月的日 K 线图。图中 4 条移动平均线 MA 的参数分别为 5、10、20、60。2013 年 2 月 7 日股价局部高点为 8.1 元，之后拉出 6 根阴线，2013 年 2 月 19 日至 3 月 26 日，股价、MA（5）、MA（10）、MA（20）、MA（60）全部调头向下，出现死亡交叉，形成空头排列，发出强烈卖出信号。

图 7-9　辽通化工 MA 实例

二、应用移动平均线应注意的问题

（1）移动平均线可以分析大势，判断是牛市还是熊市；是多头市场中技术回档，还是空头市场的技术反弹。

（2）葛兰维尔法则、金叉和死叉、多头排列和空头排列是运用移动平均线的有效方法。

（3）5日、10日移动平均线适用于短期操作，20日、60日移动平均线适用于中期操作，120日、240日移动平均线适用于长期操作。

（4）盘局阶段，移动平均线不适用。

（5）移动平均线发出的信号具有滞后性，使投资者难以把握股价的最高点和最低点。

（6）移动平均线应配合其他技术分析方法，尤其是K线和成交量。

【知识小结】

本章首先介绍了移动平均线的计算方法和特征，接着阐述了葛兰维尔八大法则的内涵，在此基础上，对移动平均线的组合形态和实战运用进行了分析。

训练设计

1. 试述葛兰维尔法则的主要内容。
2. 如何利用移动平均线的排列与交叉判断行情？
3. 试述移动平均线的缺点。

第八章 技术指标

学习目标

技术指标是技术分析中比较重要的方法，在计算机被普遍使用后，技术指标得到广泛的应用。目前世界上有各种各样的技术指标约一千多个，每个技术指标都有自己的拥护者并在实际投资中得到应用。本章介绍几种在市场上常用的主要技术指标，技术指标的计算借助于计算机，不需要投资者手动计算，在这里我们主要对技术指标的计算过程、设计原理等进行介绍，并重点介绍指标的应用。

【导读案例】

西泵股份（002536）技术指标分析

西泵股份（002536），全名为河南省西峡汽车水泵股份有限公司，主营业务有汽车、摩托车零部件（不含发动机）及其机械产品的加工、制造、销售；经营本企业自产产品的出口业务；经营本企业所需的原辅材料、机械设备、零部件的进口业务。

公司于2010年12月29日采用上网定价发行方式向社会公开发行A股2 400万股，发行价为36元，2011年1月11日在深圳中小板上市。公司股票上市后的最高价为43元，并在2011年6月和2012年6月两次派现除权。第二次除权的前一日收盘价为16.48元，除权当日的收盘价为16.28元。除权后，公司股票在2012年11月28日创下了上市后的最低价11.83元。该公司2013年12月31日的总股本为9 600万股，其中流通A股4 025万股。2012年每股收益为0.36元，每股净资产12.12元，每股资本公积金8.31元，每股未分利润2.52元。

图8－1是西泵股份2012年11月7日至2013年11月22日的K线走势，以及MACD、RSI、KDJ、W%R指标图。

问题：

根据上述资料，请用MACD、RSI、KDJ、W%R指标对西泵股份（002536）进行技术分析，并预测股价后期的走势。

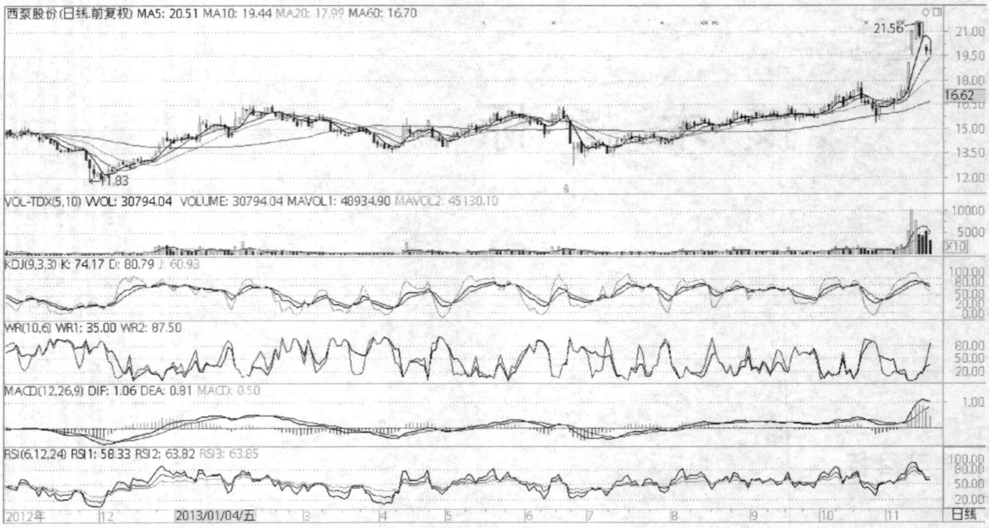

图 8-1　西泵股份股价走势与技术指标

第一节　技术指标分析的含义与应用法则

在证券投资操作过程中，技术指标已被每位投资者所重视，每个投资者都有自己惯用的技术指标体系，并根据实际情况进行必要的修正。

一、技术指标分析的含义

技术指标是指按照某种特殊的需要，根据事先设计的方法对证券市场的原始数据进行处理，根据处理的结果将数据制作成图表，对市场进行行情分析研究。

技术指标所处理的原始数据主要是开盘价、收盘价、最高价、最低价、成交量和成交金额，个别技术指标可能还需要成交笔数、财务指标和股本结构等其他数据。对这些原始数据的处理方法很多，可以说，有多少种处理原始数据的方法就有多少种技术指标，或者说有多少种技术指标就有多少种处理原始数据的方法。

产生技术指标的方法可以有两大类：数学模型法和叙述法。

数学模型法是指有确定的数学计算公式，只要给出原始数据，根据公式和计算说明，就可以较方便地计算出技术指标值。一般来说，技术指标的计算都是通过计算机。

叙述法是指没有确定的数学计算公式，只有处理数据的文字说明，对原始数据的处理仅凭叙述。一般投资者只承认数学模型法计算出来的技术指标，而不承认用叙述法产生的技术指标，这仅是个人观点。在此，我们仅介绍用数学模型计算出的技术指标。

二、技术指标的应用原则

应用技术指标一般要考虑以下六个方面。

（一）技术指标的背离

技术指标的背离是指技术指标曲线的波动方向与价格曲线的趋势方向不一致。背离主要包括顶背离和底背离两种形式。技术指标的波动有超前于价格波动的功能，在价格没有转折之前，技术指标提前预示未来趋势，背离表明技术指标不支持价格的波动。技术指标的背离是应用技术指标较为重要的一点。

（二）技术指标的极端值

技术指标的极端值是指技术指标的取值极大或极小，即技术指标处于超买区或超卖区。技术指标达到何种程度为极端值，很显然没有一个固定的数字。因为，对同一个技术指标，不同证券的极端值是不可能一样的，同一证券在不同的时间区间也可能有不同的极端值。极端值在实际操作中出现的次数不多。

（三）技术指标的交叉

技术指标的交叉是指技术指标图形中的两条曲线发生交叉现象。技术指标的交叉主要包括技术指标不同参数的两条曲线之间的交叉和技术指标曲线与固定的水平直线的交叉。技术指标的交叉表明了多空双方力量发生了改变。

（四）技术指标的形态

技术指标的形态主要指技术指标曲线的波动过程中出现了形态理论中所介绍的反转形态。有时可以把技术指标曲线看成价格曲线，可以利用形态理论进行分析。

（五）技术指标的转折

技术指标的转折是指技术指标曲线在顶部或底部调头，有时这种调头表明一个趋势要结束，另一个趋势要开始；有时表明暂时出现了问题。

（六）技术指标的盲区

技术指标的盲区是指在多数情况下，技术指标都无能为力，就是说多数情况下技术指标不能发出买卖信号。只有在很少的情况下，技术指标才能发挥作用，这一点应引起投资者的注意。

三、技术指标分析应注意的问题

（一）技术指标只能作为战术手段

一般技术指标在特殊的市场环境下，只能给出“短”的预测。主要是指考虑的历史时间跨度较短，对未来的预测空间跨度短，并且对未来的价格波动幅度的预测都有一定的限度。

作为技术指标一般不能给出“大的趋势”，只能在某个瞬间指出趋势的短暂方向。对于未来价格波动的深度和广度，很难从中获得正确的答案。所谓战术手段仅指当你确定了应该买入或卖出后，技术指标会指出你在何时具体实施更为有利。

（二）运用技术指标主观因素很重要

技术指标的运用过程中，对相同对象的不同判断、技术指标参数的选择、技术指标适用条件的选择都十分重要。

1. 对相同对象的不同判断

技术指标是一种分析工具，投资者利用这些工具对市场进行预测，面对同一时间的同一技术指标，不同的投资者会得出不同的结论，这就是主观因素的作用。

2. 技术指标的参数选择

大多数的技术指标都需要设定参数，同一种技术指标因不同投资者参数设定的不同，其指标值显然就不同，其使用效果显然也就不会相同。

3. 技术指标的适用条件

每种技术指标都有自己适用的范围与条件。在一定的条件下，有些技术指标的效果很好，但有些技术指标的效果则很差。因此，在使用技术指标时不能生搬硬套，尤其要注意技术指标适用的条件和范围。

技术指标永远是有用的、所采用的计算和分析方法是正确的，错误的经常是使用技术指标的人。

（三）技术指标的失效

每种技术指标都有自己的盲点，在条件不符合时有时会失效。在市场高位时技术指标钝化或失灵。

（四）技术指标的混合运用

运用技术指标进行分析，应该了解每种指标的特点和构造原理，但不可能考虑所有的技术指标。一般应用技术指标分析，要重点掌握几种常用的指标或非常熟悉、经常使用的几种指标，其余的指标为辅。投资者使用技术指标的习惯不同，根据实际使用情况进行不断地调整，调整的内容包括对技术指标种类的调整和对技术指标参数的调整，不断地对技术指标的使用效果进行考察，使技术指标分析更加实用。

第二节　相对强弱指标和随机动量指标

一、相对强弱指标（RSI）

（一）RSI的含义与作用

相对强弱指标RSI（Relative Strength Index）是常用的技术指标之一，RSI的发明者是韦尔斯·魏尔德（J. Welles Wilder，JR）。RSI是基于供求原理产生的，根据一段时间内价格上涨或下跌的整体情况，推测买卖力量的大小，进而判断未来价格的变动方向，并根据股价涨跌幅度显示市场强弱。

（二）RSI的计算方法

首先计算价差。先得到包括当日在内的连续N+1个交易日的收盘价，以每一日的收盘价减去上一个交易日的收盘价，就得到N个交易日的价差（涨跌幅）。

$$RSI=\frac{N\text{日内上涨点数（涨幅）之和}}{N\text{日内上涨点数（涨幅）之和}+N\text{日内下跌点数（跌幅）之和}}$$

或：$$RSI=100-\frac{100}{1+RS}$$

$$RS=\frac{N\text{日内上涨点数（涨幅）之和}}{N\text{日内下跌点数（跌幅）之和}}$$

式中：RS 为相对强度，N 为参数。

很显然，RSI 的计算只涉及收盘价，RSI 的值介于 0% ~100% 之间，N 的取值可以为 5、9、14 等。N 的取值过小，则 RSI 反映过于敏感；若 N 的取值太大，则 RSI 反映又过于迟钝。

（三）RSI 的应用原则（图 8 -2）

1. 从 RSI 的取值结果判断行情

将 0 ~100% 分成 4 个区域（参见表 8 -1）。

表 8 -1

100% ~80%	极强	卖出
80% ~50%	强	买入
50% ~20%	弱	卖出
20% ~0	极弱	买入

随着 RSI 取值的从上到下，投资行为应为：卖出──→买入──→卖出──→买入。强势应买入，但过分强势应卖出；弱势应卖出，但极弱时应买入，所谓物极必反。RSI 的强弱中，极强与强之间和弱与极弱之间并没有绝对的分界线，有的投资者选择 30% 和 70% 或 15% 和 85% 作为判断标准，在使用 RSI 时应注意分析当时大势的具体情况，酌情确定参数和判断标准。

图 8 -2　RSI 实例

确定分界线可以考虑这几个因素：

（1）RSI 的参数选择，一般情况，参数越大，分界线离中心 50% 就越近，离 100% 和 0 就越远。

（2）选择证券的活跃程度，不同的证券其活跃程度不同，RSI 达到的高度也就不同，一般情况，越活跃的证券，其分界线离 50% 越远。

（3）与使用的时间有关，不同时期，RSI 的波动不同，选择的分界点也不同。

2. 短期 RSI 判断多空市场

一般短期 RSI > 长期 RSI，则属于多头市场；短期 RSI < 长期 RSI，则属于空头市场。

3. RSI 在多空市场中的变化

RSI 在多头市场里有不同的变化，若出现上升行情后，出现一浪比一浪高的股价，则 RSI 可以同样出现顶峰，若出现三个高峰，那么回档行情应引起注意。但在多头市场里，RSI 可以超过 90%，一般很难跌到 30% 以下，多头市场里可以在 RSI 下跌时择机进货。在空头市场里，RSI 可以低于 15%，若在 15% 以下反弹，达到 70% 的机会也不多，一般在 50% 左右浮动，此时可以做价差。

4. RSI 进行形态分析

RSI 的研判可以结合头肩形、三角形等形态进行分析。

5. RSI 背离

RSI 的背离表明，股价与 RSI 同创新高，则后市看好；若 RSI 不创新高，则预示反转；股价创新低时，RSI 未创新低，则也有可能预示股价反转。

6. RSI 比 K 线更能看出走势

RSI 比 K 线更能反映走势，可以划出支撑线或阻力线判断未来走势。

RSI 能灵敏地反映价格变动，适用于短线操作，但有时会出现钝化现象，失去其原本意义。因此，应该与其他指标配合使用。

二、随机动量指标（KDJ）

（一）KDJ 的原理及计算

KDJ 的中文是随机动量指标（Stochastic），是由乔治·莱恩（George Lane）发明的，最早用于期货市场。即通过计算一定时间内的最高、最低价和收盘价间的波动幅度，反映价格走势强弱及超买超卖动态的指标。

KDJ 是在%R 的基础上发展起来的，它融合了移动平均线中关于快、慢线的观念，从而形成了非常有效的短线买卖信号。

KDJ 的计算可以分以下几个步骤：

1. 计算未成熟随机值 RSV（Row Stochastic Value）

$$RSV_{(n)} = (C - L_n)/(H_n - L_n) \times 100\%$$

式中：C 代表当日收盘价，L_n 代表 n 日内最低价，H_n 代表 n 日内最高价，n 代表天数。

2. 对 RSV 进行指数平滑，得到 K 指标

$$K_{n+1} = (1-\alpha) \times K_n + \alpha \times RSV_{n+1}$$

今日 K 值 = (1 − α) × 昨日 K 值 + α × 今日 RSV

式中：α 代表平滑因子，可以设定，一般 α = 1/3 较为固定。

3. 对 K 指标进行指数平滑，得到 D 指标

$$D_{n+1} = (1-\beta) \times D_n + \beta \times K_{n+1}$$

今日 D 值 = (1 − β) × 昨日 D 值 + β × 今日 K 值

式中：β 代表平滑因子，可以设定，一般 β = 1/3 较为固定。

在计算过程中需要说明的是，计算 KD 需要使用初值，即第一个 K 和第一个 D。一般来说，第一个 K 和第一个 D 都等于 0.5 或 50%。

4. 计算 J 值

$$J = 3D - 2K \text{ 或 } J = 3K - 2D$$

其实 J 是 D 加上一个修正值。J 实际上反映 D 和 D 与 K 的差值。在实际中，J 的使用非常简单，就是高抛低吸。

（二）KDJ 的应用（参见图 8－3）

图 8－3 KDJ 实例

1. KD 的取值范围

KD 的取值范围是 0～100%，一般认为 80% 以上为超买区，应该卖出；20% 以下为超卖区，应该买入。

2. KD 指标的曲线形态

当 KD 指标在接近顶部或底部形成的形态，可以作为买卖的信号，一般位置越高或越低，结论越可靠、越正确。KD 曲线的形态可以按形态理论的原则进行分析；也可以划趋势线，明确 KD 曲线的波动趋势；也可以引进支撑和阻力的概念。

3. KD 指标的交叉

K 与 D 的关系就如同股价与移动平均线的关系，也有黄金交叉与死亡交叉。K 从下向上穿破 D 形成黄金交叉，为买入信号；K 从上向下穿破 D 形成死亡交叉，为卖出信号。

交叉信号出现是否就是买入或卖出信号，还需要很多条件，如 KD 的黄金交叉：首先交叉的位置应该较低，应该在超卖区，越低越好；其次是相交次数越多越好；第三是右侧相交原则，K 在 D 已经抬头向上时才与 D 相交比 D 还在下降时与之相交要可靠得多。这样投资风险会降低，但同时也会失去一些机会。

4. KD 指标的背离

背离是指 KD 曲线的趋势与价格的走势不一致，当 KD 处于高位或低位时，如出现背离则是买卖信号。当 KD 在高位，并形成两个依次向下的峰，此时价格仍在上涨，并出现两个上升的峰，则形成顶背离，是卖出信号；反之，KD 处在低位，并形成两个依次向上的谷，而价格仍在下跌，并出现两个依次下降的谷，则形成底背离，是买入信号。

5. KD 指标失灵

K指标为快速指标，D指标为慢速指标；K指标反应灵敏，但容易出错，D指标反应稍慢，但稳重可靠。KD指标最大的盲区是当KD在低点经过一段时间后，第一次到达高位或从高位下到低位时，容易出现判断失误，这一点必须引起投资者注意。在这种情况下最好不要使用该指标。同时还应注意KD在顶部或底部出现钝化。在股价进入整理阶段，KD会失灵。

第三节　ADL、ADR和OBOS

大多数技术指标都是既可以应用到个股，又可以应用到大盘。这一节介绍三个只能用于大盘而不能用于个股的技术指标。

一般来说，证券市场上交易的证券很多，为了反映市场总体变化趋势，则产生了综合指数，力图全面公正地反映整个市场上升和下降情况。但综合指数也有不近人意的地方，反映市场状况也会出现偏差。这里介绍三个指标，从某一角度弥补综合指数的不足。

一、腾落指标（ADL）

1. ADL的原理及计算

ADL（Advance - Decline Line）就是利用简单的加减法，计算每日上市公司的股票上涨家数和下跌家数，与综合指数相比，对大势的未来趋势进行预测。计算公式为：

$$ADL_{n+1} = ADL_n + NA - ND$$

$$今日\ ADL = 昨日\ ADL + NA - ND$$

式中：NA为上涨家数，ND为下跌家数。

假设已经知道了上一个交易日的ADL数值，按照数学方法很容易得到：

$$ADL = \sum NA - \sum ND$$

其中，$\sum NA$为从开始交易的某一天算，每一个交易日中上涨的股票家数总和；$\sum ND$为下降家数的总和。

2. ADL的应用

（1）计算ADL随便设一个初值即可，因为ADL的应用重在ADL曲线的相对走势，并不看重ADL具体取值大小。

（2）ADL只能对大盘指数未来走势提供参考，不能对个股提出有益的帮助。

（3）ADL不能单独使用，必须同综合价格指数曲线结合使用才能显示作用。

其作用有：①ADL与价格指数同步上升并创新高，说明大势将继续上升；ADL与价格指数同步下降并创新低，说明大势将继续下降。②ADL的背离。ADL连续上涨（下跌）了很长时间，而价格指数却向相反方向下跌（上升）了很长时间，这是买进（卖出）信号，至少有反弹存在。在价格指数进入高位（低位）时，ADL却没有同步上升（下降），而是开始走平或下降（上升），这是卖出（买入）的信号。③ADL保持上升（下降）趋势，价格指数却在中途发生转折，但很快又恢复原有趋势，并创新高（低），这是买进（卖出）信号。

（4）ADL曲线在相对高（低）的位置上形成反转形态，则指数将反转。

二、涨跌比（ADR）

1. ADR 的原理及计算

ADR（Advance - Decline Ratio）又称回归式腾落指标，是由上涨家数与下降家数的比值推断股票市场多空双方力量大小，进而判断股票市场的实际情况。ADR 的计算公式为：

ADR（n）=PA/PD

式中：$PA=\sum NA$；$PD=\sum ND$；n 为时间区间。

选择 n 日股票上涨和下跌家数的总和，而不是一天的上涨和下跌家数，是为了避免某一天的特殊情况而误导投资者的判断。参数 n 究竟选多大，完全由主观判断，现在一般选择 10 为参数。

ADR 的曲线在 1 附近波动，波动幅度大小以 ADR 的取值为准，参数选择的越小，ADR 上下波动的空间就越大，曲线的波动就越激烈；参数选择的越大，ADR 上下波动的空间就越小，曲线的波动就越平稳。

2. ADR 的应用

（1）ADR 的取值范围在 0 以上，从理论上讲，ADR 的取值可以很大，但在实际情况中 ADR 大于 3 的情况都很少。一般来说，根据 ADR 的取值大小可以把市场分成几个区域。

①ADR 的常态状态。当 ADR 的取值在 0.5～1.5 之间时，ADR 处在常态状态，多空双方基本势均力敌。在极端特殊情况下，ADR 的常态状态的上下界限可以到 0.4～1.9。

②ADR 的极端值。ADR 的取值超过了常态状态的上下限就是极端值，即处在非常态状态，这是采取行动的信号。

③ADR 与指数的配合。ADR 上升（下降），而价格指数同步上升（下降），则价格指数将继续上升（下降）；ADR 上升（下降），而价格指数向相反方向运动，是短期内会有反弹（回档）的信号。

（2）ADR 曲线从低向高超过 0.5，并在 0.5 上下来回移动几次，就是空头市场即将结束的信号；ADR 从高向低下降到 0.75 之下，是短期反弹信号。

三、超买超卖指标（OBOS）

1. OBOS 的原理及计算

OBOS（Over Bought Over Sold）是运用上涨和下跌的股票数量的差距对综合指数进行分析的技术指标。与 ADR 相比，OBOS 含义更直观，计算更简便。计算公式为：

OBOS（n）=PA - PD

式中：$PA=\sum NA$；$PD=\sum ND$；n 为参数。

2. OBOS 的应用

（1）当市场处于整理阶段，OBOS 应该在 0 附近来回摆动；当市场处在多头市场时，OBOS 应该是正数，距离 0 比较远；如果市场处在空头市场时，OBOS 应该是负数，距离 0 也比较远。一般而言，距离 0 越远，其多方或空方力量就越大，势头就越强劲。但具体到 OBOS 大于多少或小于多少算是多方或空方占绝对优势还很难说。

（2）当 OBOS 走势与价格走势产生背离，则大势可能反转，为买卖信号。

（3）OBOS 曲线形成反转形态，同样适用形态理论。如果 OBOS 在顶部形成 M 头或头肩顶形态，则为卖出信号；如果 OBOS 在底部形成 W 底或头肩底形态，则为买入信号。

（4）OBOS 计算简单，直观易懂，使用比 ADR 多。当 OBOS 第一次进入信号区域，应特别注意出现错误，这是所有技术方法都要注意的问题。

第四节　常用指标

一、指数平滑异同曲线（MACD）

（一）MACD 的原理及计算

MACD（Moving Average Convergence and Divergence）的基本原理是根据短中期快速与慢速移动平均线分离、聚合的征兆功能，加上双重平滑处理，进行行情研判。该指标自 1979 年发明以来，受到投资者的普遍欢迎，在实际运用中，常将 MACD 作为中期指标使用，根据其柱状线的长短变化，也可以用于短期研判。尤其与 RSI、KD 等指标结合运用效果更好。

在一段真正持续的涨势或跌势中，移动平均线的特征是快速移动平均线与慢速移动平均线之间的距离越来越远（即乖离越来越大）。涨势或跌势趋缓，则两者之间的距离会越缩越小，甚至相互交叉，成为重要的买卖信号。由于移动平均线有时会发出虚假信号，使行情判断出现困难，MACD 克服了移动平均线这一缺点，成为较好的技术分析指标。

MACD 由离差值（DIF）和异同平均数（DEF）两部分组成，DIF 是快速平滑移动平均线和慢速平滑移动平均线的差。

1. 计算平滑移动平均线（EMA）

平滑移动平均线（EMA）的计算公式为：

$$EMA_t = X_t\alpha + EMA_{t-1}X\ (1-\alpha)$$

式中：EMA_t 为第 t 日的指数平滑值；X_t 为第 t 日的收盘价；α 为指数平滑因子，$\alpha = 2/(N+1)$；N 为天数。

一般快速与慢速所选用的参数为 12、26。则

$$EMA(12) = 2/13 \times X_t + 11/13 \times \text{昨日 } EMA$$

$$EMA(26) = 2/27 \times X_t + 25/27 \times \text{昨日 } EMA$$

计算第一个 EMA 时，可以取收盘指数（价）为平滑值或取 N 日的平均值作为其平滑值。

2. 计算离差值（DIF）

$$DIF = EMA(12) - EMA(26)$$

3. 计算 DEA

DEA 值是 DIF 的平滑值，其计算方法可以用简单平均，即 DEA = N 日 DIF 之和/N 计算，或用下列公式计算：

$$DEA_{(N)} = DIF_{(N)} \times 2/(N+1) + DEA_{(N-1)} \times [1 - 2/(N+1)]$$

N 可以设定，一般取 9。

4. 计算柱状值（BAR）

BAR = DIF - DEA

将每天的计算结果画在图上，得到 MACD 图，MACD 图一般有两条线，DIF 线和 DEA 线。DIF 的敏感度比 DEA 高，故 DEA 为慢速线。

（二）MACD 的应用（图 8 -4）

图 8 -4　MACD 实例

利用 MACD 进行行情预测，有以下几点：

（1）DIF 和 DEA 在 0 轴之上均为正值，属多头市场。DIF 向上突破 DEA 是买进信号，DIF 向下跌破 DEA，只能认为是回档，做获利了结。

（2）DIF 和 DEA 在 0 轴之下均为负值，属空头市场。DIF 向下突破 DEA 是卖出信号；DIF 向上穿破 DEA，只能认为是反弹，做暂时补空。

（3）若 DIF 或 DEA 与股价走势产生背离，则是提前发出买卖信号。若股价走势向上而 MACD 向下，则为见顶信号；若股价走势向下而 MACD 向上，则是见底信号。

（4）根据柱形大小进行判断。当柱状线在 0 轴上方由长开始缩短时是卖出信号，在 0 轴下方由长开始缩短时是买入信号。

MACD 在股市进入盘局时也容易出现失误，而且对未来股价的涨跌幅度不能进行预测。

二、威廉指标（%R）

（一）%R 的原理及计算

威廉指标（William Overbought/Oversold Index），也称威廉超买超卖指数，简称 WMS%或%R，是美国人拉里·威廉（Larry William）于 1973 年发明的一项分析市场短期买卖气势的技术指标。威廉指标主要分析价位波动中的波峰和波谷，度量超买超卖。在个别循环周期中应用%R 的“摆动点”，可以量度出循环周期内的高点或低点，然后决定买卖时机。

在公式设计上与随机指数原理比较接近，只是威廉指标采用的天数略长，反映的结果有其稳定的一面，也有敏感的一面。若与动量指标配合使用则更好。一般而言，使用威廉指标既不容易错过大行情，也不容易在高位套牢。但由于该指标敏感性较强，操作过程中完全按其信号买卖，未免过于频繁，因此，应与 RSI 等较平稳的指标配合使用。

威廉指标的计算公式为：

$$\%R = 100 - 100 \times (C - L_n)/(H_n - L_n)$$

式中：C 为当日收盘价；n 为设定参数，5，10……；L_n 为 n 日内最低价；H_n 为 n 日内最高价。

（二）%R 的应用（图 8-5）

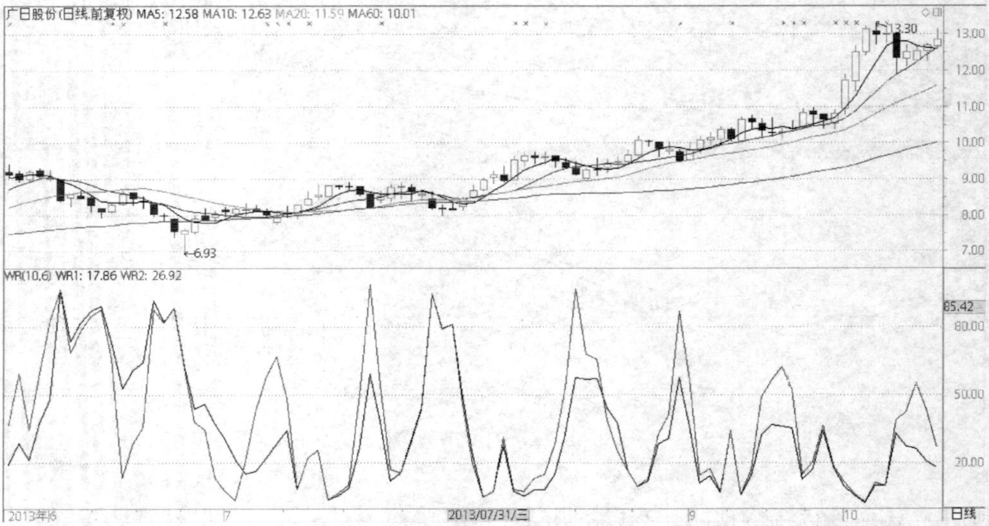

图 8-5　%R 实例

1. %R 波动区间

%R 在 0～100 之间波动，与 RSI、KD 不同的是，%R 的值越小，市场买气越重；反之，其值越大，市场卖气越浓。

%R 进入 80～100 之间，市场处于超卖状态，该循环也将抵达进入底部，80 为买入线；%R 进入 0～20 之间，市场处于超买状态，该循环也将见顶，20 成为卖出线。

2. %R 强弱信号

当%R 从超卖区向上爬升并突破 50 中轴线时，市场由弱转强，为买进信号；反之，%R 从超买区向下跌落并突破 50 中轴线时，市场由强转弱，为卖出信号。

3. %R 可以配合 RSI 同时研判

一般当%R 突破或跌破 50 时，其反应可以用来确认 RSI 的信号是否正确。

三、布林线（BOLL）

（一）布林线的原理及计算

布林线有预测功能。它是利用统计学原理，先规定一个标准差，再计算出上下限波动区间，其波动的上下限随股价变动。

BOLL（Bollinger Band）给出一个价格波动区域，价格在这一区域内波动属于正常状态，价格波动如果超出该区域则属于不正常状态。

BOLL 的计算过程相对比较复杂，需要两个参数，一个是时间区间的长度 n，另一个是置信区间估计的置信水平 α，在 BOLL 的计算公式中，α 不是直接出现，而是通过查 t 分布表得到 t（α）。

以移动平均线 MA 为中心，BOLL 计算出两条曲线 BU 和 BD，BU 是 BOLL 的上限，BD 是 BOLL 的下限。BOLL 是以 MA 为中心，以 BU 为上边界、以 BD 为下边界的价格波动带。计算公式为：

$$BU = MA(n) + t(\alpha) \times \sigma(n)$$

$$BD = MA(n) - t(\alpha) \times \sigma(n)$$

$$\sigma^2(n) = \sum[(\sum C(i) - MA(n))/(n-1)]$$

$$MA(n) = \sum C(i)/n$$

式中：C 为收盘价；MA（n）为移动平均价；$\sigma^2(n)$为样本方差；$\sigma(n)$为样本标准差；t（α）一般取固定值，2 或 3。如果 t（α）=2，所对应的 α 值近似为 0.05，也就是落入置信区间内的概率是 95%。以下的 t（α）都取为固定值 2。

（二）BOLL 的应用

1. BOLL 的波动区间

BOLL 指出，在过去的 n 个交易日内，价格波动大约有 95% 的机会在 BD 和 BU 所圈定的区间内波动，只有 5% 的机会越过了这个区间。

BOLL 的宽度由标准差 σ（n）的大小决定。如果近期价格波动的幅度小，σ（n）就比较小，BOLL 的宽度就小；如果近期价格波动幅度大，σ（n）就比较大，BOLL 的宽度就变大。

2. BOLL 的买卖时机

价格向上越过 BU 并回落，是短线的卖出时机，这是因为价格有 95% 的机会在 BU 之下，如果没有特殊情况，价格上升到 BU 就可以卖出。价格向下越过 BD 并回升，是短线的买入时机，这是因为价格有 95% 的机会在 BD 之上，如果没有特殊情况，价格下降到 BD 就可以买入。

3. BOLL 的宽度由狭窄变为宽阔，是大行情的先兆

BOLL 的宽度如果长时间狭窄，说明价格波动长时间在小的范围内进行；如果 BOLL 的宽度变大，说明价格波动幅度正在增大。

在价格经过长时间的小幅波动后，如果 BOLL 的宽度变大，同时股价向上越过 BU，而且上升的幅度还不大，是短线买入时机；如果股价向下越过 BD，而且下降的幅度还不大，是短线卖出时机。

BOLL 指标定性的内容比较多，与其他技术指标相比，应用相对复杂，但可靠性更高。

四、人气买卖意愿指标（AR、BR、CR）

在市场中每一个交易日都要进行多空双方力量的较量，即使在明显的单边行情，也存在某一方的反扑和抵抗，只不过力量太小，使投资者不易察觉或根本不去察觉。这里介绍描述多空双方力量对比的指标——AR、BR、CR。

（一）AR 指标

1. AR 的原理及计算

AR 又称人气指标或买卖气势指标，是反映市场当前情况下多空双方的力量强弱指标之一。市场人气旺，则多方占优势，买入活跃，价格上涨；反之，人气低落，交易量小，价格下跌。

AR 指标选择的市场均衡价格是每一个交易日的开盘价，简化了多空双方在争斗中的演变过程。AR 以当日开盘价与当日最高价的距离描述多方向上的力量，以当日开盘价与当日最低价的距离描述空方向下的力量，通过一段时期的资料观察开盘价在股价中的地位，来反映市场买卖的人气。其计算公式为：

$$AR_{(n)} = n\text{ 日内（}H - O\text{）之和} / n\text{ 日内（}O - L\text{）之和}$$

式中：H 为当日最高价，O 为当日开盘价，L 为当日最低价，H－O 为多方强度，O－L 为空方强度，n 为一般设定为 26。

选择参数即区间长度或天数是人为主观选择问题，一般选择的时间长些，以避免片面地被某一天的偶然因素所误导。

2. AR 的应用（图 8－6）

（1）AR 越大，表示多方的强度大；AR 越小，表示空方的强度大。多空双方强弱的分界线是 100，100 以上是多方占优势，100 以下是空方占优势；100 表示多空双方力量均衡。

一般来说，当 AR 取值在 80～120 时为盘整状态，即没有明显的趋势。这里所说的 80～120 只是经验数字，投资者在应用 AR 过程中可以根据实际情况不断地进行修正。在多头市场里，AR 的取值几乎都在 100 以上，随多方强度不断增加，AR 取值会不断地上升。当 AR 取值大于 150 时，股价可能会调头向下；在空头市场里，AR 的取值几乎都在 100 以下，随着空方力量的增大，AR 的取值会不断地下降，当 AR 取值低于 60 时，股价有可能调头向上。

（2）AR 的背离。AR 指标也有领先价格达到峰顶和谷底的功能。一般来说，AR 到达峰顶并回头时，如果价格仍继续上涨则应卖出；如果这时 AR 值达到应抛出的极限值，则应立即卖出。AR 达到低谷并回头向上，如果价格仍继续下跌则应买入。但在实际操作中，AR 指标的背离不易识别。

（3）AR 指标与 BR 指标的结合使用，在介绍 BR 时再进行论述。

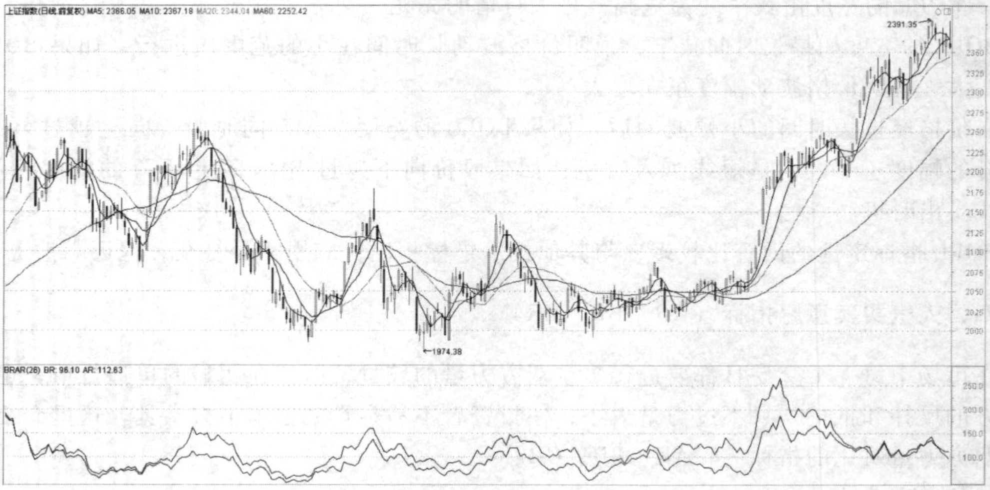

图 8－6　AR、BR 实例

（二）BR 指标

BR 指标又称买卖意愿指标，同 AR 指标一样，BR 指标也是反映当前情况下多空双方较量结果的指标之一，基本原理同 AR。

1. BR 的基本原理及计算

BR 指标与 AR 指标极为相似，区别在于选择市场多空双方的均衡点不同。AR 选择当日收盘价为均衡价位，而 BR 则选择前一个交易日的收盘价。

选择前一个交易日收盘价作为均衡价格，不仅反映了当日多空双方争斗结果，还能反映前一个交易日收盘后，多空双方经过一夜产生力量积蓄，从而引起的向上或向下的跳空缺口，因此，BR 比 AR 更能全面地反映市场中的暴涨暴跌。若不出现缺口，AR 与 BR 应差不多。BR 指标可以单独使用，也可以结合 AR 使用。BR 的计算公式为：

BR = n 日内（H - YC）之和/n 日内（YC - L）之和

式中：H 为当日最高价，YC 为昨日收盘价，L 为当日最低价，H - YC 为多方强度，YC - L为空方强度，n 为一般设定为 26。

2. BR 的应用

（1）BR 指标越大，多方力量越强；BR 指标越小，空方力量越大。双方分界线是 100，100 以上多方占优势，100 以下空方占优势，这点同 AR 完全相同。BR 在 70 ~ 150 之间，市场处于盘整阶段，这一经验数据要视具体情况进行调整，要考虑参数与证券的选择。在多头市场里，BR 的取值一定很高，并且随着多头强度的增加，BR 的取值还会上升。但 BR 大于 300 时，股价可能会调头向下。在空头市场里，BR 的取值一定很低，并且随着空方力量的增加，BR 还会进一步下降。一般来说，BR 小于 40 时，股价可能会调头向上。BR 指标比较直观、反应敏感，比 AR 具有一定的优越性。

（2）BR 指标的背离。BR 达到峰顶并回头向下时，如果价格还在上涨，则形成顶背离，是较强的卖出信号；BR 达到谷底并回头向上，则形成底背离，是较强的买入信号。另外，如果 BR 形成两个依次下降的峰，而所对应的价格是两个依次上升的峰，也形成顶背离；BR 形成两个依次上升的谷，而所对应的价格是两个依次下降的谷，也形成底背离。

（3）AR 指标与 BR 指标的结合使用。一般来说，BR 的取值比 AR 大一些，上下波动范围更大一些。如果 AR、BR 都急剧上升并达到分界线的值，说明价格基本达到顶峰，应卖出；如果 AR 被 BR 从上向下穿破并在低位，则为买入信号。如果 BR 急剧上升，而 AR 未配合上升，而是盘整或小回，则为卖出信号。

（三）CR 指标

1. CR 的基本原理及计算

CR 指标又叫中间意愿指标，是同 AR、BR 指标类似的指标。可以说 AR、BR、CR 三者的基本原理、计算公式、应用法则相似。

CR 指标找到的多空双方的均衡价位是上一个交易日的中间价，为避免 AR、BR 的不足，CR 采用了中间价。CR 的计算公式如下：

CR = n 日内（H - YM）/n 日内（YM - L）

式中：H 为当日最高价，YM 为昨日中间价，L 为当日最低价，H - YM 代表多方强度，YM - L 代表空方强度，n 一般设定为 26。

中间价由开盘价、最高价、最低价和收盘价这 4 种价格通过加权平均取得，加权平均权重可以人为选定，目前流行的中间价的计算方法有：

（1）YM =（H + L + 2C）/4

（2）YM =（O + C + H + L）/4

（3）YM =（H + L）/2

式中：C 为收盘价，O 为开盘价。

2. CR 的应用（图 8 – 7）

（1）CR 指标越大，多方力量越强；CR 指标越小，空方力量越强。如果是多头市场，价格上涨，则多方力量增加，空方力量下降，则 CR 会不断增加；反之，空头市场，价格下跌，CR 不断下降。

（2）CR 的取值与 BR 有些不同，当 CR 小于 90 时，一般认为买入较为安全，CR 越低，买入越安全；CR 较大时，考虑卖出，应该参考 AR、BR 指标。

（3）CR 的背离。同 AR、BR。

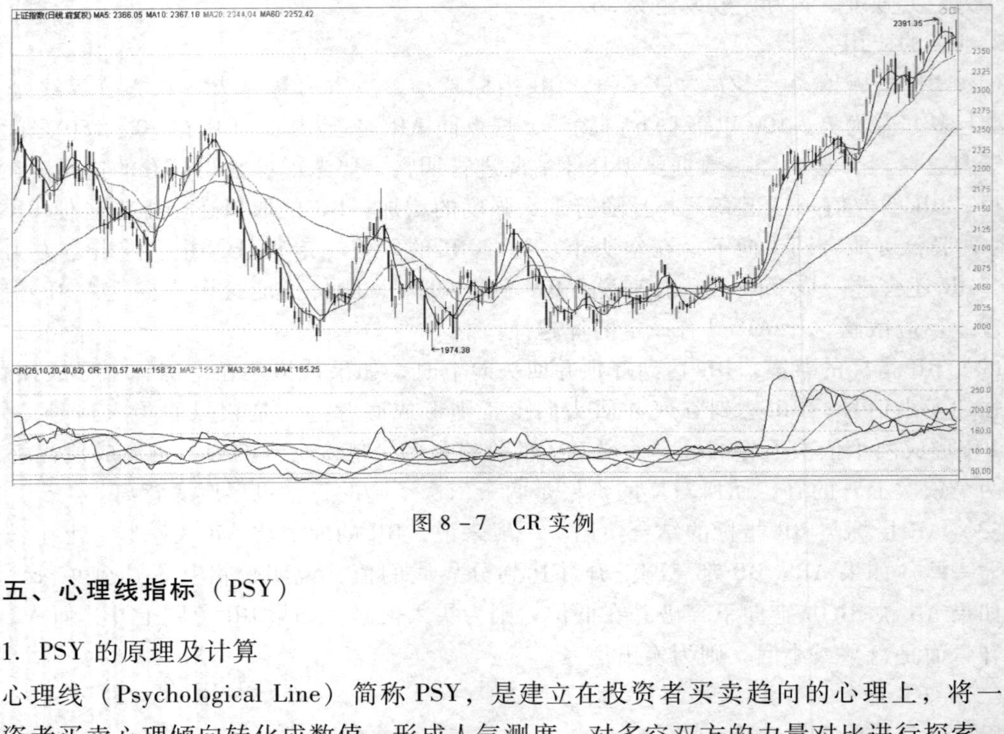

图 8 – 7　CR 实例

五、心理线指标（PSY）

1. PSY 的原理及计算

心理线（Psychological Line）简称 PSY，是建立在投资者买卖趋向的心理上，将一定时期投资者买卖心理倾向转化成数值，形成人气测度，对多空双方的力量对比进行探索。其计算公式：

PSY = n 日内上涨的天数/n × 100%

式中：n 为天数。

PSY 的计算较为简单，计算结果与投资者的实际心理状态存在较大的差异，反映投资者的心理变化也显得粗糙。从 PSY 的计算公式中可以看出，PSY 从时间角度反映了 n 日内多空双方总力量的变化。上涨势多方力量占优势，下跌势空方占优势。习惯上，一般参数为 10，参数选择越大，PSY 的取值范围越集中，越平稳；参数选择越小，PSY 的取值范围上下波动就大，因此在选择参数时应注意。

2. PSY 的应用

（1）PSY 在 0～100 之间，大于 50 为多方市场，小于 50 为空方市场。在 50 附近徘徊，则多空双方力量相当，大盘处于盘整。

（2）一般 PSY 在 25～75 之间，说明多空双方基本处于平衡状态，高于 75 时，市场处于超买应及时卖出；低于 25 时，市场处于超卖应及时买进。

（3）一段上升行情展开前，超卖的低点出现两次；同样，一段下跌行情展开前，超买的高点也出现两次，在出现第二次的超卖低点和超买高点，才是买进和卖出的时机，对 PSY 来说，这一点十分重要。

（4）一般来说，PSY < 10 或 PSY > 90 这两个极端值出现，可以不考虑其他因素而买进或卖出。

（5）PSY 曲线也可以形成各种形态，可以依不同形态买进或卖出。

（6）PSY 同股价线配合使用，背离现象同样适用。

六、乖离率（BIAS）

（一）乖离率的原理及计算

乖离率（BIAS）又称 Y 值，是由移动平均线原理派生出来的一项技术指标。它描述股价与其移动平均线距离的远近程度，当股价离移动平均线太远则必然向移动平均线回归，但离开多远才是买卖时机，BIAS 的功能就是通过测算价位在波动过程中与移动平均线偏离的程度，从而得出价位在剧烈波动时因偏离移动平均线而造成的可能回档或反弹，以及价位在正常波动范围内移动而形成继续原有趋势的可信度。BIAS 是移动平均线最佳的辅助工具。

股价离移动平均线多远才是买卖时机，这与市场强弱有关。在强势多头市场，涨势往往出人意料，价位距离移动平均线之上很远；在弱势空头市场，跌势也往往出人意料，价位距离移动平均线之下很远。乖离率对此给予补充，从定量上解决了移动平均线的某些不足。

以当日移动平均值为准，价位与移动平均值之间的差距为乖离程度，以乖离程度除以移动平均值即为乖离率，计算公式为：

$$BIAS(n)=(\text{当日收盘价}-n\text{ 日移动平均值})/n\text{ 日移动平均值}\times 100\%$$

式中：n 可以自行设定。

（二）乖离率的应用（图 8－8）

乖离率有正乖离率、零、负乖离率。当股价在平均值之上，则为正乖离率；当股价在平均值之下，则为负乖离率；当股价与平均值相同势，则乖离率为零。随着股价走势的强弱和升跌，乖离率周而复始地穿梭于零值上下。一般而言，正乖离率涨至某一百分比时为卖出信号，负乖离率达到某一百分比时，为买入信号。但是乖离率究竟达到何种程度才是买进或卖出时机，目前并没有统一原则，使用者可以凭自己的经验加以判断。

由于股价相对于不同日数的移动平均线有不同的乖离率，除暴涨暴跌外，短、中、长线的乖离率一般均有规律可循。

市场在白热状态时，以乖离率分析判断，对空头抛售非常有用，但在很强的多头市场，即使有空头凭正乖离率抛出，真正能卖到天价的却很少。市场遇恐慌状态时以乖离率分析判断，对多头买进非常有用，但如行市极弱，即使以负乖离率多头买进，真正能买到地价的也很少。

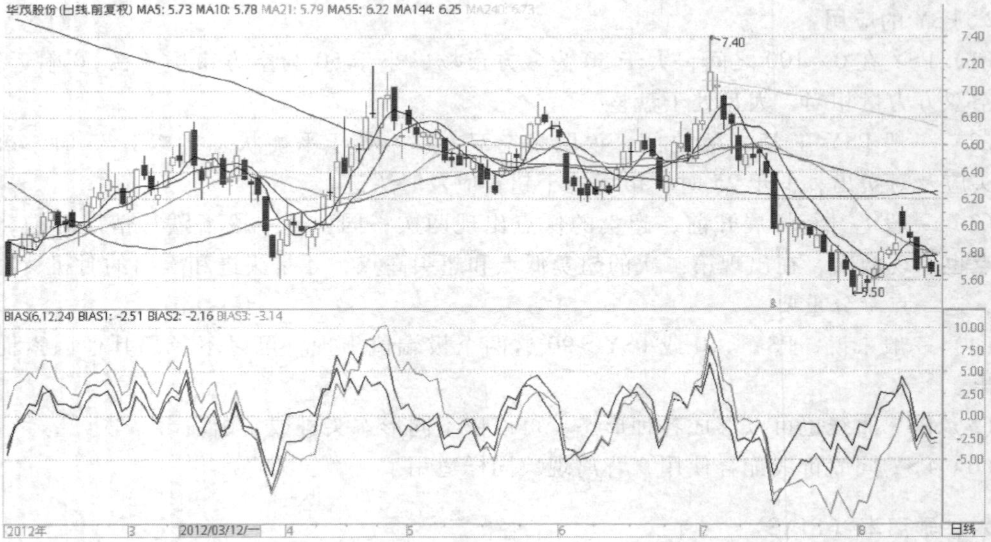

图 8-8 BIAS 实例

七、成交量净额（OBV）

1. OBV 的原理及计算

OBV（On Balance Volume）是由葛兰维尔（Joseph Granville）发明并得到推广的，直译为平衡交易量，又称为能量潮，是用成交量变动或成交值的变动趋势来推测股价变动的方法。

投资者可以利用 OBV 验证当前价格走势的可靠性，也可以由 OBV 得到趋势可能反转的信号，这对于准确预测未来是很有用的。

OBV 是根据潮涨潮落的原理，把证券市场的价格波动比喻成潮水的涨落过程。如果多方的力量大，则向上的潮水就大，中途回落的潮水就小；如果多方力量小，则向上的潮水就小，中途回落潮水就大。衡量潮水大小的标准是成交量（手数）。潮涨潮落反映多空双方力量对比的变化和最终大潮将向何处去。

OBV 的计算很简单，计算公式为：

今日 OBV 值 = 昨日 OBV 值 ± 今日成交量

假设已知昨日 OBV，如果今日收盘价大于或等于昨日收盘价，则为“+”，如果今日收盘价小于昨日收盘价，则为“-”。

2. OBV 的应用（图 8-9）

（1）单纯看 OBV 没有意义，OBV 不能单独使用，必须与价格曲线结合才能发挥作用。

（2）价格上升（下降），而 OBV 也上升（下降），可以确认当前的趋势。价格上升（下降），但 OBV 并未相应地上升（下降），则目前的上升（下降）趋势后劲不足，有反转的可能。

3. OBV 的修正

OBV 有一个重大的缺点，即如果当日的收盘价只比前收盘价高一点或低一点，就要把

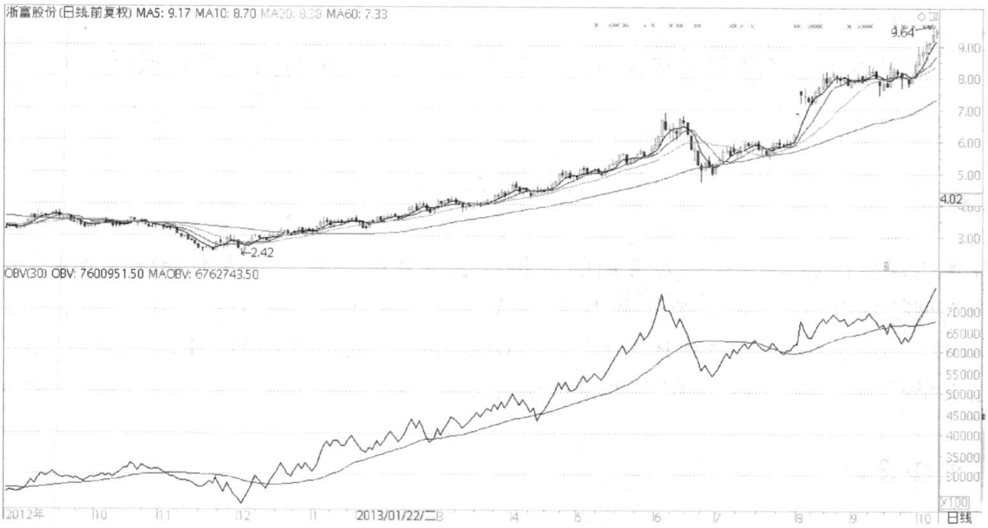

图 8－9　OBV 实例

当日全日成交量加在多方或空方一边，这一点很不合理。因为价格高一点或低一点并不能说明多方或空方具有优势。

OBV 的修正方法有很多，这里只介绍成交量多空比率净额法。计算公式为：

$$VA=[(C-L)-(H-C)]/(H-L)\times V$$

式中：VA 为成交量多空比率净额，C 为收盘价，H 为最高价，L 为最低价，V 为成交量。

这种修正方法根据多空双方力量加权修正当日的成交量值。收盘价减去最低价，表示多头买进的力量幅度，而最高价减去收盘价则表示空头卖出幅度。在修正公式中，多头力量的幅度减去空头力量的幅度即为当日净额力量幅度，以此净额幅度乘以当日成交量，就可以得到较为合理的 OBV。

八、动力指标（MTM）

1. MTM 的原理及计算

MTM 也称为动量指标，该指标主要考虑事物发展的过程，首先是缓慢地发展，到一定时候，将急速地朝一个方向发展，之后发展的速度渐渐地减慢并停止发展，最后是向相反方向发展。

MTM 计算当前价格与一定天数之前的某一天的价格变动大小，以此来反映价格的上涨和下跌速度。计算公式为：

$$MTM(n)=C_0-C_{-n}$$

式中：C_0 为当日收盘价，C_{-n}为为 n 日前收盘价。

2. MTM 的应用

（1）MTM 自上而下穿破 0 线或自下而上穿破 0 线，都是采取行动的信号。或者说由正变负则卖出，由负变正则买入。

（2）MTM 在 0 以上下穿 MTM 自己的移动平均线，或从 0 以下上穿自己的移动平均线，都是采取行动的信号。

（3）MTM 在高位与价格形成顶背离，是卖出信号，在低位与价格形成低背离，是买入信号。

【知识小结】

技术指标分析法是一种较为常用的分析方法，其中，趋势型技术指标有 MA、MACD，超买超卖型指标有 RSI、KDJ、%R 和 BIAS，人气型指标包括 AR、BR、CR、PSY，大势型指标有 ADL、ADR、OBOS，其他还有 OBV、BOLL 等。实战中使用最多的还是趋势型指标和超买超卖型指标，主要用其判定趋势和寻找买卖点。

训练设计

1. 哪些技术指标只能应用到综合指数而不能应用到个股？
2. 列举可以使用背离的技术指标。
3. RSI 的计算公式是什么？RSI 反映价格变动的哪些特征？
4. 如何理解技术指标对实际投资的指导作用？
5. 技术指标发生误导时，应如何改进？

第九章

证券投资策略与技巧

学习目标

本章主要阐述的是证券投资的策略及投资方法，通过在证券投资实战中的总结，从而得出的一些技巧。首先介绍的是证券投资的目标和原则，以及如何进行选股与选时，确定适合自己的投资策略，利用正确的投资方法，在证券实战中增大赢利的概率，尽量避免投资失误，从而获取最大的收益。

【导读案例】

积弱成强，物极必反

弱势股是股市中备受冷落的群体，然而，这一群体中常常能孕育出表现惊人的“黑马”。由于积弱已久，因此一旦转强，力度通常很大。如果能抓住其由弱转强的契机，将使投资者受益颇丰。

图 9－1 是中国软件（600536）2011 年 11 月至 2013 年 11 月的股价走势。从图中可以看到，股价长期在 10 元到 20 元间弱势横盘，直到 2013 年 7 月，中国软件技术底部结构形成，股价开始启动，成交量也迅速放大，到 2013 年 10 月，股价最高涨到 51.98 元，3 个月上涨了 5 倍。

股市谚语：“横有多长，竖有多高。”这反映了股市中积弱成强的辨证规律。投资者在介入弱势股之前，注意掌握以下操作技巧：

1. 不要过早介入。极弱股一旦形成，通常在下跌惯性作用下，技术支撑位会被轻易击破。投资者不能被其屡创新低的价格诱惑，以防买入后被套过久。

2. 关注成交量变化。弱势股要由弱转强，必须有成交量的配合。只有成交量持续放大，才说明有新的做多资金加入，弱势股才会由此走强。

3. 关注形态变化。弱势股转强之前，通常会在低位徘徊很久，底部形态常常是圆弧、头肩形、W 底等。如能在底部形态初见端倪时介入，往往能收益最大化。

4. 根据横盘长度测量上升高度。在底部横盘的时间越长，积累的上攻能量越大。因此选股时可关注在底部横盘时间很长的冷门股，一旦转强可果断买入。

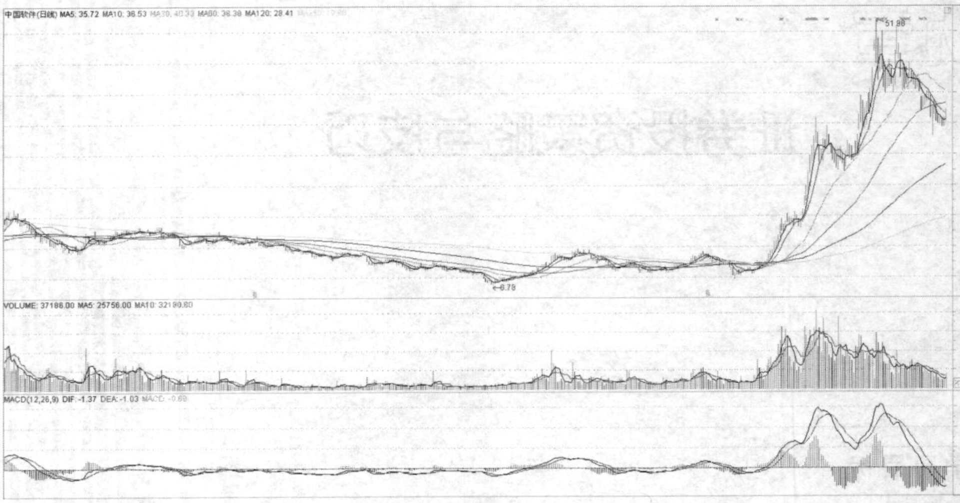

图 9-1　中国软件股价走势 K 线图

问题：

请选择 A 股中底部长期横盘的股票进行观察和跟踪，验证积弱成强，物极必反规律。

第一节　证券投资的决策过程

西方哲人有句名言："做正确的事比正确地做事更重要。"这句话的意思是，做事情首先要方向正确，如果方向错误，那么做事的方法越正确，错误就越严重。这句话运用到证券投资上，就要求首先要有正确的投资目标和原则。只有这样，才有较好的投资回报。

证券投资是一个比较复杂的过程，是一场有输有赢的竞争。它不仅需要投资者有承担风险的胆略，充沛的精力，丰富的知识经验，稳定的心态，而且还要针对复杂多变的具体情况制定相应的股票投资策略，并采取灵活多样的投资技巧，适时适度地把握股票买卖的对象和时机，以获取投资资金的最大增值。

一、证券投资的原则

证券投资的目标就是获取收益，但收益是与风险并存的。对于投资者来说，一掷千金的情形是经常要面对的，成功与失败有时只是一念之差。虽然每个投资者都有自己的行为方式，他们的投资偏好、投资策略、投资方式等都不完全相同，投资的结果也不相同，但从这些成功与失败的经验教训中，总能得出一些应遵守的原则。

（一）量力而为原则

投资的量"力"而为，包括财力、能力和精力三个方面。这里所说的财力是指投资者不仅要有资金入市，而且还得有输得起的资金实力。任何一项投资都是有风险的，这就要求投资者在决定入市之前，客观地衡量自己所能承受的最大风险损失目标，以免招致过度损失而影响正常的工作和生活。虽说长期投资者不必像投机者或专业投资者那样时时关注行情变化，但也需花费时间和精力来研究投资对象，故充沛的精力也是一个投资者应具备的必不可少的条件。

（二）长期投资原则

在股票投资过程中，投资者要把眼光放远一些，而不要把投资的目光放在短时间内的股价日常变动上。长期投资一定要选择具有良好经营业绩或具有良好发展前景的公司股票，并长期持有。而对于一些业绩较差或发展前景不明的公司股票，则不宜长期持有。对于没有良好发展前景的公司股票，或者经营状况变坏和经营业绩不断下降的公司股票，则应坚决抛出。长期投资要经常关心和了解公司的经营情况，分析公司的财务状况和产品的市场占有情况，才能做到心中有数，并坚定投资信心。

（三）独立思考原则

道听途说、人云亦云是难以做好证券投资的。拥有独立的思考能力，在大众全盘看好或者极度悲观时，心里多打几个问号，避免盲目自信和恐惧，才有可能抓住最好的买卖时机。因为股市是一个大多数人亏损、小部分人盈利的市场，在这种形势下，克服从众心理更属明智。在国外，大多数的投资专家都认同这样一个观点：投资者一定要有一套系统完整的适合自己的投资方法和准则，并在投资中严格遵循，惟此方能在市场上立于不败之地。

（四）超然出市原则

中国有句古诗，“不识庐山真面目，只缘身在此山中”。事实上，证券市场也是如此。人远离尘世的喧嚣，于淡泊宁静之间，才能高瞻远瞩。因此有人提出，投资者应定期从市场中退出休假，以局外人的立场思索投资的真谛，才能保持一份良好的心态。以高着眼点适当地“远离市场”，等待机会，把握分寸，以最少的时间、精力、金钱获得尽可能大的收益。

二、投资对象

在选择证券投资对象时，投资者绝不能把全部的资金押在某一种股票或债券上，而是应该根据实际的需要和条件，把资金在各种不同的金融商品上进行合理的分配，分散投资。这是因为，尽管市场上可供选择投资的金融商品很多，但那种既能获得很高的收益，又万无一失、风险很低的十全十美的投资对象并不存在，投资者必须根据各种投资对象的不同特点，趋利避害，同时，结合本身的客观情况与实际条件，找出一个资金的最佳投资组合，以获取较高的投资报酬。在西方国家广为流行的是投资三分法。

投资三分法的具体操作是：将全部资产的1/3存入银行以备不时之需；1/3用来购买股票、债券等有价证券作中长期投资；1/3用来购置土地、房产等，长期持有，以获取增值利益。对专门投资有价证券的资金也可以实行三分法：以一部分资金投资于安全性高的债券或优先股；另一部分资金投资于具有潜在增长能力的普通股；最后留一部分作为投资的预备金，当股票市场出现更好的投资机会时，预备金就可以用来加码，而在投资失败时，投资者也有承担损失的能力准备。投资三分法兼顾了安全性、流动性和盈利性三原则，是一种值得参考的投资策略。

需要注意的是，购买股票或债券时，要购买不同行业和不同公司的股票或债券。这是因为不同行业的公司所处的发展阶段以及所受的经济、政治和其他因素的影响程度及后果不同，因而其经营状况和股票价格受到的影响也不一样。分散投资可以有效规避因孤军深入一个行业可能遭遇的困境，进而减少风险损失。同样，即使某一企业经营业绩再好，也不要把宝押在一个企业上，否则就意味着你把自己的命运完全与这一企业拴到一起，一旦这一企业遭遇不测，你的损失自然是惨重的。

由于各地的企业受市场、税务、法律、政策等诸方面因素的影响不同，其经营效果也会有较大差异，所以地域组合首先要求所选的证券不要集中在同一地区的企业。此外，地域组合还包括选择在不同证券交易所上市的证券，如买股票时，沪深股市都应照顾到，不要只认定一家。这是因为不同证券交易所在运作及形象等方面有差异，相同业绩的证券在不同交易所的价格表现会有所不同。更何况沪深交易所常常表现出你强我弱或你弱我强的相背走势。

三、投资时机

进入时机的选择远比买卖何种证券重要。证券投资技术分析有助于正确选择买卖时机。在证券操作的量、价、时三个重要因素中，其中恰当的买卖时机最重要。好的开始是成功的一半，介入时间选得好，就算选的股票稍差一些，也能获得一定收益；但介入时机不当时，即使选对股票也会被套。何时何价卖出？这是投资中最难把握的。通常公开媒体与股评分析中，只是推荐某股票可以买进，但买进后是中线持有还是短线搏反弹，什么时候卖出却很少讲。单就这一点而言，股票投资绝对是一门要靠自己独立分析判断的学问，别人不会也不可能为你全部解决投资理财中的所有问题，除非你是委托别人代理操作。

一般来说，期限长的投资风险较长；反之则相反。由于经济状况的好坏和股票行情的变化总是随时间的推移而呈现出周期性波动，在某一段时间好些，在某一时期坏些，在期限（或时间）上采取投资组合方式，可以减少经济不景气或股票行情大波动的损失。投资者可以采取短线、中线、长线结合投资的方法，进行时间组合。

四、投资策略

由于各种证券的风险中既有不可分散的风险，也有可分散的风险，因此投资者不应把所有资金投资于一种证券上，而应选择风险相关程度较低的多种证券，构成证券组合。在构筑证券组合时，投资者通常可采取两种策略：一是收入型策略；一是增长型策略。

收入型策略强调本期收入的最大化，而不大重视资本利得和增长。收入型策略的投资对象大多是债券、优先股和支付股利较多的普通股。对处于较高所得税等级的投资者来说，政府债券等免税债券也是理想的投资对象。

增长型策略强调投资资金的增长，为此投资者宁肯牺牲近期的本期收入。增长型策略的投资对象是现金红利较低但有升值潜力的普通股。在公司税后利润水平相同的情况下，公司支付的股利越多，可用于扩大再生产的资金就越少，因此本公司股票价格的上涨幅度就越小；而公司支付的股利越少，可用于扩大再生产的资金就越多，公司的利润水平就会大幅度增加，因此股票价格的上涨幅度就越大。

当然，有些投资者可能采取混合型策略，即既强调本期收入，又希望资本增长。混合型策略的投资对象既可以是收入型证券和增长型证券的综合，也可以是兼有收入和增长潜力的证券。

（一）收入型策略

如果投资者收入水平较低，必须依靠利息或股息收入生活，那么应选择收入型策略。当然，如果拥有大量财产，但需要有稳定的收入来源，也可以采取收入型策略。

1. 收入型股票选择

选择收入型策略的投资者大多依靠投资收入来满足日常开支，非常强调本期收入的稳定性和规则性，因此，可选择信用等级较高的公司债券、市政债券、国家公债、优先股等。选择收入型策略的投资者还强调本期收入的最大化，为此，投资者可以购买红利较高而且较为安全的普通股。

为了兼顾本期收入的最大化、稳定性和规则性，选择收入型策略的投资者可以把符合要求的股票和债券融合在一起，共同组成收入型的投资组合。其中，普通股和其他证券的比例主要取决于股票市场的前景、政治经济文化气候等。

2. 收入型投资组合的构筑

在构筑收入型投资组合时，投资者面临着各种投资风险，投资者的目标是利用各种证券的风险可在一定程度上互相抵消的特点，通过适当的组合，使整个投资组合的风险最小化。例如，投资者可以通过购买不同期限的债券来降低利率风险和市场风险，通过购买一些高质量的收入型债券来降低经营风险和违约风险，通过购买一些浮动利率债券或普通股来降低购买力风险，通过购买大公司债券或政府债券来降低流动性风险。

（二）增长型策略

增长型投资策略的目标是使投资组合的未来价值尽量增大。因此其投资对象主要是增长潜力较大的普通股。

1. 增长型股票的选择

选择增长型股票主要有以下几条标准：①盈利和红利的增长潜力较大；②盈利增长率较稳定；③红利水平较低；④预期收益率较高；⑤风险较低。

在选择增长型股票时，投资者可以利用基础分析法，深入分析各公司的产品需求状况、竞争地位、经营特征、管理水平等情况，据此对各公司的盈利和红利作出评论和预测，并根据各种股票的内在价值与市场价格的对比，选择价格被低估的股票。

2. 增长型投资组合的构筑

在构筑增长型投资组合时，投资者应遵循多样化原则来消除各种证券的非系统性风险。为此，投资者应选择适当种类的证券。种类太少难以达到消除非系统性风险的目的，种类太多又会使投资者承担过多的经纪费。1968 年，美国学者埃文斯（J. H. Evans）和亚瑟（S. H. Archer）曾对各种资产组合分散风险的能力进行分析，结果显示，有 10 ~ 15 种证券构成的资产组合便能有效地分散风险。

对于增长型投资者来说，在构筑增长型投资组合之前，预测市场行情变动方向是至关重要的。若投资者预测经济将由危机转为复苏，就应增大高风险的普通股在投资组合中所占的比重。相反，若投资者预测经济将由繁荣走向衰退，就应增大投资组合中无风险的防御性证券（如短期国库券）所占的比重。

根据投资组合中高风险股票所占比重，我们可以判断投资者的投资风格。若投资组合中高风险股票所占比重较大，说明投资者的投资风格是进取型的；若无风险债券所占比重较大，说明投资者的投资风格是防御型的；若高风险股票和无风险债券所占比重相当，说明投资者的投资风格是均衡的。

第二节 证券投资策略

一、选股策略

（一）选股如选美

“股票投资好比是选美投票”——这句话是现代西方著名经济学家凯恩斯的一句名言。凯恩斯不但创立了现代经济学理论，并且投身于股票市场，获得了巨额利润，为他的后人和他曾任教的剑桥大学留下了大笔的遗产。凯恩斯的这句名言可以作为股票投资者的座右铭。

需要注意的是，股票投资虽似选美投票，但是自己的喜好必须放在其次，因此，必须了解股市投资大众的动态，培养留意别人喜好的习惯。这对于初进股票市场的人来说是一个非常重要的课题。股票市场永远是按“多数人决定的原理”而波动。预测股票会上涨的人越多，股票价格就越上涨。因此，应顺应多数人的意见，购买大家都喜欢的股票。

（二）市场不景气时如何选股

在经济不景气时，各种行业都呈现低迷的状态，上市公司当然也不能例外。此时，无论是基本分析或技术分析，都无法满足投资人的需求，因为在不景气的时候，平时绩优股、热门股或获利甚佳的公司，大多呈现负成长，甚至可能有大幅的亏损，对投资人而言在表面上几乎看不出哪家上市公司才是理想的投资对象。以下有几项投资原则，可供投资人在不景气时作为投资的参考：

（1）营运正常的公司。不景气时期虽然获利能力低，但能保持正常的营运，表示该公司内部健全，只要形势改观，一定能很快复苏，可以作为优先考虑的对象。

（2）财务结构正常的公司。财务结构良好的公司，负债比率较低，利息负担较轻，营运成本较低，亏损可降至最低，比较容易渡过不景气的时期，可以列为投资对象。

（3）产品有竞争力的公司。公司有突破性的产品，自然在市场上具有较强的竞争能力，也能有较好的利润，在不景气时还能赚钱的公司大都是这种类型，可作为优先投资的对象。

（4）固定资产较多的公司。固定资产多的公司稳定性高，在不景气时，有较雄厚的财力作后盾，对于长期的衰退有较佳的应变能力，较值得投资。

（5）管理较规范的公司。管理良好的公司，效率高且成本低，竞争力相对提高，对于市场有较强的适应能力，可列为投资对象。

（6）劳资关系较好的公司。在不景气时候，劳资和谐，上下团结一心，更容易共同渡过危难时期，这一点对投资人来讲非常重要，是值得投资的对象。不景气有时候是全国性甚至全球性的，不必苛求短期获利，应该在投资对象选择上多加考虑，这样，随着市场的复苏，一定可以连本带利地赚回来。

（三）如何从上涨的股市选股

股价从谷底上涨时，正是投资人买进股票最适当的时机，但投资人仍会面临一个问题：到底哪些股票后市涨得比较快？有没有法则可以遵循？能从上涨的股市中选择正确的投资对象，才是赚钱的高手。这里，有几项原则投资人可以作为参考：

（1）当股价滑落时，跌幅最深的股票反弹也较为快速。

（2）具有内在投资价值的绩优股，往往是先被照顾的对象。

（3）股价低于其实际价值的股票，可以优先考虑。

（4）有机构照顾的股票，反弹较轻松有力。

（5）股市中被人谈论较多的股票，因为关心的人较多，往往上升的机会也较大。

（6）在沉寂的市场中，带头上涨的前锋股票一般后市仍然看好，可以作为投资的对象。从股市中选择正确的投资对象，能使投资人取得事半功倍的效果。

（四）如何选最大利润的股票

在股票市场中，上市公司众多，股票分类方法亦有所谓蓝筹股、二线股、三线股等。在众多股票之中，无论大蓝筹，还是二、三线股，在不同的时间里都有不同的表现，有些升幅大，有些却升幅很小。那么这个“最大利润股票概念”又有什么启示呢？原来不论任何时间，都有某些类型的股票，可以使投资者获利最大。

1. 长期下跌之后，突破下跌趋势的股票，通常可上升几倍

例如一只股票，两年之内由二三十元下跌至几元，长期积弱，用技术图表分析，是长期下降轨道。如果突破这个下降轨道回升，不需升回原位，只要升回几元，利润已经一倍有余。为什么长期下跌股票会升得最多呢？因为价值跌到底，不能再跌的时候，一旦反弹，沽空人士就要回补，将股价重新拉高。根据重心定律，升得高、跌得重，跌得重、升得高。看准机会买这些股票，可以获得超额收益。

2. 长期牛皮之后突破的股票，上升起来，亦十分惊人

例如一只股票，长期浮沉于低位区，毫无进展，差不多两三年都如此。突然之间突破这个长期盘局，肯定有消息对于这只股票十分有利。而且很多股票往往很久也不升，停滞不动，一旦升起来，反而吸引人们你追我逐，动力越来越强，正是“瘦田无人耕，耕开有人争”。不少股票突破长期盘局之后都会有可观升幅，升几倍者比比皆是。

3. 双底回升或 W 型

在图形上，双底或 W 型是表示股票升至某个价位之后回落，跌到某个价位即又反弹回升，后又再跌，第二次下跌价位跌到上一次的低位就不愿下跌，反而以这个价位为基础再次回升，显示此价位的支持力很强。反弹的时候，力量会很大，亦是可以赚钱的股票。

4. 历史性新低位

用这种方法去买股票，一定要果断决策。股市长年累月，有升有跌。但如果因为经济或政局问题突然之间跌到多年来未曾有过的低点，常是吸纳的时机。因为股市定律，有升必有跌，有跌必有升。在历史性低位，除非股市从此不再存在，否则在这些低价位买入股票，他日回升，所赚利润将会以数十倍计算。

上述所说的股票是能带来最多利润的股票，可以赚几倍，甚至几十倍。投资者应该耐心等待上述情形出现再买入股票。等准时机，把握几年买中一次，赚几十倍的机会。

三种主要选股技术——价值、成长与顺应大势。从理想化角度来说，我们需要价格偏低且具有极大的长期盈余和成长潜力并在目前股市被垂青的股票。由于种种原因，理想的股票难以寻找。因此，为了在涨势市场获利，并获得超过无风险利率的超额收益，必须作折中的股票选择。必须决定买一些价位公平，而不是非常便宜的成长股。这些价位相对合理的成长股，可能不属于目前股市主题的范围，属于股市主题的股票必然价位偏高。以分散化的标准

来选择股票，如某些股市主题股、某些成长股、某些偏低股以及各种组合，同样是合理、决策。拥有几种不同范围的股票，使投资组合在变化的市场行情中至少可以部分获利。当然，这也意味着持有的某些股票会掉到股市主题转变的后面。投资者通常，目标是投资组合跟随市场的上升幅度，并且最好每一只股票都能大赚。

二、选时策略

选时策略最困难的决策是判断空头市场的结束。当投资人变得更悲观时，空头市场由此展开。在这个时点上，经济情况可能失灵与退化，货币政策紧缩，并且股价跌势看不到终点，每个人都悲观。此阶段何处是最佳的买进时机？高度风险意味着高度的潜在收益，可是高度风险也意味着最困难的决策。当市场崩溃而经济预测欠佳，并且，由于没办法预测悲观情绪还会持续多久，股价可能跌得更低，当不知道价位还会被打到多低的时候，通常最佳的买进时机就在附近了。

经济的转好应该是一个可见的线索，而且中央银行开始趋向扩张政策以促使经济发展。然而，这只是线索，没有可靠的依据可确保成功。投资者只有等待，直到多数人都很痛苦，直到经济逐渐转好，然后不慌不忙小心开始谨慎地买进。开始买进的时候，短期内可能会觉得错了，股市可能继续下跌。证明买进决策正确可能需要相当长的时间。但时间最终会证明这一决策和行为是正确的。一方面，如果股市在一年或更久以前到达谷底，而且已经开始全面上升，那么多头市场可能正在进行；密切注意高峰指标，并准备随时卖出。另一方面，股市如果进入跌势已达数月，并且经济情况正在退化，可注意谷底指标的买进机会。

三、止盈与止损策略

股票市场风云变幻，在股市中赢利和亏损往往是相对的，在一定条件下可以互相转化。因此，无论是炒股新手还是老手，都不可能做到百战百胜，但所不同的是当老手发觉自己搭错车、购进的股票还在下跌时，会迅速卖出，不会被套牢，把损失降到最小程度。而炒股新手则不同，虽然他们也意识到购进了不当的股票，却总希望下跌的股票有朝一日会重新上涨，迟迟不卖，等到确实没有涨回来的希望时，才被迫决定卖出，结果造成了更大的损失。所以，学会止损对投资者来说是非常重要的。

绝大多数的股票投资者在购买某种股票时，都是经过认真分析、仔细研究和反复推敲后才采取行动的。所以，他们对自己购买的股票至少具有一定的信心。而千变万化的股票市场随时都可能出现不利的消息，令投资者的期望落空。因此，股市中有句名言：收回利润谁都会，停止损失尚需学。也就是说，只要用高于买进股票的价格卖出就可赚钱，这一点任何人都明白。但当在高位买入后，遇到价格下跌，就不一定能在一个合适的价格卖出，以减少损失。在股票市场有一个近似荒唐的说法，“赔钱也要赔得合理”。看似奇怪，实则不然，世间的事物充满辩证法，赢利之上更有大赢利，损失之下更有大损失，两者之间并无千山万水之隔，常常只在一念之差，就看你如何把握，是否当机立断。

通过止损给自己下一个成功的机会，这是美国投资专家马蒂·史克瓦兹的名言，对此，他深有体会：“我过去常常期望某些事情会按照我的意愿发生。当我成为成功者时，我就会对自己说，我是预测到了某些事情，但是如果我错了，我得赶紧从地狱中逃出来，因为我要保存好我的钱，以保证我的下一次交易。”“赚钱过程中最重要的是不要让你的亏损失去控制，除非你的资本已增至二到三倍，否则不要扩大你的投资规模。”马蒂·史克瓦兹始终知道设定他的停损点来规避风险，即使是出现大笔损失之后，这对其投资的成功起到了相当大的作用。“我接受亏损一般很快，这是我成功的关键。如果你平了仓，就可以继续开始交易了，你看问题的方式就不同了。你要知道，你永远不可能做得最好，只能尽力做到更好。”“最重要的是资金的管理！每一位成功的人士都会对你说同样的话。”在风险管理上，每个人要有一个计划，赢利也是如此。不要用金字塔方法逐步地添加资金，要建立一条止损线，碰到止损线，就坚决立刻撤离。

投资者一旦确认大盘行情形成大头部时，应坚决清仓全部卖出。因为大盘与个股的联动性相当强，尽管少数个股在主力介入操控下可能会出现逆市上扬，但毕竟是个别现象。想要捕捉这种逆市上扬的“庄股”，成功的概率是极低的。“覆巢之下，焉有完卵”，大盘一旦确认形成大头部时，应该果断分批卖出股票，以回避一段较长时间的调整波段。而在市场低迷了相当长一段时期后，市场呈现出一片萧条景象，大多数的人已经对后期走势完全失去信心，此时的市场已接近底部，在这时如再坚持“股价跌破支撑位应止损”的信条则有些不合时宜了，这时常常会出现“一卖就涨，而且疯涨”的现象，因此，投资者在做止损操作的时候一定要看清股市的大环境，观其势而后行之。同样，买入的时候，自己也要定下一个原则，才会使自己避免陷入“死地”，即买到一个相对的高点，随即被套其中。当股价短时内（一个月内）出现大幅扬升，如五成或一倍甚至是数倍的升幅时，伴随着成交量的大幅放大，这是卖出股票的良机。一旦这种现象出现，投资者应注意股价在第二次上攻时的走势，如价格升至上次的高点附近，而成交量没法超过上次的换手，这时在 K 线组合上就会形成技术上的顶背离形态，是一种多方攻势转疲的走势。大多数这种情况出现时，就不应买入，而是要果断清仓了结。

以正确的心态对待止损。止损仅仅是进行证券投资的一个技术手段，是进行风险管理的措施之一。止损本身是一种正常的也是正确的操作手段，但止损的结果却并非一定正确，有时按照原则执行止损操作，但结果很可能与预期相反。这其中有两层含义：一是在操作思路上、原则上没有任何错误，但任何事情的执行结果是有概率性的，绝不可能百分之百正确；二是止损原则的确立也需要不断完善，不同的情况也应有不同的应对原则。所以，止损本身是常用的操作手段，一旦证明投资方向错误时，应尽快放弃原先的看法，保持实力，伺机再入，失败不是世界末日的来临，而是经由适当的整理和复原，可以使人振作和获取经验。在山重水复的时候，一定要有认错的勇气，这样才会出现柳暗花明。因为留得青山在，不愁没柴烧。

四、操作心态

（一）动机分析

绝大部分股市交易者的主要交易动机只有一个，那便是赚钱。但如何能赚到钱呢？有的人认为应低买高卖赚取价差，有的人认为应长期持股坐获股利，投资者在踏进市场之前应先明确自己的交易动机和投资目的，进入市场后才能坚持原则，才能在关键时刻作出正确的决策。要使自己在股市中长期获利，就应根据自己的性格特点和客观条件，立足于自己的交易动机和交易策略，同时充分考虑自己的相对优势和劣势，确定一套属于自己的交易方法。另外，在确定交易动机时，还必须正视自己的局限。不断完善发展自己的投资技巧，特别是要保持良好的心态，制定符合实际的合理目标，万不可盲目与人攀比。这就好比百米赛跑，每个人通过刻苦训练都能提高速度，股市之中也是如此。成为一个优秀投资者需要各种各样的条件：天赋、背景、环境、主观努力、机会等，还需要果断和持之以恒。

（二）心理与行为分析

1．心态决定成败

不同的投资者在股票投资活动的结果表现出天壤之别。面对同样的股市，有的人赚得盆满钵满，有的人的钱却越炒越少；有的人因炒股成为百万富翁，有的人却因炒股倾家荡产。这是为什么？成功者成功的秘密是什么？失败者失败的原因在哪里？

一位哲人指出："要么是你去驾驭生命，要么是生命驾驭你。你的心态决定了谁是坐骑，谁是坐师。"成功学奠基人拿破仑·希尔指出，人的身上有一个看不见的法宝，这个法宝一边装着四个字：积极心态；另一边也装着四个字：消极心态。积极心态，它有获得财富、成功、幸福和健康的力量，可以使人攀登到人生顶峰；消极心态，它能剥夺一切使你的生活有意义的东西。使你成为被消极环境束缚的人。积极心态是股票投资成功的保证，消极心态却能导致股票投资的失败。

许多投资者都有这样的体验，事前对行情有准确的分析，制定科学的投资策略，甚至设置了止损点，但由于没有良好的心态，好的投资机会也失之交臂。有人形象地指出，如果你种下的是一粒草籽，那么，即使你辛勤地播种、浇水、施肥，实行最好的管理，不管你多么投入，它都不会长成大树。但是，如果你种下一粒树的种子，它就会在你的呵护下茁壮成长，成为参天大树。这是因为什么呢？原因在于它们的基因不同。在股票市场上，你是一个赢家还是一个输家，也是由基因造成的，这个基因就是你的心态。股市实践反复证明，积极心态是获得财富的"护身符"，而消极心态则是获得财富的"丧门星"。要成为股市中的赢家，固然需要很多方面的素养，比如，技术分析能力、基本分析能力，但是，心态却是最根本的，没有良好的心态，分析能力再强，也不会成为股市的赢家；相反，即使分析能力一般，只要有积极的心态，也不会在股市中吃大亏。

股市中常见许多人明明白白办错事。许多人不是没有经验，不是不懂技术分析，但就是心态不好，往往一念之差，满盘皆输。检讨原因，归根到底是自己打败了自己。人的任何思维和行动都受到自身心理状态的影响和左右，心态的好坏直接决定着行为的成败。心态不仅影响着投资者的一时一事，而且左右着投资活动的全过程，从买入股票时股票的选择，到何时买入，何时卖出，心态都在发生着作用，无论投资者是否自觉，心态不是使你赚钱，就是使你赔钱，也就是说，心态是你进行股票投资的幕后策划者。股市上炒作的其实不是股票而是心态。在经历了股市的挫折后，投资者经常发现股票常常是拿着不涨，一抛就涨；卖出不跌，买进就跌。技术面、消息面、政策面、资金面分析得头头是道，却斗不过这股价之手。很多投资者都有过顶部追涨、底部杀跌的行为，这往往不是他们的本意，而是受市场气氛影响的结果。即使是股市分析专家也往往在股市亏钱，这并不是他们的分析有问题，也不是在投资策略或投资技巧上出了问题，只是在战胜人性弱点、保持良好心态方面最容易出问题。正是在这个意义上，人们说股市没有专家，只有赢家与输家。

在股票投资活动中，心态就像基因，决定着盈还是亏。心态可以使你从一文不名成为百万富翁，也可以使百万富翁变得一贫如洗。心态何以会有如此大的魔力呢？因为人的心态随着环境的变化而变化，形成积极和消极两种心态，思想不管与哪一种心态结合，都会形成一种磁力，把其他任何一种思想吸引过来，这种由心态磁化的思想，好比一颗种子，当它植根于土壤时，就会发芽、繁殖、成长，小小的种子最终变成了数不清的同样的种子。这就是心态发挥重要作用的原因。

良好的心态包括乐观、自信、果断、自律等，不良的心态包括从众、贪婪、恐惧、嫉妒、寡断等。这些不良的心态束缚了投资者的智慧，埋没了投资者的精辟分析，最终吞噬了投资者的钱财。要有一个好的心态，还要学会放弃，适可而止。因为股市中充满了机会，但属于自己的并不多。所以，投资者要在股市取得成功，首先需要的不是战胜别人，而是战胜自己，修炼良好的心态，只有这样，才能抓住根本。至于各种分析方法固然重要，但与积极心态相比，它们都处于从属地位。

2. 战胜自己最重要

要战胜股市，首先要战胜自身的弱点。人性最大的弱点是贪婪和恐惧。具体到股市中，突出的表现就是底部不敢买，顶部不舍得卖。底部时多数人不看好，买进怕挨套。顶部时多数人认为还能涨，卖出怕踏空。患得患失，犹豫不决，结果错失买进和卖出的良机。

无论从事何种事业，精通业务是基础，而能否战胜自己则更为重要，这是事业能否成功的根本。股票投资是一项综合性投资，人的性格举足轻重，起着最终的决定性的关键作用。人性中的优点可以帮助我们在股票投资中获得成功，而人性中的弱点则妨碍我们取得成功。所以，战胜自己其实就是战胜自己的弱点，这是取得成功的唯一法宝。股票投资由于其行情的难以把握，战胜自己就更为重要。股市是这样一个地方，它能在一个短暂的时间里让投资者体验到多种情绪，对行情预测正确时的自信，行情逆转时的自责，盈利时的喜悦，亏本时的沮丧，无意中的收获，刻意下的无奈等。股票市场就是投资者的心理战场，进入股市就要对此有清醒的认识。既然进入了股票市场，就必须有百折不挠的勇气，坚韧不拔的意志，虚怀若谷的态度，将赢输置之度外的胸怀。伟人具有泰山崩于前而脸不改色心不跳的胆识，股市的成功者同样要有任你股市波涛翻滚我自心平如水的气质。

第一，战胜自己的贪婪。股票投资中，投资者常常因贪心而买不到合适价格的股票，因为还想等更低的价格出现；也常常因贪心而卖不掉股票，因为还想等到更高的价格；更常常因贪婪失去理性而盲目追高。贪婪在股价上涨时表现得更为明显：看见自己的股票在行情好时不断飙升，自是不胜喜悦，有 20% 的账面收益了，还想 30%，已有 40% 涨幅了，却指望达到 50%，50% 也达到了，心里却想“可能会翻番”，结果股票突然“变脸”，几条大阴线接连下杀，将“纸上富贵”悉数“回收”。要战胜贪婪这个弱点，就要有落袋为安的思想，这样一来，自己资金账号上的钱也许会越来越多。

第二，战胜自己的恐惧。投资者常常因恐惧将股票卖在最低处，因为害怕股价继续下跌，造成更大的损失；也常常因恐惧不敢在低位买进，害怕股价继续下跌被套牢；更常常因恐惧不敢买进正在上涨的股票，害怕自己一买到手就下跌。股票跌起来，有时是相当猛烈的，确实令人害怕，这种情况在下跌势中常常发生。然而，如果你在高位没能顺利出局的话，此时就必须克服恐惧心理，否则很可能犯在接近底部的低位斩仓、低卖高买的错误。

另外，还须战胜自己的急躁、盲从、自满、自弃、求全、懒惰、后悔等弱点。

人性的弱点，挖掘不尽，股市就是一面人性的镜子，让我们看清这些弱点，正视这些弱点，从而采取可行的措施战胜弱点，走向成功。可以这样说，没有任何东西比股市更能让我们坦然面对人性的弱点，并勇于挖掘它，改正它。因为在这里，我们为此付出的代价是辛勤劳动所得的金钱，要使失去的金钱重新回到自己手中，并不断增值，就必须战胜自我，战胜贪婪和恐惧。

总之，股市是一个没有硝烟的战场，而这战场上的敌人，不是别人，正是自己。炒股成功者也是最能把握自我的意志坚定者。炒股成功了，生活中其他方面也不会失败到哪里去。好好总结炒股以来的经验教训，战胜了自我的人，明天一定是赢家。

（三）休息也是投资

股市行情涨涨跌跌，股价有时处于“波谷”，有时处于“波峰”，有时处于“半山腰”。当投资者对股市走向不抱乐观态度或感到无所适从时，不妨暂且住手，因为“休息是为了走更远的路”。很多介入股市的投资者每天进进出出，如果一天不交易，浑身不舒服。但是，这种高频率的投资方式，除了多交手续费外，盈利恐怕很有限，一旦遇到跌势，一定是赔多赢少、赔大赢小。

进行股票投资，不仅要买进和卖出，而且要休息，这也是股票投资的重要方法。对于股市的动向若把握不准，无法判断股价将向上或向下时，不妨暂时离场休息，因为休息是为了积蓄实力，以便更好地迎接下一次行情的到来。而且，休息也要彻底，一旦决定休息，就要彻底停止买卖，如果休息只是停止卖出而继续买进或停止买进而继续卖出的话，那么这种单方面的停止是达不到休息效果的，也无任何意义。而这正是了解和把握股市趋向的秘诀。在无法判定该买或该卖时，最聪明的选择就是什么都不做。

要想在股市生存，休息是一门必修课。例如巴菲特凭借其独特的投资策略、耐心等待并保持冷静的头脑，从而可以以一个旁观者的身份来审视股海翻滚的浪花。虽然，他只是静静地等待着，而市场迟早会给他机会，以施展他以企业经营角度为出发点的投资策略。巴菲特曾经指出，股市投资就像棒球赛一样，耐心等待投球手那令人叫好的一球，它总会来的，而且，那完美的一球总是在股市悲观的时候才会投来，不会是在股市乐观的时候。

第三节 证券投资操作技巧

一、渔翁撒网操作法

所谓渔翁撒网法，指投资者在上升行情中的一段时期内，同时购买多种不同板块、类型的股票形成投资组合，一旦某种股票价格上涨到能够获利的水平即立即抛出的方法。

采用渔翁撒网法时，每种股票究竟买多少，并无固定比例，实践中可以根据当时市场不同板块趋势的活跃状况灵活决定。由于股票走势的强弱变化在较短的一段时期内是很难作出准确预测的，投资者在选择上应当特别注重投资对象的内在品质，同时多买几种，达到广种薄收并分散风险的目的。

采用这一方法时，如果股市整体上处于上升行情中，各种股票往往是轮流上涨的，投资者可以相继抛出股票以获利；而在整体的下跌行情中，由于投资者持有的股票有许多种，其中仍可能有某些股票上涨或跌幅较少，可以减少损失。

另外，采用这种方法时还应特别注意这样几点：一是股市变动的中长期趋势应处于上升阶段，否则大面积撒网只能造成大面积亏损。二是选择的股票应是交易比较活跃的，否则，卖出时就会面临缺乏接盘的尴尬局面。三是进入投资组合的股票类别应尽可能考虑到当时的市场热点。如果板块轮涨的特征明显，就应使持股尽量在多个板块间分散；而如果市场热点单一，且具有长期延续的特征，则热点板块的股票应当保持较高比例。四是应有一个实施卖出的数量标准，例如，每涨一成、两成或三成时予以卖出。采用这一法时，每经过一段时间的操作后，就应对所持股票的投资价值作一次重新评估，并对那些上升无望的股票进行必要的置换操作，即重新撒一次网。

二、摊平操作法

买进股票后，如果遇到行情急剧变化，导致股票价格跌至买入价以下，抛出就会造成实际损失。在这种情况下，投资者只能继续持有股票等待时机，俗称套牢。被套牢的投资者都会感到十分苦恼，备受煎熬。殊不知即使股价此后再也涨不回购入时的价位，只要采用适当的方法，解套甚至盈利仍是做得到的。摊平投资操作法就是这样一种有效的解套方法。所谓摊平投资操作法，即投资者买进股票后，因股价下跌而处于亏损状态时，选择一个尽可能低的价位再加码买进该股票，以冲低成本，等待反弹时再卖出，从而逐步减少亏损乃至转亏为盈的投资操作方法。

运用摊平操作法，存在两个重要的前提条件：第一，投资者必须拥有充足的资金，摊平时加码买进的越大，解套乃至盈利的希望便越大。第二，投资者在加码买进时必须选择好时机，即应当在尽可能低的价位上买进，这样才可能降低解套成本，缩短解套所需的时间。否则就可能弄巧成拙，越套越深。

三、博傻操作法

博傻操作法也是一种适于短线操作的投资方法。它是指投资者预计股票价格将持续上涨一段时间，不惜高价买入而在价格更高时以高价卖出；或在预计股价将进一步下跌时，果断以低价卖出，待股价按预期降至极低时再购回的方法。其特点是价格越高越买，越低越抛，不计较暂时的得失，且出手很快。它是一种较为极端的追涨杀跌的方法。

表面上看，这种方法有悖常理，但投资者采用这种方法本身就是要进行所谓的“博傻”，即投资者知道自己的这种行为近乎愚蠢，但总会有其他投资者比自己更缺乏理性。尤其是当这种博傻行为被庄家采用时，还可以起到进一步拉高或打压价格，造成特定价格走势仍在不断地、强力地延续的效果，给人以“强者恒强”或“弱者恒弱”的深刻印象，从而会刺激许多大胆的投资者效仿跟进或杀出。由于相当多的投资者在行为上是盲目的，同时还有许多投资者总喜欢冒险，因而当博傻行为出现，造成行情不合常规的异动时，就总会有一些激进的短线投资者加入博弈的行列。成功的博傻者其实是非常聪明的，他们这种看似愚蠢的行为实际上是在打心理战。一旦博傻行为引起投资者普遍的关注，其成功的几率就将大增。

采用这一方法的风险无疑也相当大。如果博傻操作没有得到预期的市场反应，那么，博傻者将会遭受损失。因此，采用这一方法需要认真分析市场涨跌势头的强弱和当时市场交易活跃的程度等因素。对于庄家来说，一旦采取博傻操作，整个行为过程就必须果断，造势过程必须十分强悍。一般而言，在投资者大多不成熟，投机心理普遍较严重，市场规范性不强的背景下，采用这一方法成功的可能性较大。

四、拨档操作法

拨档操作法也是常见的一种投资方法。所谓拨档，即投资者先在价格仍处于高位时卖出自己的部分持股，而待价位下降后再买补回来的操作行为。

拨档投资操作旨在降低自身的投资成本、保持实力，并及时赚取买卖差价。做拨档的投资者虽然要实施卖出，但并不是真正对股市前景持悲观态度，也不是要真正获利了结，退出市场，只是希望趁价位较高时，先行卖出，在跌到低价位时再买回，这样就可以自己先赚一笔差价，并使自己所持有的股票成本越来越低，最后全面了结时就可以获得较大的利润。通常拨档时在卖出与买回之间所花的时间不会太长，短的可能只有两三天，长时通常也不过一两个月。拨档可以反复做，如果成功则投资增值会相当明显。

拨挡又可以分为“挺升间拨档”和“滑降间拨档”两种做法。前者是在价格还在上升时做拨档；后者则是在价格已开始下跌时做拨档，其目的是不一样的。

挺升间拨档通常是做市庄家操盘时所采用的方法，表现为庄家在推动行情上涨时，见价位已上升到相当高的水平即实施卖出。这不仅是为了实现获利回吐，还常有其他目的，即在及时获利的同时，使股价出现暂时性的回落，一方面可以为随后的低价买入创造条件；另一方面又可以缓解股价进一步攀升的压力，从而为新一轮行情的出现留出余地；再者还可以为下一轮的拉升操作准备好资金。这就是说，挺升间拨档是大户投资者进行技术性调节的一种手段。这种拨档一般不在行情上升初期或涨势正劲时做。滑降间拨档则通常是做多头而又自知实力弱于空头的投资者在价格开始下落之初采用的一种操作方法。做这种拨档的目的，主要是趁股价虽已开始下降，但价位仍还在较高水平时及时卖出，以减少损失，并积蓄力量，获得将来与空头搏杀所需资金，在股价进一步跌至低谷时再买回，向空头组织反攻。这种拨档一般不在行情下跌的后期或跌势已缓时做。无论是做挺升间拨档还是滑降间拨档，都是投机性很强的操作方法。它并不适于一般的投资者采用，但对于庄家所做的拨档，一般的投资者却应当予以重视。

五、顺势操作法

股市的行情变化有其一定的规律性，行情的上涨或下跌就如潮汐一般，一旦某种趋势形成，就会强劲地持续一段时间。逆这种趋势而动，就可能被撞得头破血流。因此，顺应股市变化的趋势进行操作，是一种明智的选择。所谓顺势操作法，亦即在选择买入或卖出时跟随股市大势，当股市走势呈挺升趋势时进行买入操作；而在股市走势呈下跌趋势时则卖出股票，静观行情发展，待机而动的操作方法。

顺势操作，并不是简单地随大流，跟浪头。采用这种方法尤其要注意两点：一是必须真正看清行情大趋势。无论股市处于上升趋势中还是下跌趋势中，价格都可能出现与大势相反的暂时性的、反向的表现，如果为其所迷惑，看错了股市变动的主流趋势，就变成了事实上的逆势操作。二是必须把握先机，即要注意观察趋势变动的反转，及时操作。例如在观察到市场趋势已开始转向上升时，应及时购入；而在观察到市场趋势将要转向下落时，则要及时抛出。所谓趋势，本身便是动态意义上的概念。顺势操作，关键就是要尽可能早地发现趋势的变动迹象，而不是在一种趋势已快走到尽头时再操作。否则不仅难以获利，还可能蒙受巨大的损失。

六、跟庄操作法

跟庄操作法，顾名思义，即跟踪庄家动向进行操作的方法。而所谓庄家，是指持有巨额资金，掌握着某种股票较多的流通筹码，在一定时期内对该种股票进行集中操作，以从中牟取利润的机构投资者或大户，也称作市商。

庄家作为某种股票的市场主力，对一种股票的价格走势影响巨大。我们知道，一种股票价格的变化，很大程度上取决于其供求关系。当某种股票的需求增加时，其价格就会上升；反之，则会下跌。而上升或下跌幅度的大小，又取决于需求增减的集中程度。当一种股票存在着集中对其进行操作的大主力时，其股价变动幅度自然也较大，否则变动幅度就是有限的。实践中常常可以看到这样的情况：整个股市未见上涨，但与此同时，某些股票却大幅度飚升，甚至在整个股市处在下跌阶段时，仍有些股票能够逆势上扬。这种情况之所以会出现，就因为有庄家在其中操作。因此，作为普通投资者及时捕捉庄家动向，识别庄家意图，把握庄家的操作节奏，并先庄家而动，是非常有效的投资获利方法。所谓“与庄共舞”，便是跟庄操作法的形象写照。

庄家的操作通常要经历四个阶段，即吸货、洗盘、拉升和派发。吸货即收集筹码的过程。庄家吸货的手法主要有这样几种：一是大幅度打压吸货，二是低位横盘吸货，三是拉高吸货。

洗盘是中长线庄家在将股价由底部拉升一段后进行的中间整理活动。洗盘的主要目的，一是清洗出获利筹码，抬高散户成本，以减轻日后拉抬时的压力；二是赚取阶段性差价，以降低成本，并为进一步的拉升准备资金，同时继续吸货；三是将不坚定的跟庄者清理出局，并通过与反复拉升结合运用，培植坚定的跟庄者，为将来顺利派发预埋伏笔。

拉升的含义不言自明。庄家吸货后总会进行拉升（拉升前可能先行洗盘，也可能在拉升一段后再洗盘）。拉升成功与否，直接关系到庄家能否获利以及获利水平的高低，因而是非常重要的阶段。

派发即出货。庄家出货的方式也很多，常见的方式包括震荡出货、拉高出货、打压出货、换庄出货等。出货顺利与否，对庄家是生死攸关的问题。庄家此前的炒作再成功，纸面上的盈利再大，如果不能出货兑现，也就毫无意义。

对于一般投资者来说，要成功地跟庄操作，前提首先是充分认识不同类型庄家的特点和操作手法，并且要悉心观察，认真分析庄家动向，以确定跟进和退出的时机。尤其重要的是要能够分辨出庄家行为的真实意图，争取抢占先机。投资者如果能够做到在庄家吸货时及时介入，在庄家离场前先行退出，在庄家洗盘时不为所动，或踏准其操作节奏高抛低吸，获利将极为丰厚。当然，要真正做到这一点，需要经过长期的实践来积累经验，同时还需要进行认真细致的市场观察与分析。

七、保本投资操作法

投资者为了避免自己的本金遭受损失，在市场股价走势脱节，行情变化难以捉摸时，可用保本投资法。采用保本投资法，首先要正确估计自己的“本”。此时所指的“本”，并不是投资者用于购买股票的总金额，而是指投资者主观认为在最坏的情况下不愿被损失的那部分金额，也即处于停止损失点的基本金额。

保本投资的关键在于如何作出卖出决策。首先要估计自己心目中的“本”，其次要确定卖出或停止损失点。获利卖出点是指股票投资者在获得一定数额的投资利润时，决定卖出的那个点。但这时的卖出并不一定是将所持有的股票全部售出，而是卖出其所保“本”的那一部分。

八、金字塔投资法

金字塔投资是证券投资，尤其是股票买卖中最常用的一种方法。这种方法包含买和卖两方面的金字塔。

（一）金字塔式买股票

金字塔式买股票又分为股份上升时和股价下跌时的购买。

1. 在股价上升时，采用愈买愈少的方法

在行情刚刚发动的初始阶段大量买入股票，随着股价上扬，再逐渐递减买入股票，价格愈高，买入的愈少，直到将资金用完。这便形成一个正金字塔式的购买。这种购买的优点在于：随着股价上升，不断投入资金可以增加盈利机会；同时，万一判断失误，股价下跌，由于投资者在高位建仓较少，可以减少因此带来的损失。但金字塔式的购买没有在低位一次全部投入资金获利丰厚。

2. 在股价下跌时，采用愈买愈多的方法

虽然在股市中有买涨不买跌之说，但从投资者尤其是大资金投资者建仓的角度来看，可在股价下跌中先买入少量股票，随着股价不断下跌，逐渐加码购入股票，直到将仓建满。这样形成一个倒金字塔购买。这种购买的优点在于：随着股价下跌，加码买进，可以不断降低成本；同时，万一行情反转上扬，可增加获利。但这样的购买极容易因判断失误造成建仓太满，或全部资金悉数套牢。

（二）金字塔式卖股票

1. 在股价上升阶段，采用愈卖愈多的方式

第一次是卖出少量股票，随着股价上涨，第二次卖出更多的股票，依此进行，愈卖愈多，直到全部抛出，这样形成倒金字塔式卖出。这样卖法的优点在于：随着价格上涨可以不断扩大盈利，避免一次性全部卖出而股价继续上扬造成的踏空风险。但其缺点是，一旦行情突然反转下跌，由于持仓太重而造成较大的损失。

2. 在股价下跌阶段，采用愈卖愈少的方法

第一次卖出大量股票，随着股价下跌逐渐减少股票的卖出，直到将股票卖尽，这样形成一个倒金字塔式的卖出。这种卖的方式优点在于：随着股价下跌，已完成了大部分利润的兑现（若是亏损状态，应大部分已止损），如果行情有所反转，手中仍持有一定数量的股票。其缺点是股价不断下跌，将造成利润不断减少或无法迅速地彻底止损。

金字塔投资法实质上是一种不论涨还是跌都努力降低风险的做法，这样的做法能不断增加获利，又可避免全军覆没或踏空的危险，是建立在股票价格不可能久涨不跌的基础上。采用这种操作的前提，是要求投资者准确把握市场趋势，顺势而为，同时一旦行情反转能减少损失。大资金投资者更适合采用金字塔投资法。

九、反向操作法

反向操作法的基本思想是：在正常情况下，当大多数人对股市看好时，则应该卖出；当大多数人对股市看淡时，应该买入，这样才能获得较好的收益。这种操作法符合人们常讲的股市中赚钱的是少数的说法。

反向操作法依据的是钟摆原理。在正常情况下，当大多数人都在买进时，卖方的力量也将迅速增加，而买方的力量会逐渐耗尽，最终使市场发生转折。反过来，当大部分人都在卖出时，买方力量也会加速增加，最终使股市逆转。由于大多数人都有顺势操作的思维，看到周围人（尤其中小散户）的买卖行为，便认为是顺势从众。因而，当行情处于白热化，人们踊跃购买之时，实质也就是股市即将崩溃之时。而当人们对股票消极冷淡，远离市场，交易所门可罗雀时，是购入股票的最佳时机。由于大多数投资者的思维还不能立即转向，故称为反向操作法。

使用反向操作法必须在股市变化持续一段时间之后，各种分析方法基本上都发出即将转折的信号时进行比较安全。此外，还必须注意基本面的情况，反向操作法本身就带有一些逆市操作性质，时机把握得好，可获得比一般投资方法大得多的利润，这是其优点。而时机把握得不好，则可能招致踏空或套牢。因此，在使用时必须谨慎。

十、分段投资法

分段投资法是指按一定时间间隔逐次购买某种股票。具体有两种情况：一种是看准某种股票价格的上升趋势，用全部资金在其上涨的不同阶段分次买进；另一种是估计某种股票可能出现下跌，则按股票价格下跌的不同阶段分次投入资金。前者当股价上升超过最后一次买入股票的价格时，就成批卖出股票，可获得较高的利润；而后者必须在价格回升超过购买价格时，才能获得利润。因此，两者都是为了获取利润，并都是分次投资，但投入资金时的价格走向刚好相反，这就决定了两者获利的时间不一致。前者被称为买平均高投资法，后者被称为买平均低投资法。

从上述两者的投资过程可以看出，买平均高投资法在股价突然下跌时就会失去获利机会；而买平均低投资法如果股价不能回升比原来价格更高的时候，也无法取得利润。

第四节　巴菲特、索罗斯投资法

一、巴菲特的股票投资策略

沃伦·巴菲特是当今世界具有传奇色彩的投资专家，是全球排名第二的巨富，巴菲特的全部财富（目前已超过600亿美元）均来自股票市场，因此他被称为“股王”。

1956年，巴菲特以寥寥100美元开始了他的投资生涯。50多年间，不管股市行情如何，巴菲特从未遭遇大的风险，从未有过年度亏损。第二次世界大战后美国股票年平均收益率为10%左右，而巴菲特却高达25%。巴菲特从不遵从分散投资策略，50多年间总共仅执行了12

个投资决策，其巨额资金集中在少数几种股票上。他甚至足不履华尔街，僻处于内布拉斯加州的一个小镇里。这一切都与人们印象中的投资家形象大相径庭，以致使许多人都感到难以置信。但倘若我们深入探究他的投资理论和投资策略，这一切也就不足为奇了。

巴菲特只做长期投资。对巴菲特而言，股票交易本身是毫无意义的，真正重要的是它所代表的股权，也即一个企业的所有权的转换。就长期而言，股票价格取决于企业的发展和企业创造的利润，并有与之保持一致的趋势；但在短期内其价格会受各种因素影响而大幅波动，没有任何人能对之作出永远正确的预测。因此，真正的股票投资应是精选几家，甚至只是一家真正值得投资的好公司，在其因各种因素影响而处于低价位时购入其股票并长期持有，耐心等待企业的发展，为自己创造财富。巴菲特对持有精挑细选出来的股票有一种近于固执的偏好。一旦持有某只股票，他更关心的是这个企业运营效率的高低和财务状况，而不是这只股票市价的涨跌状况如何。他认为，除非他持股的企业股价降到一个新的低点，使他能以更低的价值再购入股票之外，股价的短期升涨对一个投资者而言是既不需要也无法关心的。所以当持有股票市价下跌时，一般投资者总是面临是否止损离场的痛苦选择，巴菲特却是乘机购入，降低平均购入成本并更完全地拥有企业。这固然与其财力雄厚有关，但更主要的取决于他所信奉的企业自身就是财富的信条。

另外，巴菲特认为经济形势的变换与股价短期变动一样难以预测，但有一些行业、一些企业，在任何经济形势下都是会获利的。他将这种行业和企业比作桥梁，只要你想过河，你就必须穿过桥梁，而不管桥下的水是涨潮还是退潮。巴菲特认为明智的投资者就应善于发现这种具有“桥梁效应”的企业。一旦你坚信自己持有股票的企业具有“桥梁效应”，那么，短期经济形势不管如何波动，都不会影响你的利润预期。

在这两个投资理念的支配下，巴菲特宣称：“在我们买了股票后，即使市场休市一两年，我们也不会有任何困扰。”

投资理念一经确定，对一个如巴菲特这样的投资者而言，剩下的就只有两件事了：选股和选时。也即选择好的股票（或确切地说，是选择好的企业）和好的购入时机。两者的重点是选股，因为既然股价常会受各种因素影响而上下波动，所以好的购入时机是会经常出现的，只要选好股票，按预先决定的价格购入并不太难。

巴菲特的所有投资技巧集中表现在选股上。他很可能同时发现3家以上可让他持续有信心的企业，因此他持有的股票种类从未超过6种。而50多年的事实无一不证明他判断的正确。其选股之准令人叹为观止，而这都得力于所谓的“基础分析”，巴菲特本人将自己的基础分析经验总结为以下十二条定律。

（一）企业定律

企业定律分为如下三条。

1. 企业必须简单且易于了解

巴菲特认为，投资者财务上的成功与他对自己投资企业的了解成正比，只有全面了解一个企业，投资者才能有的放矢。在其50多年的经营中，巴菲特拥有的企业全都在他的“竞争优势圈”内，他对它们都有高度了解。而圈外企业，投资潜力再大他也绝不涉足。

2. 企业过去的经营状况必须稳定

巴菲特认为，重大的变革和高额的报酬是不足倚恃的，那些长期以来都持续提供同样商品和服务的企业往往才是报酬率高的企业。

3. 企业前景必须看好

巴菲特很重视寻找那些拥有“桥梁效应”的企业。他认为这样的企业可以持续提高价格获取利润，即使在供过于求，或潜能并未完全利用的情况下，也不会失去市场占有率和销售量。而且这样的企业往往拥有经济商誉，有较高的耐力承受通胀带来的影响，即使是经济萧条也仍可安然生存。

（二）经营定律

经营定律分为如下三条。

1. 经营者必须理性

巴菲特欣赏那些将现金盈余投向能使股东财富最大化的计划里的经营者，他认为那些在找不到这样的计划时勇于将盈余归还股东的经营者才是真正为股东服务，才是理性的经营者。

2. 经营者必须对股东诚实坦白

巴菲特认为只有完整详实地公布营运状况，并像公开自己的成功一样勇于讨论自己失败的经营者才值得信赖。

3. 经营者应当有勇气抵抗盲目法人机构

有许多经营者会因盲从而失去理性，损害股东的利益。巴菲特认为这样的经营者都是不合格的，必须是那种能独立思考、抗拒依附他人的经营者才有竞争力。

（三）财务定律

财务定律分为如下三条。

1. 考察股东权益报酬率，而非每股盈余

巴菲特认为，在企业保留上一年盈余增加资本的情况下，只有前者考虑了公司逐年增加的资本额，才较为真实地反映了经营绩效。

2. 计算股东盈余，寻找高毛利的公司

巴菲特认为，原来意义上的会计盈余由于各公司资产不同而缺乏可比性，只有将折旧耗损和分期摊销费用加上净利减去资本支出，由此得到的股东盈余才可反映企业价值。而高毛利则不仅反映出企业的强大，也反映出经营者控制成本的精神。

3. 根据保留的每 1 元盈余，确定公司至少已创造了 1 元的市场价值

在此巴菲特采取的方法是将净收入减去股利得出保留盈余，再找出公司现在与 10 年前市价的差价，将两者加以对比。在采用这些量化指标时，巴菲特是将 4 年或 5 年的财务平均值作为衡量对象的。他认为长期平均值才能真正说明问题。

（四）市场定律

市场定律分为如下三条。

1. 计算企业实质价值

巴菲特选择那些简单稳定的企业，以保证所有数据的高度确定性，之后预期在企业的生命周期中未来的现金流量，用 30 年美国政府公债利率加以折现。他并不加上风险溢价，用最保守的方法来估计企业价值，以降低风险。

2. 以显著的价值回扣购入该股票

在购进价格和企业价值之间一定要有一个“安全边际”，以保证他不受公司未来现金流量变动的影响。这是一条选时原则，即只当股价等于或低于自己计算的企业价值和预先确定

的安全回扣之间的差额时才购入股票。

3. 长期持有并管理手中股票，耐心等待企业带来利润

这十二条定律归结为一句话，就是长期投资、长期持股原则。用巴菲特自己的话说："因为我把自己当成是企业经营者，所以我成为更优秀的投资人；因为我把自己当成是投资人，所以我成为更优秀的企业经营者。"

巴菲特的股票投资策略为他赢得超过600亿美元的回报和世界股王的美誉，对我国的股票投资者也不乏启示意义。

众所周知，在我国从事股票投资活动常被称作"炒股"。何谓"炒"？就是要出手快、转手快，密切关注，频繁进出市场，就像炒菜要不停地翻搅，改变铲法，才能使菜既不炒焦又不夹生。然而股票投资与炒菜不同，进出一次市场、进行一次交易，就得缴纳一笔不低的印花税并支付相当费用，交易次数多了，即使就价差看有大量盈余，也有可能会被税收和费用吞噬殆尽。而且短线的炒家们必须全身心扑在股市上，时刻关注股价变动，惟恐一个疏忽前功尽弃，从而不免产生一种患得患失、疑神疑鬼的情绪，容易影响理智和客观的判断。这种趋向发展到极端，不免会以自己的期望代替理性的预期，从而沦为实质上的赌博。应该说所谓短线投资的最大缺陷就在于此，股票市场对个人而言最大的负面效应也在于此，而这又恰恰是目前我国绝大多数股票投资者所奉行不渝的。针对这种趋势，巴菲特的长期投资、长期持股的操作方式应能起到一个很好的示范作用。

确实，就长远观点看，"炒家不如藏家"这句话还是道出了相当的实情。当然，做一个"藏家"也决非想像般容易，它要求有一个善于分析判断的大脑和一种坚强、冷静、韧性十足的性格。并且，其困难程度与你投入的数量成正比：当你仅将财富的1%投入股市时，将购入的股票长期藏于箱底也许并不太难；当你将财富的90%投入股市时，要"任它股市升跌，我自岿然不动"就不是一件易事了；当你投入的是财富的110%时，显然将股票深藏就是不可能的了。因而，对一个有志于长期投资的人来说，无论在何种状况下，负债运营都是决不可行的。总之，明智的长期投资策略可能使你获得丰厚的回报，但它不可能使你一夜暴富。

最后一点是：长期投资要求投资者有一个精明的头脑，他应该知道自己在干什么，他应该对这一投资有相当把握，而这一把握应来源于审慎、客观的调查分析而非盲目乐观或主观臆测；否则，你的长期投资理念愈是坚定，性格愈是坚韧不拔，亏损也必愈大。巴菲特诚然是一个伟大的长期投资者，但更重要的是他同时是一个出色的基础分析专家和决策专家，他的每一个投资决策无不根植于深入详尽的调查研究。可以说，基础分析方法和长期投资策略共同造就了当代最伟大的股票投资者，而这两者都源于巴菲特所笃信的稳固基础理论。

巴菲特的一整套投资理论和策略，都是以美国高度发展、规范化、有序化的股票市场为背景的，它在中国这样一个刚刚起步的市场是否同样适用呢？举一个简单的例子，巴菲特最喜欢说的一句话是：送他们的财务报表来。但在我国，一般股票投资者不容易看到一家上市公司的详尽财务报表，即便看到了，其可信度也很值得怀疑。另外，中国股市的上市公司绝大部分都是国有（即国家控股）企业，无论是实际营运还是证券市场上的运作，都存在着众多缺陷，假如巴菲特亲自来中国进行基础分析和调查的话，他会感到失望。但这并不意味着巴菲特的投资策略在中国就毫无价值。这是因为：第一，中国的股票市场在逐步发展完善，巴菲特的投资策略尽管在现阶段适用性低，但这并不代表它永远不适用于中国。随着我

国经济的进一步发展以及国企改革的深入展开，随着股票市场本身的自我扬弃和改进完善，巴菲特的投资策略将具有越来越大的适用性，并日渐发挥其固有的强大优势。第二，巴菲特的一些具体操作方式也大有值得我们借鉴的地方，如理智选股，不跟风、不盲目随大流地追涨杀跌、强调安全性、原则上不举债运营、安全第一的理念等，对于治愈目前我国一些股民身上存在的狂热浮躁、急功近利问题，实在是一剂良药。

二、索罗斯对股票市场的观点

“金融大鳄”索罗斯在1997年东亚金融危机之后，已成为世界各国尤其是东南亚国家和地区普遍注目的风云人物，其名声和影响已不再局限于金融界，更多的人将之视为一个政治家，视为美国在国际金融领域的代言人。但事实上索罗斯是一位金融投资家，而且是一位有自己独到理论和见解，并在实践中取得了显著成效的金融投资专家。索罗斯对股票市场的见解是其金融投资理论的主要组成部分，其理论基础是“空中楼阁”假说，但相比其他空中楼阁理论的信奉者，索罗斯的见解是颇为独到和不落俗套的。事实证明，或许他的见解更接近于市场的本来面目。

索罗斯不仅是一位出色的投资者，还是一位哲学家。当然，在哲学方面所取得的成就显然无法与他在另一领域取得的成功相提并论。其投资策略和对市场的见解是以其哲学思想为基础的。

索罗斯对金融市场（包括股票市场）的基本认识是，市场始终是不稳定的、低效的，不存在所谓的“均衡状态”，其运行没有逻辑性可言。这一推演过程是很简单的，既然人对世界的认识是不完全的、扭曲的，那么人们对金融市场的认识也不会例外。既然如此，在具体操作中就应在混乱的市场里认识并发现混乱之所在，才能发财致富。用索罗斯自己的话说，就是“察觉混乱状态，才可致富”。

那么，人们何以对金融市场的认识总是存在“偏见”呢？索罗斯认为，投资者在市场上所支付的价格，不仅反映其交易物的过去价值，而且正创造着它的现在和未来价值。投资者受其主观认识和有限信息所限，其支付的价格总是带有“偏见”的。带有“偏见”的认识和事件的实际发展（在金融市场上表现为人们当期支付的价格和价格本身的变动趋势）相互作用，形成双向关联，这种双向关联，索罗斯称之为“反射”。

将这一理论运用于金融市场，索罗斯认为，投资者既是具有主体意识的个体，又是客观金融交易行为的参与者，这双重角色使其兼有认知功能和参与功能，这双重角色和两种功能相互作用，相互影响，形成所谓双向反射回馈机制。在此种机制下，投资者因无法获得市场的完全信息，而无法达到对市场的完全、真实认识；而基于这一不完全认识的主体意识又通过投资者参与市场交易行为而得以表现，进而反过来影响市场本身的发展。在实际金融市场上，反射理论是很容易得到验证的。例如投资者确信某只股票会下跌，虽然实际上该公司并没有利空的基本面支持，但当投资者怀抱此种偏见入市大量抛出该股票的话，该股票的价格将真的下跌。

基于反射理论对股价的解释，索罗斯提出了“荣枯相生”理论，以描述、阐释股票市场的暴涨暴跌现象。他认为，金融市场不仅反映基本面，有时甚至会反过来影响基本面，从而“使市场进入波动不停的失衡状态”。一旦反射理论为追随趋势的“一窝蜂”行为模式所贯彻，则股市的暴涨暴跌就是可以预期的了。所谓追随趋势的行为，指的是“人们在价格上涨时买进，价格下跌时卖出，并形成一种自我强化的形态”。然而，这种追涨杀跌的一窝蜂行为模式只是市场剧烈波动的必要而非充分条件，正如索罗斯所说的：“这时你该问的关键问题是什么因素促成了追随趋势的行为？”回答这一问题就必须回到有偏见的投资者本身和反射理论，索罗斯是这样回答的：“有缺陷的认知导致市场自行壮大。”投资者相似的偏见在股价上不断被反映，而股价又不断强化这一偏见，两者相互影响，产生一种群众心理，从而使股价层层攀高或节节败退，这就叫“市场自行壮大”。市场靠群众心理壮大，总会反应过度，造成过热或过冷，这时聪明的投资者开始改变自己的偏见，并预见荣枯逆转时点即将到来，因而进行反向操作。一旦少数大户进行了反向操作，就必然使股价反向变动，或正向变动的速度变慢，又由于群众心理的存在及其追涨杀跌的一窝蜂行为模式，于是就有更多的人进行反向操作，股价于是反向变动的速度或加速度更快，于是又有更多人反向操作……如此循环往复，股市于是暴涨暴跌。

索罗斯不仅提出这一思想，而且还将荣枯相生理论具体化为一个模式，并将之分为以下几个阶段：

（1）某个趋势还未得以确认。此时一切尚处朦胧状态，市场趋势未为投资者所觉察。

（2）自我强化过程开始。投资者开始形成偏见并付诸行动，造成某种趋势，趋势又与偏见相互印证，相互强化，于是偏见被夸大，趋势进一步发展，市场日益走向荣枯极端。

（3）市场走向的试探成功。其他因素如基本面影响，政策面或其他信息干扰，对偏见和趋势产生相反作用，而两者均经受了这一考验，于是偏见继续扩大，趋势继续发展，市场继续走向极端。

（4）信念增强。因第三阶段负面作用尚不能改变市场趋势，于是投资者愈发确信自己偏见的正确性，从而不但继续其原有操作，而且还会扩大其操作（增加投入或加速撤离），从而使整个市场进入一个加速期。

（5）真实和认知分歧。信念和现实间差距很大时，偏见为某部分精明的投资者所察觉，于是进行反向操作。此时因多数人仍抱有不切实的偏见，因而趋势仍依惯性前行，但信念不再加强，趋势发展速度趋缓。

（6）高潮。趋势耗尽发展惯性，不再前行，此时荣枯达到其顶点，逆向转化即将开始。

（7）逆转。信念消失，反向偏见产生并扩展，自我强化趋势随之改变方向。于是暴涨暴跌现象犹如镜像一般走上另一方向的发展过程。

运用这一模式对个股和类股进行考察分析，使索罗斯获得其最可观的利润。他将之总结为一句言简意赅的话：“察觉到股票市场出现自我强化走势，你将获厚利。”

索罗斯的反射理论和荣枯相生理论（或称“大起大落”理论），在股价波动剧烈，投机盛行，追涨杀跌成为市场主要操作模式，以及崇尚合群，顺势而行的我国股票市场无疑具有很大的适用性。尤其应该指出的是，受儒家传统文化影响，中国人的“羊群心理”、跟风现象表现得比西方更加明显，这也是中国股市如此变化多端的原因。当然，中国股市在很大程度上是个“政策市”，政策面的影响既深且广，因而索罗斯理论中七个阶段的第三阶段在中国通常是不会被通过的，从而使中国的股市周期相比西方显得更加短促。但无论如何，索罗斯对股票市场的观点值得一切想在中国股市一显身手的人们认真借鉴。

【知识小结】

本章主要介绍了证券投资决策过程、选股选时等投资策略、操作心态及投资技巧，最后分析了巴菲特和索罗斯的投资经历、投资原则及投资方法。华尔街的投资大师在很多方面都有其领先和独到之处，其理念、经验都值得投资者学习和借鉴。

训练设计

1. 如何确定证券投资的原则？
2. 在买卖股票时，应如何进行选股？
3. 在采取止盈与止损策略时应注意哪些方面？
4. 为什么说保持积极的心态在证券投资操作中尤为重要？
5. 试比较巴菲特和索罗斯的股票投资策略。

附　　录

通达信证券投资分析系统 V6 版简要操作说明

通达信是一个多功能的证券交易平台，其界面设定简洁，行情更新速度快，是目前券商中使用最多的网上行情交易系统，也是各个证券营业部通用的证券投资分析软件。由于大部分投资者对通达信的界面和使用方法都比较熟悉，故我们对之不再详细论述，只对通达信V6 系统的主要功能进行简要的讲解。

一、通达信动态分析系统基本操作

1. 菜单操作

在任一选项菜单的画面中，组成菜单的各项表示本级菜单所能实现的功能或所包括的所有的可选项。在系统任何画面，按 0 + Enter 可进入动态分析系统主菜单画面。

（1）用↑、↓、←、→或数字 n（代表菜单第 n 项）选择菜单中的某项功能。

（2）确定菜单选项后，可按 Enter 键确认并执行所指定选项的操作，也可以按 Esc 键退出当前菜单。

2. 热键操作

通达信动态分析系统除了依菜单选项次序选择功能外，同时提供了多种热键，使用者可按热键直接切换至相应的功能画面。

（1）单键。F3：表示直接按键盘上的 F3 键，即可直接切换至 F3 所代表的功能画面（上证领先指标）。

（2）组合键。0 + Enter：表示先按键盘上的“0”（画面右下角“热键输入显示栏”会显示 0；[0]），再按 Enter 键。

例如：在系统任何画面，按键盘 8 和 1，再按 Enter 键，即进入“沪 A 股综合指标排名”。按键盘 8、1、2，再按 Enter 键，即进入“创业板综合排名”。按键盘 3 和 7，再按 Enter 键，即进入上市公司网站。

（3）复合键。部分操作必须同时按住两个键才产生作用。例如：Ctrl + D 表示先按住Ctrl 键（不可松开）再按 D 键，切换至系统设置。可以根据自己平时常用的设置在系统设置窗口修改。

（4）Esc 键。Esc 键在系统操作中具有多种意义：

在游标使用状态时，表示退出游标使用状态；在菜单顺序选项时，表示退出至上一层选单；在使用热键交互操作时，表示退出“跳出点”。

例如：在上证领先指标功能画面，直接键入个股代码切换至该代码个股走势，按 F5 切换至该个股技术分析功能画面，此时按 Esc 键将退至“上证领先指标功能画面”。

（5）点序列键。“。+0～9”：表示先按键盘“。”（画面右下角“热键输入显示栏”会显示“。”的快捷键），再按“0～9”。例如：“。0”为最近定制板块，“。1”为指数走势，“。2”为报价分析，“。3”为技术分析。

3. 键盘精灵

“00～08”为界面菜单，“1～25”为信息与交易，“91～99”为分析周期，“399001～399319”为板块指数，“000001～000008”为股价指数。

4. 光标说明

（1）向右箭头。出现在选项菜单中，箭头所指示的为目前选择的项目。

（2）矩形外框。出现在选择类别、选择商品画面，带有外框的项目或商品为目前选择的。

（3）光标。出现在设定参数的项目中，光标停留的位置代表输入的位置。

（4）垂直竖线。出现在大盘、个股走势及技术分析功能画面中，画面左上角将相应出现一“左键窗口”，显示光标停留位置的相关数据。

（5）十字线。出现在技术分析的画线功能中，表示选择点的位置。

二、通达信分析系统功能操作

1. 动态分析系统

动态分析系统包括大盘分析、报价分析、个股即时分析、技术分析、多股同列、特别报道、公告信息、基本资料分析、系统工具和服务管理十项功能操作。

通达信 V6 系统的大部分操作与原有版本相同，下面着重强调几个比较重要的常识性概念。

（1）分笔成交明细中的三种符号。

绿色箭头：卖出价 - 成交价 > 成交价 - 买入价，即成交价更靠近买入价。

红色箭头：卖出价 - 成交价 < 成交价 - 买入价，即成交价更靠近卖出价。

白色菱形：卖出价 - 成交价 = 成交价 - 买入价，即无法判断成交价更靠近哪个价位。

应用说明：成交价更靠近卖出价的叫外盘，即主动性买盘。当外盘累计数量比内盘累计数量大很多，而股价上涨时，表示很多人在抢盘买入股票。

成交价更靠近买入价的叫内盘，即主动性抛盘。当内盘累计数量比外盘累计数量大很多，而股价下跌时，表示很多人在抛盘。

（2）量比。

量比 = 现在总手/（n 日平均总手/240）× 当前已开市多少分钟。

若量比数值大于 1，表示现在这一时刻的成交总手数放大，量放大；若量比数值小于 1，表示现在这一时刻的成交总手数萎缩，量缩小。

（3）成交量警示数字。

成交量警示数字 =（n 日平均量/X），n = 1～5，X 缺省值为 50。

成交量警示栏位可及时显示何种股票成交量突然放大，在实战中可用于监测成交量异动的股票。

（4）委比。

委比 =（委买手数 - 委卖手数）/（委买手数 + 委卖手数）×100。

委买为当前委托买入下三档手数之和。委卖为当前委托卖出上三档手数之和。

当委比数值为正值时，表示委托买入之手数大于委托卖出之手数，也就是买盘比卖盘大，股价上涨的几率比较大；当委比数值为负值时，表示委托卖出之手数大于委托买入之手数，也就是买盘比卖盘大，股价下跌的几率比较大。

（5）换手率。

换手率 = n 日累计成交量/流通股本

注意：量比、成交量警示数字和换手率计算公式中的 n 和 X 值可在“系统工具/设定系统参数”项目中进行设定。

2. 通达信 V6 系统的主要功能

（1）在 K 线图画面中，K 线可设定为 3 或 5 条移动平均线，成交量可设定为两条均线。

（2）在 K 线图画面中，按组合键“Ctrl + U”，K 线图的右边会显示筹码分布图，该项功能十分重要，对于筹码密集区域、筹码成本情况、获利盘和套牢盘的判断具有重要的参考价值，对于支撑和阻力区间也可以一目了然。

（3）在 K 线图画面底端，密布信息雷达、主力监控精灵和条件预警提醒，在光标移到此处时，使用者可看到各个股票主力情况并获得预警提醒。

（4）在 K 线图画中，按组合键“Alt + T”，可迅速更改当前指标参数，按“Alt + S”可修改当前指标公式，免去了在“功能/专家系统/公式管理器”中修改的繁琐，节约了时间。

（5）在 K 线图画面中，按组合键“B + Enter”，可叠加美国线；按组合键“P + Enter”，可叠加价位线；按“Tab”键可去掉均线；移动光标，每日明细栏为涨跌幅度的数值。

（6）在 K 线图画中，按组合键“Ctrl + O”可选择在 K 线图中叠加品种对应指数走势。

（7）在 K 线图画面中，按组合键“Shift + ←、→”，可向前、向后移动 K 线图一天。

（8）在 K 线图画面中，按组合键“Ctrl + V、Ctrl + B、Ctrl + N”分别为前复权、后复权、定点复权等模式。

除权：股票经送、配股或分红等股东权利的派发导致股票价格的变动，表示为 K 线不变、K 线均线断开不连接。

前复权：以最新价、当前日期为基准往前追溯，一旦发现除权除息，就将该除权日以前的所有股价调整为原股价减去该权息值。以后，每发生一次除权除息，就将该除权日以前的所有股价重新调整为上次权息调整后的价格再减去本次权息值。

后复权：后复权包括两段处理。第一段与前复权相同。第二段是以最近一次的除权日的股价、日期为基准往后拖延，将该除权日以后（含该日）直至当前日期的所有股价调整为原价再加上该次权息值。

后复权方式比较适合研究刚刚除过权的股票，它可以把现在的价格还原到最近一次除权前，使用户更加直观地了解现在（除权后）的价格。该功能对主力原始成本显示得比较清楚，结合叠加成本分析，会有意想不到的效果。

不除权：把除权前后的股价视作正常的股价波动，表示为 K 线不变、K 线均线连续。

定点复权：选择一个除权时间点为基准，将股价仅按这次除权进行复权处理。

（9）查看个股所属板块信息和关联板块可通过“、”键进行自由切换。

（10）在分时图画面中，使用组合键“Alt + N”（n = 0 ~ 9）可切换至 N 天的分时图走势（系统可保留 10 天的分时图）。例如，按“ALT + 2”，可浏览前一天的分时图走势，按“ALT + 1”可浏览当日分时走势，按 ALT + 0 可查看前面第 10 天的分时走势图画面。

该历史回放功能相当重要，尤其是对短线操作而言，对于短线量能的堆积、涨跌的真实情况一清二楚，可以过滤掉主力尾市拉抬或打压而制造的骗线。

（11）在软件的功能选项里增添了“在线人气”，可以了解目前市场上个股的受欢迎程度。

（12）按组合键“。+912”，可调出金融计算器，便于计算交易手续费和盈亏值。

（13）按组合键“Ctrl + E”，可选择交易系统指标。

（14）按组合键“Alt + Z”，可将当前画面的股票添加到自选股列表中；按组合键“Alt + D”，可将当前画面的股票从自选股列表中删除。

（15）新增自设 K 线资料周期，可自由设定 1 ~ 300 天。

（16）新增股票预警功能，报警条件包括成交价格的上限、下限、总手、现手，若有股票成交数据达到或超过所设定的报警条件，系统会报警提示。

（17）新增区间个股情况统计，按组合键“。403 ~ 。406”可列出区间涨跌幅、区间换手排名、区间量变幅度、区间震荡幅度。

三、通达信技术分析

1. 指标分类

通达信技术分析系统粹集了近百种技术操作指标，根据应用条件加以分类，具有完善的画线功能，并具有画面比较、周期比较、排序等各种完善的辅助手段，使用非常方便。

2. 完善的画线功能

技术分析有多种辅助画线功能，包括圆弧线、线形回归线、线形回归带、江恩时间序列、黄金分割线等近 10 种画线方式，可描绘通道、确定趋势，也可预测变盘时间、变盘价位。

3. 高效准确的智能工具

指标排行可以运用所熟悉的指标工具，迅速遴选出目标对象；指标选股则可以利用专家预先设定的选股条件，找出“容易回档”、“容易反弹”、“强力多头”等各种类型的股票，也可以自行设定条件，充分发挥自己的经验和功力。

4. 丰富的分析手段

新增的获利分析可以预算在使用的技术分析方法基础上，所采取的投资策略可能获得的盈利状况；模拟分析可以预测未来股价与指标的配合状况，计算出符合条件的获利率。

5. 调出菜单

新增小键盘快捷键“0 + Enter”，即可调出操作菜单。

四、新增指标介绍

1. TBL

英文全名：Three Line Break　　中文全名：新三价线

指标热键：TBL　　原始参数值：无

新三价线是图表型指标，对于股价趋势的跟踪有相当大的参考价值，具体应用法则如下：

（1）新三价线由黑色变成红色时，视为买进信号；

（2）新三价线由红色变成黑色时，视为买卖出信号。

注意：新三价线如果持续上涨，则会由原新三价线向上延伸，因此，新三价线不会与K线相对称，反之亦然。

2. BBI

英文全名：Bull And Bear Index　　中文全名：多空指标

指标热键：BBI　　原始参数值：3、6、12、24

多空指标是均线型指标，相当于移动平均线，对于趋势较明显的股价走势有一定的指引作用，可作为多头的止蚀线和空头的回补点，具体应用法则如下：

（1）股价位于BBI上方时，视为多头市场；

（2）股价位于BBI下方时，视为空头市场。

注意：有市场分析人士认为，移动平均线过于快速或过于迟缓，作为买卖的依据值得商榷，故把中短期移动平均线加以平滑，运用葛兰维八大法则于BBI曲线上，竟然取得了不错的效果，故此BBI指标流传于市场。

计算方法：BBI值 =（3日均线 +6日均线 +12日均线 +24日均线）/4

3. BB

英文全名：Bollinger Bands 中文全名：布林极限

指标热键：BB　　原始参数值：无

布林极限是超买超卖型指标，对于股价短线的买卖点有一定的参考价值，具体应用法则如下：

（1）布林极限主要的作用在于辅助布林线辨别股价买卖点的真伪。

（2）BB > 100，代表股价穿越布林线上限；BB < 100，代表股价穿越布林线下限。

（3）当BB一顶比一顶低时（顶背离），股价向上穿越布林线上轨所产生的卖出信号，可靠度高。

（4）当BB一底比一底高时（底背离），股价向下穿越布林线下轨所产生的买入信号，可靠度高。

（5）布林线、布林极限、极限宽三者构成一组指标群，必须配合一起使用。

4. MIKE

英文全名：Mike Base　　中文全名：麦克指标

指标热键：MIKE　　原始参数值：25

麦克指标是路径型指标，同布林线轨道一样对股价进行路径型指引，具体应用法则如下：

（1）麦克指标共有六条曲线，上方3条压力线，下方3条支撑线。

（2）当股价脱离盘整向上涨升时，其上方3条压力线作为压力参考价，下方支撑线不具有参考价值。

（3）当股价脱离盘整向下运行时，其下方3条支撑线作为支撑参考价，上方压力线不具有参考价值。

5. ADVOL

英文全名：Accumulation/Distribution Volume　　中文全名：龙系离散量

指标热键：ADVOL　　原始参数值：无

龙系离散量是趋势类指标，具体应用法则如下：

（1）股价一顶比一顶高，而 ADVOL 一顶比一顶低，暗示顶部即将形成。

（2）股价一底比一底低，而 ADVOL 一底比一底高，暗示底部即将形成。

（3）ADVOL 向上交叉其 N 日平均线时，视为买进讯号。

（4）ADVOL 向下交叉其 N 日平均线时，视为卖出讯号。

（5）ADVOL 与 OBV、PVT、WAD、ADL 同属一组指标群，使用时应综合进行研判。

6. MTM

英文名：Momen TomIndex　　中文全名：动量线

指标热键：MTM　　原始参数值：12、6

动量线是超买超卖型指标，具体应用法则如下：

（1）MTM 指标是以 0 轴为中心线，围绕其进行上下波动。

（2）MTM 曲线在 0 轴上方，说明多头力量强于空头力量，股价处于上升或高位盘整阶段。

（3）MTM 曲线在 0 轴下方，说明空头力量强于多头力量，股价处于下跌或低位盘整阶段。

（4）MTM 曲线从 0 轴下方向上突破 0 轴时，说明多头力量逐渐强大，应及时买入股票。

（5）MTM 曲线从 0 轴上方向下突破 0 轴时，说明空头力量逐渐强大，应及时卖出股票。

（6）MTM 曲线向上突破 0 轴并运行较长一段时间以后，如果股价上行速度开始放缓，说明多头力量减弱，一旦 MTM 曲线掉头向下，则预示股价将见顶回落，是较强的短线卖出信号。

7. TOWER

中文全名：宝塔线

指标热键：TOW　　原始参数值：无

宝塔线是图表型指标，具体应用法则如下：

（1）TOWER 指标由黑色变成红色，特别是出现三平底翻红形态，视为买进信号。

（2）TOWER 指标由红色变成黑色，特别是出现三平顶翻黑形态，视为卖出信号。

（3）TOWER 指标中低位翻红，股价依托中短期均线向上运行，可持股待涨。

（4）TOWER 指标在高位翻黑，股价被中短期均线压制下行，需持币观望。

8. RAD

英文全名：Power Radar　　中文全名：威力雷达

指标热键：RAD　　原始参数值：无

威力雷达是选股型指标，具体应用法则如下：

（1）白线上穿黄线为黄金交叉，表示强势，为买入建仓机会。

（2）白线下穿黄线为死亡交叉，表示弱势，为卖出了结机会。

（3）白色指标线向上的趋势越陡，表示其强势股的形态越强。

威力雷达选择强势股的效果相当好，可多加参考和利用。

9. ADL

英文全名：Advance/Decline Line　　中文全名：腾落指标

指标热键：ADL　　原始参数值：无

腾落指标是大势型指标，只是应用于大盘的研判，个股并无此指标。目前的指数由于各上市公司的股本、股价不同，因此常有因少数大盘股拉抬或打压指数，从而造成指数失真的现象，腾落指标可以弥补这一缺憾。具体应用法则如下：

（1）当指数一顶比一顶高，而腾落指标一顶比一顶低时，指数向下反转的机会较大。

（2）当指数一底比一底低，而腾落指标一底比一底高时，指数向上反转的机会较大。

（3）该指标必须与 ADR、OBOS 等指标配合使用。

计算方法：将每分钟股票上涨的家数减去下跌的家数后所得的累计余额，亦即将第一分钟上涨的家数减去下跌的家数，这就是第一分钟的 ADL；第二分钟也是将上涨的家数减去下跌的家数，不过所得的差数要与第一分钟的 ADL 累计，依次类推。

10. CJDX

中文全名：超级短线

指标热键：CJDX　　原始参数值：无

超级短线是通达信系统独有的特色指标，是趋势型指标，具体应用法则如下：

（1）黄线上穿白线是"金叉"，同时白线上穿 0 轴，视为短线买入信号。

（2）黄线下穿白线是"死叉"，同时白线下穿 0 轴，视为短线卖出信号。

（3）该指标可配合 KDJ、DMA 指标使用。

11. FSL

中文全名：分水岭

指标热键：FSL　　原始参数值：无

分水岭指标是超买超卖型指标，具体应用法则如下：

（1）股价在分水岭之上为强势，反之为弱势。

（2）当股价由上往下，在分水岭上方获得支撑，同时分水岭向上运行时，可考虑建仓；当股价由下往上，在分水岭下方遇阻回落，同时分水岭向下运行时，应卖出股票。

（3）分水岭往下，而股价由下向上突破分水岭时，说明此股票由弱变强，可考虑建仓。

（4）分水岭向上，而股价由上向下跌破分水岭时，说明此股票由强变弱，要及时卖出。

12. PSY

英文全名：Psychology Line　　中文全名：心理线

指标热键：PSY　　原始参数值：12

心理线指标是能量型指标，是测量市场参与者心理状况的工具，具体应用法则如下：

（1）心理线 >75，形成 M 头时，股价容易遭遇压力。

（2）心理线 <25，形成 W 底时，股价容易获得支撑。

（3）心理线与 VR 指标属于一组指标群，必须互相搭配使用。

计算方法：PSY = 上涨天数/基期总天数

13. CCI

英文全名：Commodity Channel Index　　中文全名：顺势指标

顺势指标是超买超卖型指标，具体应用法则如下：

（1）CCI 为正值时，视为多头市场；为负值时，视为空头市场。

（2）常态行情，CCI 波动于 ±100 之间；强势行情，CCI > +100；弱势行情，CCI < -100。

（3）CCI 由下往上突破 +100 天线为买进时机，直到 CCI 从 +100 天线之上，下破天线时再卖出。

（4）CCI 由上往下跌破 -100 地线为卖出时机，直到 CCI 从 -100 地线之下，上破地线时再买入。

（5）CCI 具有很好的避险功能。在弱市中，如果股价趋势没有真正改变，CCI 指标往往长时间徘徊在 +100 之下，这时投资者应静观其变，空仓等待。

14. BRAR

中文全名：情绪指标

指标热键：BRAR　　原始参数值：26

情绪指标（BRAR）也称为人气意愿指标，是由人气指标（AR）和意愿指标（BR）两个指标构成。AR 和 BR 都是以分析历史股价为手段的技术指标。具体应用法则如下：

（1）一般情况下，AR 可以单独使用，BR 则需与 AR 并用，才能发挥效用。该指标能够捕捉局部底部，适合做反弹。

（2）BR < AR，且 BR < 100 时，可考虑逢低买进。

（3）BR < AR，而 AR < 50 时，是买进信号；BR > AR，再转化为 BR < AR 时，也可买进。

（4）AR 和 BR 同时急速上升，意味着股价已近顶部，持股者应逢高卖出。

（5）BR 急速上升，而 AR 处在盘整或小跌时，应逢高卖出。

（6）BR 从高峰回跌，跌幅达 1 至 2 倍时，若 AR 无警戒讯号出现，应逢低买进。

AR 指标具有股价达到顶峰或落至谷底的领先功能，AR 路线可以看出某一段股价的买卖气势。

15. BIAS

英文全名：Bias　　中文全名：乖离率

指标热键：Y　　原始参数值：6

乖离率指标是超买超卖型指标，乖离率的本意是股价偏离某条均线的程度，具体应用法则如下：

（1）该指标的乖离极限值随个股不同而不同，使用者可利用参考线设定，固定其乖离范围。

（2）当股价的正乖离扩大到一定极限时，股价会产生向下拉回的作用力。

（3）当股价的负乖离扩大到一定极限时，股价会产生向上拉升的作用力。

（4）本指标可设定参考线。

计算方法：BIAS =（收盘价 - 均线值）/均线值